●監修●編集●解説
小山俊樹

近代機密費史料集成 I

外交機密費編

▼別巻▲

満洲事件費関係雑纂 往復文書・領収書／解説

ゆまに書房

凡例

一　本シリーズ「近代機密費史料集成」は、近代日本における機密費の関係史料・記録類を編纂し、刊行するものである。

二　第Ⅰ期は「外交機密費編」として外務省外交史料館所蔵「満洲事件費関係雑纂」から主要な文書を抄出し、全七巻に収録する。

三　「満洲事件費関係雑纂」は、満洲事変に際して一九三一（昭和六）年度より一九三六（昭和一一）年度まで交付された「満洲事件費」の一部として、在外公館に支給された「外交機密費」に関する会計報告書および関係文書類である。

四　原史料の副題には「機密費関係　在満支各館」とあり、すべて中華民国・満洲国内の日本公館（大公使館、総領事館など）に関係したものである。他にもかつて「在欧各館」「在米各館」「在亜細亜・南洋各館」の史料群が存在していたが、現在は失われている。

五　原史料の構成は、外交機密費に関わる本省と在外公館の往復文書をまとめた簿冊（本冊）一点と、在外公館の会計報告書類の簿冊（別冊）二三点、計二四点からなる。簿冊内部は年度別・公館別に編纂されている。会計報告は原則として単年度を四期に分け、一期ごとに機密費の交付額・支出額・支出内訳が「受払簿（受払報告書）」にまとめられている。また、支出内訳に対応する領収書（証憑）が添付されている。

六　残存する全ての「受払簿」を、六巻にわけて収録する。別巻には、往復文書と領収書の一部を収録し、編者による解説を付す。

七　原史料の大きさは、主として美濃版である。

八　原史料の状態等により、印刷が不鮮明の場合がある。

九　撮影刊行にあたり、片面罫紙の文書の裏面は割愛した。付箋等については、上げた状態と下げた状態を続けて掲載した。

外交機密費編　別巻　目　次

Ⅰ　満洲事件費関係雑纂　往復文書（抄）

自 昭和六年　月　日
至 七年 六月 三十日

満州事件費関係雑纂

第　巻

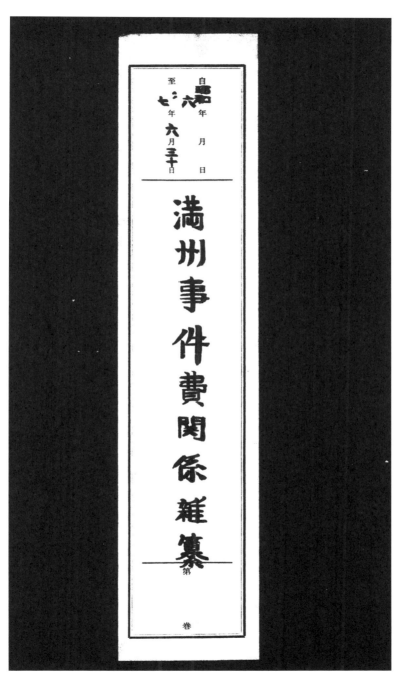

合

自昭和　年　月
至昭和　年　月

満洲事件費関係雑纂

満洲事件費関係

次官

急第[redacted]

公信案

文書課長

文書課發送

主管 會計課長

機密 合第一四七〇號

昭和六年十二月拾七日 發送済

（起草 昭和六年十二月十四日）

淨書

校正（原稿）

主任

大正
昭和六年十二月拾六日

受信人名 別記各館長

發信人名 永井外務次官

件名 満洲事件費ニ関スル件

編込名 満洲事件費関係

附属書 通

38

満洲事件ニ関スル諸經費ノ如キハ財政状態平常ノ時ト雖之ヲ第二豫備金ヲ以テ支辨セントスルハ無理ナル處ナルニ本年度第二豫備金ハ前例ナキ程逼迫セルニ加ヘ國庫剰餘金モ既ニ全部赤字補填、

公信案

外務省

（甲號用紙）

16 90 記

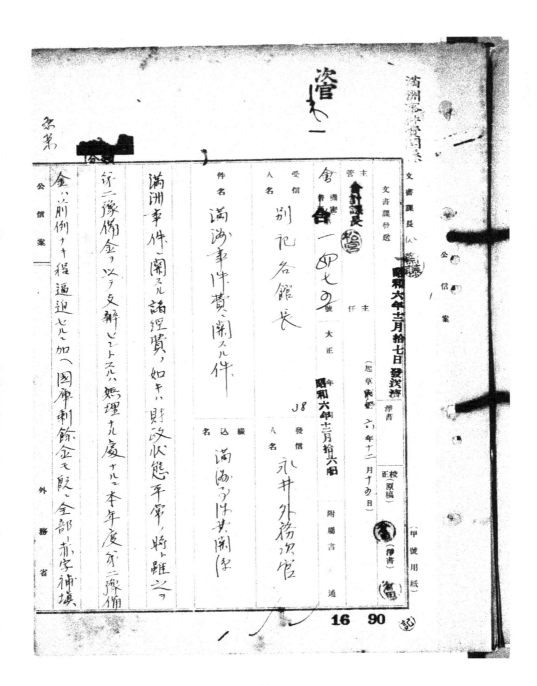

ノ爲ニ費消セラレ一方歳入ノ缺陷ハ減俸及各省經費ノ節約位ニテハ
到底彌縫スルヲ得ス財政當局ハ曾テ此ノ財政的難局ノ切拔策ニ
付百方苦慮ノ折柄本事變突發セルモノニシテ之ヲ歐米諸國ノ例ニ
見レハ速ニ臨時議會ヲ召集シ其ノ必要額ノ豫算ヲ提出スヘキ筋合
ト思料セラルヘキニ不拘前内閣ハ之ヲ避ケ經費支出ノ必要ヲ認メナカ
ラ來ル通常議會迄僅少ナル第二豫備金ニ立籠リ之ヲ小出ニシテ
持チ耐ヘシトシ爲ニ當省要求ノ大部分ハ之ヲ追加豫算ニ計上ス

2

公信案

ルノ已ムナキニ至レリ當省ニ於テハ事変後遅滞ナク第二豫備
金ノ支出要求ノ手續ヲ取リタルモ大藏省ニ於テハ前述ノ如ク國庫
ノ窮乏ヲ楯トシ査定ヲ遷延シ漸ク十一月末ニ至リ僅ニ四拾萬圓
ノ支出ヲ爲シタルモ右ハ電信料及警察官増派ニ關スル最モ緊
急ヲ要スル經費ノミニシテ旅費、雑費、避難民救済費等ニ及ハス
又支出ヲ得タル電信料ノ如キモ當省要求ノ一部ニ過ギズ、目下
引續キ
第二回ノ豫備金支出要求中ナルモ之レ亦財源ノ關係上、三十萬圓

外務省

511

3

前後ニ過キサルノミニシ

今新内閣成立セリト雖豫備金窮乏ノ事実ハ変化ナク而モ追加豫算ハ早クモ来年二月下旬頃ニ至ラサレハ成立セサルヘキニ付テハ貴地方ノ困難ナル事情ハ夙ニ諒承シ居ルモ乍遺憾速ニ貴意ニ應シ難キ実状ナルニヨリ緊急放置シ難シト認ムルモノハ之ニ付一時ノ便宜トシテ既定経費中ヨリ種ニ遣リ繰リ付ケ融通支出シ居タル次第ナリ而モ年度ノ四分ノ三ヲ過キタル今日既定経費ニ多額ノ餘裕ナキハ勿論ナルハ

公信案　外務省

到底各館ノ要望ヲ満タシ得サルハ明ナリ右ノ如キ次第ニ付此上共
各種ノ経費ハ極力之ヲ切詰ムルト同時ニ已ムヲ得サル経費ノ支出ト
雖其ノ支拂ハ出来得ル限リ延期シ追加豫算ノ成立ヲ待ツ様
御配慮相成度ク此段申進ス

追テ本文記載ノ次第ニ付参考トシテ左記御回報相成度申添フ

記

一、本件関係経費十二月迄支拂実績

公信案　外務省

5

二 同上十二月以降所要見込

以上

公信案

外務省

二三

6

別記

◎支那 (52)（三二）

在中華民國公使館
在上海[redacted]公使
在上海總領事館
在天津總領事館
在青島總領事館
[redacted]
在濟南總領事館
[redacted]
在漢口總領事館
[redacted]
在福州總領事館
在廣東總領事館
在香港總領事館
在張家口領事館
在芝罘領事館
在蘇州領事館
在杭州領事館

在南京領事館
在蕪湖領事館
在九江領事館
在沙市領事館
在宜昌領事館
在長沙領事館
[redacted]
在厦門領事館
在汕頭領事館
在雲南領事館
在上海商務參事官事務所

○滿蒙（二二）

在哈爾賓總領事館
在奉天總領事館
在海龍分館
在通化分館
在新民府分館
在吉林總領事館
在間島總領事館
[redacted]
在牛莊領事館
在安東領事館
在遼陽領事館
在鐵嶺領事館
[redacted]
在長春領事館
[redacted]

在鄭家屯領事館
在齊々哈爾領事館
在滿洲里領事館
[redacted]

外務省

5.8

7

(八)在支公使館

検査済

06.2.0.1

電信案

主管	會計課長
電信課長	
主任	
收入支出	
起草	昭和七年四月五日起草
電送第	7359號
發	昭和7年4月5日 午後7時20分發
宛	在北平 矢野参事官
發	芳澤大臣
件	聯盟調査委員参与委員随員等ニ対シ旅費電送ノ件
記録件名	支那事件費
暗	本略
第	五四號

我方参与委員等ニ対シ四月以降本邦帰還迄ノ（木村ヲ除ク）旅費概算左ノ通リ貴館気付各本人宛電送セリ

外務省

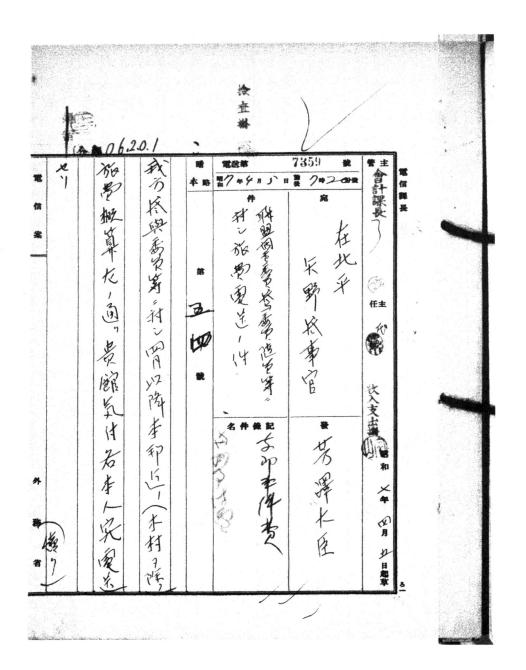

電信案

吉田　金一、八〇〇円、「ペパン」金一、二九〇円
塩崎、渡ニ、潜田、佐藤　各金一、〇三五円宛
貴布根　金九四七円
森、好富ニ夫々金九四〇円宛、陳　金六六〇円
木村　小川、北平、奉天、長春ヲ経大連迄ノ分　金五九〇円

外務省

（原議用紙乙）

3.2

(2) 在上海總領事館

亜二機密第九〇號

昭和七年四月十二日

芳澤外務大臣

在上海
村井總領事

上海居留民救護費ニ關スル件

本件ニ關シ貴電第五六四號ヲ以テ御申越ノ趣了承上海事件ニ因ル當地在留民要救護者救護費トシテ金貳千八百參圓貳拾錢（別紙内譯書參照）及民團立替送還費ノ補給トシテ銀四千貳百四拾貳弗五拾貳仙ヲ滿洲事件費ノ款項、居留民救護費（六年度）ノ目ヨリ支出前渡資金トシテ送付セルニ付要救護者及民團ヘ交付ノ上受領證ヲ徴シ詳細内譯書添付結果報告相成度尚民團支出生活費補助千四百五拾弗八前記救護費貳千八百參圓貳拾錢中ヨリ辦濟セシメラレ度

（別紙内譯書添付ノコト）

外務省

10.7

上海居留民救護費内譯

男、女子供別	員數	金額	備考
男	三四	一、〇八八〇〇	男一人ニ付一日五十錢
女	二八	七一六八〇	女一人ニ付一日四十錢
子供	五二	九九八四〇	子供一人ニ付一日三十錢
計	一一四	二八〇三二〇	一月廿八日ヨリ三月卅一日迄（六十四日）

外務省

10.7

亞二機密第九六號

昭和七年四月十四日

芳澤大臣

上海　村井總領事

上海在留民救護費ニ關スル件

本件ニ關シ客月末貴電ヲ以テ御申越ノ次第了承滿洲事變ニ因ル貴地在留民要救護者救護費トシテ客年十月ヨリ本年三月末迄ノ六ケ月分ヲ限リ一人一ケ月成年男一五圓同女一二圓子供九圓ノ割合ヲ以テ金九一、七四六圓ノ高（內譯別紙）、貴地民團ニ於テ立替支出セル內地送還費ノ補給トシテ銀五、六七七弗七三仙ノ高竝ニ貴地小中工業者生活維持資金ノ一時補給トシテ銀七、九三五弗ノ高ヲ夫々昭和六年度滿洲事件費ノ款項居留民救護費ノ目ヨリ支出前渡資金トシテ送付シタルニ付要救護者及民團ニ交付ノ上受領證ヲ徵セラレ（證憑書トシテ前渡資金出納計算書ニ添付ヲ要ス）送還費及小中工業者生活

外務省

10.7

維持資金ニ付テハ詳細内譯書添付結果御報告相成度尚民團支出生活
補助費銀一六、四〇〇弗ハ前記各人ニ對スル救護費中ヨリ夫々辨濟
セシメラレ度

（イ）

外務省

10.7

別紙

満洲事變ニ因ル上海在留民救護費

	要救護者（人）	救護費（圓）
男	五三七	四八、三三〇
女	二七三	一九、六五六
子供	四四〇	二三、七六〇
計	一、二五〇	九一、七四六

昭和7　一二〇五二　暗　上海　十八日後發
本省　五月十八日後着

芳澤外務大臣　村井總領事

第六九〇號

亞二機密第九〇號及第九六號貴信ニ關シ
御送付ノ要救護者救護費中ヨリ民團支出ノ分ヲ辨濟シ其殘額ハ生活費或ハ生活維持資金ノ補助ヲ與ヘタルモノニ對シ追給スル御趣旨ト解セラルル處
要救護者ヲ滿洲事變ニ依ルモノト上海事變ニ依ルモノトニ截然區別スルコトハ實際上至難ナルノミナラス當時要救護者トシテ生活資金ノ補助ヲ受ケタルモノノ内ニハ其後軍隊ニ直接、間接ノ關係アル業務ニ就キ目下ノ處追給ヲ必要トセサル向モアル外内地其他ニ轉シタルモノモアルニ付當方トシテハ嚢ニ救護シタルモノニ關シテハ民團ニ立替支出額ヲ辨濟スルコトニ依リテ之ヲ打切リト爲シ殘額ハ現在

外務省

10.7

及將來ノ要救護者（撤兵ト共ニ漸次增加ノ見込）ニ適當有效ニ振向ケ度キ希望ナリ

尤モ斯クスルトキハ要救護者ノ數ハ既報ノモノヨリ增加シ支給標準ハ御來示ノ夫レヨリモ低下シ他館ノ夫レト趣ヲ異ニスルニ至リ會計檢査院ニ對スル證明上不都合ヲ來スコトアルヘキヤニ思考セラルルモ兎ニ角之迄被救護者ニ對シ此ノ際御來示ノ內譯ニ合致スル樣一律追給スルコトハ不必要ナルノミナラス從來御訓令ノ趣旨ヲ体シ最少限度ノ救護ヲ爲シ來レル當館及民團ノ方針ニモ背馳シ良カラヌ風潮ヲ生ミ累ヲ將來ニ殘ス虞レアリ就テハ

(甲) 若シ檢査院ニ對スル證明書類トシテハ民團ノ領收書（御來示程度ノ內譯ヲ附ス）丈ケニテ濟マスコトヲ得ハ極メテ好都合ナリ此ノ場合辨濟金ヲ差引キタル殘額ハ「當地特殊ノ實情ニ卽シテ處分シ其處分振ハ後日被救護者ノ領收證ヲ添ヘテ詳細報告スルコト勿論ナリ」

外務省

10,7

右若シ不可能ナリトセハ
(乙)支給標準ヲ變更シ得ルコトニ御了解ヲ得タル上
(一)民國カ支出セル分（一六、四〇〇弗・七、九三五弗・一、四五〇弗ノ三口）ニ對シテハ被救護者ノ領收書ヲ添付セル民國ノ領收書ヲ徴スルコト
(二)前項辨濟差引殘額ハ此ノ際要救護者ノ再調査ヲ行ヒ其ノ數ヲモ考慮シテ支給標準ヲ定メ要救護者ニ交付スルコト
ニ依リ整理致度シ
右ハ民國トモ篤ト協議ヲ重ネタルモノナルカ御詮議ノ上何分ノ儀御回電ヲ仰度シ
公使ヘ轉報セリ

外務省

10.7

昭和七年五月二十三日発電　亜二

上海村井総領事宛

暗第二二二號

貴電第六九〇號ニ關シ

貴案（甲）ノ通取計ハレ差支ナシ

但シ民國領收書ハ救護費全額ニ対スルモノニシテ其ノ日附ハ四月三十日以前タルヲ要スルニ付為念。

公使ニ轉報アリタシ

外務省

會計課

豫算

七年六月廿四日

機密第七七五號

昭和七年六月十八日

在上海

總領事　村井倉松

外務大臣子爵　齋藤實殿

共同委員會書記傭聘報酬並委員接待費支出方稟請ノ件

日支停戰協定ニ基ク共同委員會ノ書記トシテ領事團書記「ロング」ヲ傭聘シ之カ報酬ハ日支双方ニ於テ折半負擔スルコトトナレル次第

在上海日本總領事館

ハ重光公使發閣下宛機密公第一七〇號ノ通リナル處五月分トシテ日支大々規銀四百兩宛負擔スルコトトナリ我方分擔額立替支拂ヒ置ケルニ付右ニ御了知相成度

尚今後ノ負擔額ハ書記局ノ仕事ノ分量如何ニ依リ決定サルヘキカ大體本年末迄ノ所要額規銀千兩ノ見込ニシテ此ノ分支那委員側ニ於テハ屢々宴會等ヲ催シ中立國委員ノ接待ニ努メ居ル次第モアリ我方ニ於テモ時々此ノ種宴會ヲ催シ度ク右費用トシテ金千圓御支出願度合計規銀千四百兩並金千圓至急御送金方相煩度此段稟請申進ス

在上海日本總領事館

機密公第一七〇號

昭和七年六月二日

在中華民國特命全權公使　重光葵

外務大臣子爵　齋藤實殿

共同委員會々合ニ關スル件

本件ニ關シテハ五月七日電報致置キタル次第アル處第一回會合議事錄

添

別紙ノ通送付ス尚當方ニ於テハ停戰地ノ引續ハ成ルヘク共同委員會ノ干涉

ヲ受ケサル趣旨ニテ支那側ト直接交涉ヲナシ撤收引續ヲ了シタル都合

公信案

外務省

公信案

之ヲ委員会ニ通報スルコトヽシ居レリ其結果委員会ノ会合ハ前記五月七日第一回会議後開催セラレス尤モ大ナル城鎮ノ引継ノ際ハ公安武官委員ヲシテ之ニ立会ハシメツヽアリ又将来支那軍不進出問題ニ関聯シ共同委員会ノ活動ヲ要スルコトアルヘキヲ考慮シ共同委員トハ常ニ密接ナル連絡ヲ計リツヽアリ

外務省

文書課長

文書課發送 昭和七年六月卅日 發送済

起草 昭和七年六月廿八日

大臣 昭和七年六月卅日

公 二〇四

上海 村井総領事宛

發信人名 斉藤大臣

件名 共同委員會書記傭聘報酬並委員接待費ニ關スル件

綴込名 満洲事件費 雑費

六月十八日付機密第七七五號ヲ以テ共同委員會書記傭聘報酬並委員側接待費支出方御稟請ノ趣了承就テハ「ロンゲレ」ニ対スル五月以降ノ報酬金千圓ハ満洲事件費ノ款項雑

外務省

公信案

30 22

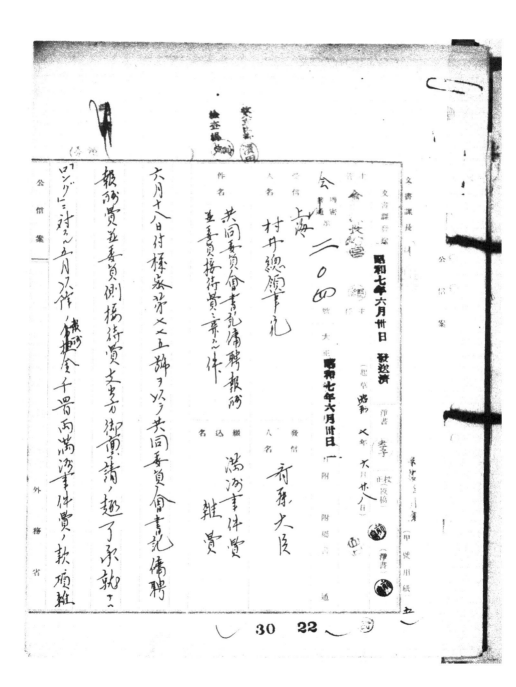

公信案

費ヲ送金スヘキモ接待費ハ既送ノ宴会費若クハ満洲事件

当館員ト二三ノ

費機密費ニテ支弁方取計ハレ度

い二

外務省

(3)
在天津総領事館

（分類 96.2.0.1 ）

電送オ 16341 号
6年11月20日后1時50分発

主管 政務局第二課長

人事課長 警務係

電信課長

主管 会計課長

主任 予算掛

（起草昭和六年十一月十九日）

（原議用紙甲）ナ

件 防匪手當支給方稟請ニ對シ回答ノ件

宛 天津 桑島總領事

綴込名 満洲事件費関係

發 幣原外務大臣

暗略

第九七號

貴電第五五四號ニ關シ警察署員ノ勤勞ハ之ヲ多トスルモ在滿各館ニ於テモ同樣ノ狀態ナルノミナラス差當リ之ニ應スヘキ據算モナキニ付詮議シ難シ

電信案 外務省

3.2

は(ト)

昭和6　略　天津　十一月十七日後着
本省

人

幣原外務大臣　桑島總領事

第五五四號

當館警察官ハ事變以來當非番ノ區別ナク晝夜連續的ニ駐屯軍義勇隊ト協力凜洌ナル寒氣ト戰ヒ第一線ニ在リテ租界警備ニ當リ居ルモ夜間零度以下ノ寒氣ニ對シ特別ナル防寒具ヲ給與スルノ必要ニ迫ラレタリ然ルニ大正六年當地水災ノ際防寒手當支給シタル前例モアルヲ以テ目下ノ警察官獻身的勤務振リト寒氣等御洞察ノ上警部以下六十六名(應援者及近ク着任ノ豫定者ヲ含ム)ニ對シ一名三十圓宛支給方御詮議ヲ請フ

66
30
1980

務省

8.10

次官
會計課長
會計課移掛
亜細亜局 第二課
分類

機密第一一〇一號

昭和六年十一月二十二日

在天津
總領事 桑島主計

外務大臣男爵 幣原喜重郎殿

特別手當支給方稟請ノ件

本月八日夜當地ニ於テ暴動突發シ引續キ我租界ニ對スル支那保安警察隊ノ無節制ナル發砲ノ爲我カ居留民ノ生命財産危險ニ瀕シ避難引揚者多數ヲ生シタルノミナラス一時ハ日支間ノ正面衝突スラ危惧セラレタルモ幸ニシテ大事ニ至ラス少クトモ表面上ハ近ク舊態ニ復シ得ヘキ見込立ツニ至レル情況ニ付テハ屢次電報ノ通ナル處此間當館

在天津日本帝國總領事

昭和六年十二月卅日接受

在天津日本總領事館

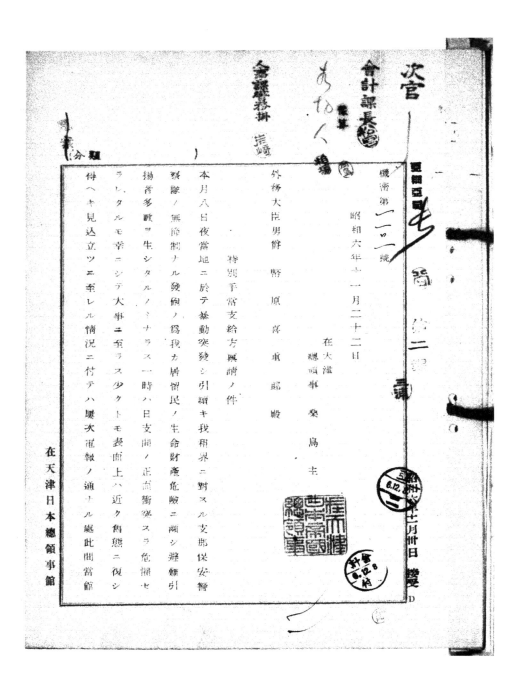

館員ハ當初五日間ハ全ク不眠不休ニテ流彈ヲ潜リ駐屯軍ト密接ナル聯繋ヲ保チ事態ノ收拾ニ努メ又其後今日ニ至ル迄毎夜二時三時ニ及フモ一人トシテ事務所ヲ引揚クルヲ得ス尚館員二名宛交代ニテ徹夜シ萬一ニ具ヘ居ル狀況ナルカ一方署長以下警察署員ノ勤務ハ之ニモ優ル激務ニシテ事件以來全員ノ非常招集ヲ行ヒ彈丸飛來スル中ヲ主トシテ租界内部ノ秩序維持ニ當リ殊ニ數日前ヨリハ遂時軍隊ニ代リ警備ノ第一線ニ立タシメ居ル處コノ狀態ハ相當永ク繼續スルモノト認メラレ而モ夜間ニハ既ニ零下六、七度ニ達スル嚴寒ナルト支那側便衣隊カ何日如何ナル形ヲトリ租界ノ擾亂ヲ企ツルヤモ計リ難キ形勢ナルトニ鑑ミ心身ノ勞苦ハ察スルニ餘リアル次第ナリ素ヨリ右ハカヽル非常時ニ際シ館署員當然ノ責務ニシテ何レモ勇躍之ニ從ヒ居

在天津日本總領事館

リ目下ノ處一人ノ傷病者ヲ出サヽルハ欣幸トスル所ナルカ館員ト
モ殊ニ警察官ニ於テハ特別ノ御高配ニ依リ應援者ヲ得タルモ既ニ相
當疲勞シ居ル實情ナルニ付テハ之カ士氣ヲ鼓舞スルト共ニ今日迄ノ
勞ヲ犒フ意味ニ於テ此際何等特別手當ノ支給ヲ賜ハルコト希望ニ堪
エス右ハ豫算並ニ他館トノ振合上本省ニ於テ種々困難ナル事情有之
ヘキモ租界ヲ有スル當館特殊ノ立場ヲ御洞察ノ上何トカ御聽許相成樣特
別ノ御詮議ヲ仰ク次第ナリ

右稟請ス

在天津日本總領事館

(6) 在廣東總領事館

會計課

收入支出

昭和七年壹月八日 接受

別紙添附

公第一八二〇號

昭和六年十二月十九日

在廣東

總領事代理 須磨彌吉郎

外務大臣 犬養毅殿

本官香港出張追認方稟請ノ件

本月中旬往電ニ関シ廣東政府實力派ヲ中心トスル策動及満州問題對策等ニ関シ胡漢民ト會見ノタメ十七日香港ヘ出張シ十九日歸任セシカ右ニ付テハ陳中孚等中央執監委員會ニ臨ム爲北上ノ機會ヲ利用スルノ必要アリタルハ月頃往電ノ通リニテ經伺ノ遑ナカリシ次第ニ付事情御諒察ノ上御追

在廣東日本總領事館

認相成度別紙旅行経歴書添付此段稟請申進候

在廣東日本總領事館

E

0.6.2.0.1

発送前要再閲

検査掛

人事課長

文書課長

公信案

文書課発送 昭和七年壹月拾参日発送済

主管 会計課長

会 機密 普通 第 四 号

主任

起草 昭和七年一月九日 收入支出掛

浄書

校正（原稿）（浄書）

発信 昭和七年壹月拾貳日 附

附属書 通

受信人名 在広東 須磨総領事代理殿

発信人名 犬養大臣

件名 須磨領事香港出張追認ノ件

綴込名 支那 満洲事件費関係雑纂

昭和六年十二月十九日付 公第一八二ロ号

在広東 須磨総領事代理 稟請

一、満洲問題対策其他ニ関シ胡漢民ト会見ノ序香港ヘ出張ノ件追認ス

公信案

外務省

12 123

（甲号用紙）

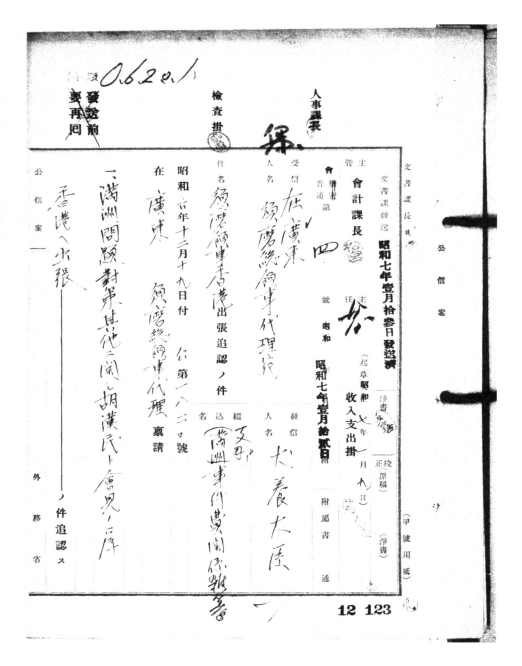

(10)

在ハルピン総領事館

電信課長

大臣

次官

亞細亞
歐米
通商
條約
情報
文化
人事
文書
會計

寫送先

豫算

昭和6　一四〇六一　暗　哈爾賓　　廿七日後發
本省　九月廿七日後着

會

幣原外務大臣　　大橋總領事

第二五四號

當館警察事務ヲ補助セシムル爲一名月額九十圓ニテ十名ノ邦人ヲ差當リ二ケ月ノ豫定ニテ雇入レ度キニ付右至急御承認アリタシ

外務省

㊞

豫算

電信課長

大臣

次官

亞細亞
歐米
通商
條約
情報
文化
人事
文書
會計

寫送先

昭和6　二五二八三　暗　哈爾賓　八日後發
本省　十月八日後着

幣原外務大臣　　大橋總領事

第三一三號

往電第二五四號ニ關シ
當館警察署員手薄ニテ一般ニ疲勞甚タシキ模樣ニ付大至急御許可相成タシ

外務省

電信案

（原議用紙甲）

電信課長

主管 會計課長

主任

（起草昭和六年十月九日）

件名 警察署臨時雇々入許可ノ件

綴込名 居留民取締費関係

宛 ハルビン 大橋総領事

発 幣原外務大臣

第八〇号

貴電第三一三號ニ関シ差當リ一ケ月間雇入許可ス委細公信

電送第11625號

6年10月12日后9時10分発

外務省

3.3

分類 06.2.0.1

次官

東一

人事課長

亜細亜局第二課長

検査課 坂田

文書課發送 昭和六年拾月拾参日發送済

主管 會計課長

（起草）昭和六年十月九日

大臣 昭和六年拾月拾貳日

受信人名 ハルビン 大橋総領事

電信第一二九號

發信人名 幣原外務大臣

件名 警察署臨時雇々入手當送金ノ件

綴込名 満洲事件ニ関スル居留民取締費関係

貴電第三一三號ヲ以テ御禀請ニ係ル警察署臨時雇ハ差當リ一ケ月間雇入方許可シ置タルニ付テハ金九百円在外本邦居留民臨時保護取締費ノ款事務費ノ項給與ノ目ヨリ支出送金ス尚右

12 78

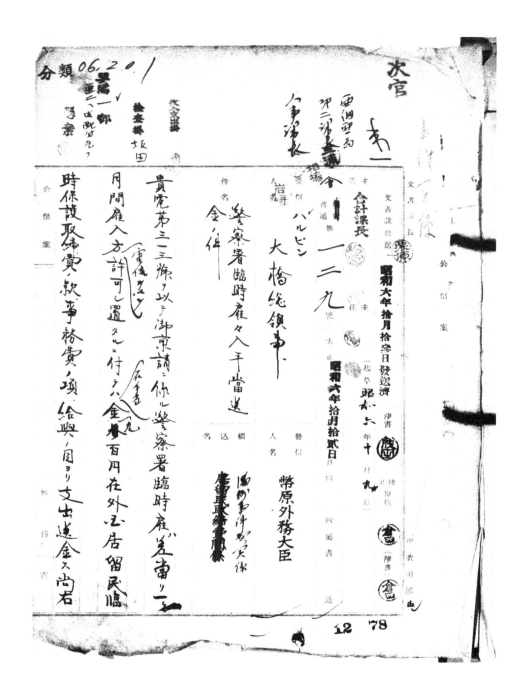

手當ハ追テ豫備金ヨリ支出ヲ得タル上ハ振替整理スヘキニ付御承
知置相成度シ

乙號

外務省

電信課長

大臣

次官

亞細亞
歐米
通商
條約
情報
文化
人事
文書
會計

寫送先

豫算

昭和6 一五八六〇 暗 哈爾賓 十三日後發 會、人

本省 十月十三日後着

幣原外務大臣 大橋總領事

第三三二號

往電第三一三號ニ關シ

未タ御回電ニ接セサル處右ハ時局以來疲勞セル當館警察署員ヲ補佐セシムルト共ニ時局ノ影響ヲ受ケ生活上困難ニ陷リツツアル在留邦人ヲ救濟スル結果トナル次第ニ付右補助員採用方至急御承認相成度ク尚九月三日付機密第一〇一一號拙信稟請ノ機關銃到着セル處當地ハ目下表面平靜ナルモ張景惠ニ實力ナキタメ内部ノ暗流強ク事態必シモ樂觀ヲ許ササル次第ニ付此際機關銃操縱ニ堪能ナル警察官四名

外務省

臨時増員派遣方併セテ御詮議ノ上何分ノ御回電相成タシ

奉天ニ轉電セリ

外務省

會計課

豫算

昭和六年拾月廿日接受

機密第一一五七號

昭和六年十月十五日

在哈爾賓

總領事 大橋忠一

外務大臣男爵 幣原喜重郎殿

警察課經費増額方ニ關スル件稟請

現今時局ノ重大化ニ鑑ミ一層確實ナル中國側並露西亞側事情内査ノ緊要ナルヲ痛感セラルルノミナラス近時南満方面ニ於テ日本軍隊ノ出動ニ依リ民族、共産兩派ノ不逞鮮人等漸次當地方ニ集中セムトスルノ傾向アリ特ニ査察警戒ヲ嚴ニスルノ要アル次第ナル處少數警察官ノ活動ハ有力ナル諜報網ニヨリ之ヲ補足スルノ外途ナキ状況ナルモ時局柄相當報酬ヲ與フルニアラサレハ有力ナル諜者ヲ求メ難キ事情ニアルヲ以テ時局安定スルニ至ル迄臨時機密諜報費月額參百圓ノ尚増ノ方特ニ御詮議相成様致度シ

電信課長

大臣

次官

亞細亞
歐米
通商
條約
情報
文化
人事
文書
會計

寫送先

昭和6 一八六八八　暗　哈爾賓　八日後發
本省　十一月九日前着

幣原外務大臣　大橋總領事

第五二八號

貴電第八〇號ニ關シ
時局ニ鑑ミ補助員雇傭期間ヲ一ヶ月延期方及新ニ更ニ十名採用方至急御許可相成度
奉天ニ轉電セリ

豫算

外務省

電送第 15170 號

昭6年11月11日午前11時10分発

亜細亜

第二課長

電信案

主管 會計課長

件名 警察署臨時雇傭継続許可ノ件

宛 哈爾賓 大橋総領事

発 幣原大臣

綴込名 了件要

（起草昭和六年十一月十日）

電信課長

主任

附平

第一〇二號

貴電第五二八号ニ関シ一ヶ月延期ノ件承認スヘキモ

更ニ拾名ノ採用ハ追テ何分ノ義申進スル迄見合ハサレタシ

外務省

3.2

（原議用紙甲）

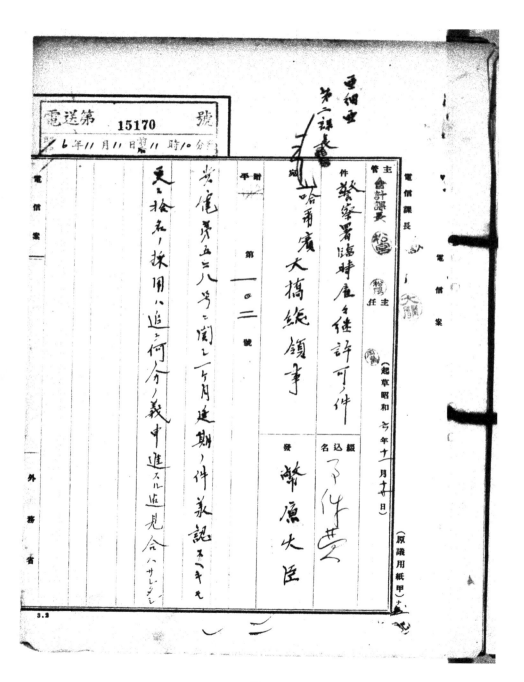

文書課長

公信案

文書課發送 昭和六年十二月拾六日發送済

（起草大正六年十一月十二日）

浄書

校正（原稿）（浄書）

（甲號用紙五）

主管 會計課長

會 普通第一四六號

大正 昭和六年十二月拾六日

受信 哈爾賓

人名 大橋總領事

主任

附屬書 通

發信 人名 幣原外務大臣

件名 警察署臨時雇傭入手當送金ノ件

綴込名 事件費關係

往電第一〇二号前段ヲ以テ一ケ月間雇継方許可シ置タル警察署臨時雇手當金九百円也在外國居留民臨時保護取締費ハ款事務費ノ項、給與ノ目ヨリ支出送金ス右手當ハ追テ豫備金ノ支出ヲ得タル上更ニ振替支出スヘキニ付其ノ御含ニテ領收証等整理シ置カレタシ

公信案

外務省

16 92

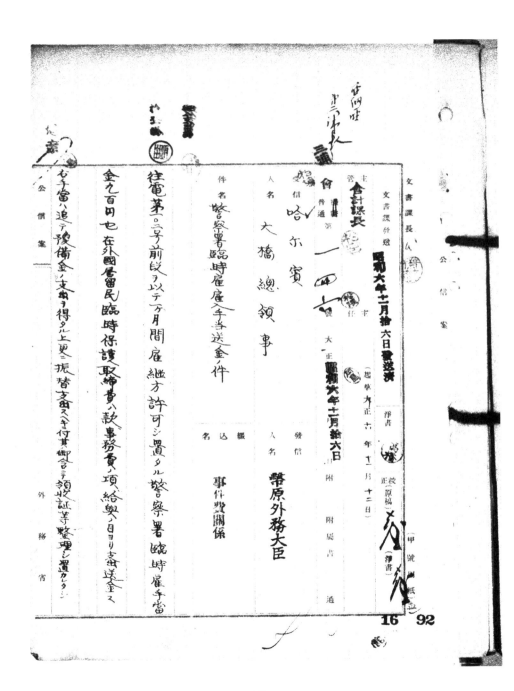

會計課

收入支出

昭和六年十二月廿三日接受

別紙添付

B

普通第一三一一號

昭和六年十二月十五日

在哈爾賓

總領事 大橋忠一

外務大臣 犬養毅殿

滿洲巡査部長外一名旅行經費書提出ノ件

馬占山ト會見ノタメ海倫ニ赴キタル關東軍參謀板垣大佐一行ニ隨行ヲ命シタル滿洲巡査部長及[illegible]巡査旅行經費書別紙ノ通リ各正副弐通提出ス行ハ事急ヲ要シ豫メ稟伺ノ遑ナカリシヲ以テ御追認ノ上可然御取計相成度シ

電信寫

22×15-

秘

豫算

昭和6　　　略　哈爾賓　　　十二月廿三日後着
　　　　　　　　本省
　　　　　　　　　　　　大橋總領事

犬養外務大臣

第七七六號

十月十五日附機密第一一五七號ヲ以テ申進シ置キタル時局用警察用
機密費ニ付テハ未タ御考慮ヲ得ラレサル處現在ノ時局ニ鑑ミ日支警
察機關ノ密接ナル聯絡ハ在留民保護取締上至大ノ影響アルノミナラ
ス今後一層警察事務ノ順調ヲ期セラルルニ際シ執行ノ目的達成上
支那側警察ノ懐柔ハ最モ其必要ヲ認メラルル處ニシテ從來機會アル毎
ニ利用シ務メテ圓滿ニ聯絡ヲ保チツツアル處目下政情漸ク安定シ新
政權ノ施政其緒ニ就カントシ地方亦新政府ノ實施ニ着手セントスル
處此時局ニ於テ一層警察機關ノ聯絡及懐柔ニ努メ度就テハ特別御詮

會計課

昭和六年十二月卅日 接受

豫算

機密第一二四一號

昭和六年十二月二十四日

在哈爾賓
總領事 大橋忠一

外務大臣 犬養毅殿

警察補員臨時採用方ニ關スル件稟請

當館管內ノ現狀ニ鑑ミ赤露ノ赤化運動並中國共産黨北滿特委會ノ策源地タル關係上之カ警察警戒及時局ニ乘シ朝鮮人共匪等ノ陰謀、暴行等之カ檢擧取締ハ當館警察ノ重要任務トスル所ナルカ現在配置ノ人員ヲ以テスルハ甚タ其手不足ヲ感セラルルト同時ニ內館勤務ハ其ガ分ヲ公

B

致セス且自由ニ移動性ヲ有スル適材ヲ活用スルヲ有利トスルヲ以テ此ノ際別紙内規ニ基キ臨時増傭員ヲ現地ニ於テ採用シ以テ之ヲ補足シ部門的活動ニ依リ一層成績ノ向上ヲ期シ度ニ付特ニ御詮議ノ上一人月額四十圓トシテ所要人員六名ノ範囲採用方至急御承認相成様致度懇請ス

電送第 19597 號
6年12月28日後4時30分發

電信案 （原議用紙甲）

（起草昭和六年十二月廿八日）

主管 會計課長

件名 警察用機密費支出方稟請ニ關シ回答ノ件

綴込名 滿洲事件費

宛 哈爾賓 大橋總領事

發 犬養外務大臣

暗 本 第一四八號

貴電第七七六號ニ關シ機密費ノ支出ハ詮議出來兼ヌルモ增員警察官ノ渡切費月參百円ノ割ニテ二ヶ月分（十一月十二月）六百円ヲ支出スヘキ處今回ニ限リ右月割ニ依ラス全九百円ヲ支出スルコトトシ滿洲事件費ノ款項渡切費ノ目ヨリ電送スヘキニ付右ニテ適當ニ措置セラレタシ

文書課長

公信

文書課發送

主管 會計課長

機密第三號

昭和七年壹月九日 發送濟

主任

起草 昭和七年一月六日

淨書

接 淨書

受信人名 哈爾賓 大橋總領事

發信人名 犬養外務大臣

件名 警察備員臨時採用方許可ノ件

綴込名 滿洲事件

大正
昭和七年壹月八日附 附屬書 通

客年十二月二十四日付公信機密第一、三四一號ヲ以テ申請ノ警察備員臨時採用方ノ件許可ス但手當ハ實際備入ノ報告ヲ待チ支出方取計フベシ

(甲號用紙)

8 63

會計課

昭和七年壹月廿八日接受

機密第四三號

昭和七年一月二十二日

在哈爾賓

總領事 大橋 忠

外務大臣 芳澤 謙吉 殿

警察補員臨時採用ニ關スル件

本件ニ關シ一月八日附貴機密第三號ヲ以テ採用方御許可相成タル處左記ノ通リ補入タルニ付手當支給方御取計相成様致度シ

記

一、日本人 田村 忠一

一、朝鮮人　李海滄

一、同　吳演齊

一、支那人　李豐林

一、同　陳谷仁

一、蘇聯人　コロリヨーフ、ケーエム

文書課長

公信案

文書課發送 昭和七年貳月貳日 發送濟

主管 會計課長

機密 第一九號

主任

（起草）昭和七年一月卅日

昭和七年貳月壹日

受信人名 哈爾賓 大橋総領事

發信人名 芳澤外務大臣

件名 警察署臨時傭員手當送金ノ件

綴込名 満洲事件費関係

一月二十二日附貴信機密第四三號ヲ以テ御回報ニ係ル警察署臨時傭員手當三月末日迄見積金五百五拾七円四拾銭也満洲事件費ノ款、項、給與ノ目ヨリ送金ス

外務省

1 82

一人月四、〇〇ノ割ニテ六人ヲ一月二十二日採用ス

三月末日迄ノ手当計算

	六人分
一月（十日分）	七七円四〇
二月分	二四〇〇〇
三月分	二四〇〇〇
計	五五七四〇

外務省

電信寫

昭和7　略　暗號

本省　三月十五日後着　會

芳澤外務大臣　長岡總領事代理

第二八二號

昨年十月及十一月ニ二回ニ亘リ金九百圓宛合計一千八百圓在外居留民臨時保護取締對策事務費給與ヨリ前渡送金相受ケタル處警務補助員給料ハ豫備金支出ノ上科目更正スヘキ旨御訓令ニ接シ居ル次第ナル處年度末整理ノ關係モアリ至急何分ノ儀御來示ヲ仰ク

豫算

満州事件費支弁

電送第 6001 號
昭和 7年 3月 17日 前後 4時 0分發

電信課長
主管 會計課長
主任

電信案

(起草昭和 七年 三月 十六日)

件名 警察備員臨時手當支出ノ件

綴込名 満州事件費 俗典

宛 哈爾賓 長岡總領事代理

發 芳澤外務大臣

暗 第五二號

貴電第二八二號ニ關シ金千八百圓満州事件費ノ款項俗典ノ内ヨリ電送シタルニ付四囊ニ臨時部局為民政局費俗典ヨリ立替送金シタル千八百圓ハ右ヨリ戻入ノ為至急返納セラレタシ

電信案 外務省

(原議用紙甲)

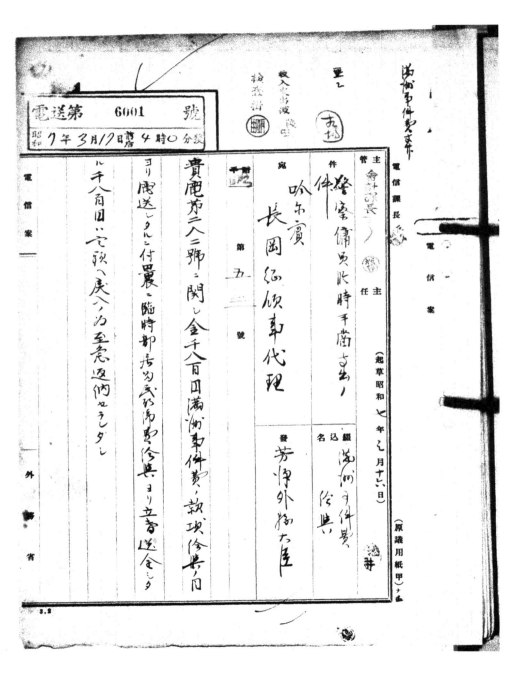

(八)在奉天總領事館

秘

亞細亞局第一課

發電昭和七年一月七日

國民府員檢擧ニ關スル件

在奉天　森島總領事代理　　犬養大臣

暗第八號

客年貴電第一五六二號ニ關シ

貴電第二二號ノ御意見モアリ國民府討伐計劃ハ大体冒頭貴電ノ方針ニ依リ實行方承認スヘキニ付于芷山乃至中國側下級官憲ノ了解ヲ取付ケラレ實行ノ手筈定マリタル上ハ其旨至急電報アリ度尙本件ニ關シ當方ヨリ支出スヘキ機密費額ハ客年貴電第一五三八號末段ノ二千圓ナリヤ又ハ冒頭貴電二ノ馬賊傭入費七百圓モ加算サルヘキ次第ナリヤ並警官旅費一千五百圓ノ算出內譯折返ヘシ回電アリ度

外務省

6.11

本電ノ趣旨適宜通化ニ轉達アリ度

外務省

6.11

電信寫

祕

昭和７年　奉天　本省　一月八日後着

犬養外務大臣　森島總領事代理

第六〇號

往電第八號ニ關シ

一、機密費二千圓ハ國民府員逮捕ノ懸賞金並公安局員及鮮人利用ニ要スル費用ニシテ馬賊雇入費七百圓ヲ含マス

二、警官出張旅費千五百圓ノ內譯ハ警官十人十日分ノ日當及宿泊料一千圓旅費實費五百圓ナルモ場合ニ依リ打切リ旅費ニテ使用ノコトトスヘシ

豫算

電信寫

祕

平文
本省

一月八日後着

幣原外務大臣

森島總領事代理

第六〇號

貴電第八號ニ關シ

一、鮮案費二千圓ハ國民府員逮捕ノ懸賞金並公安局員及鮮人利用ニ要スル費用ニシテ馬賊雇入費七百圓ヲ含マス

二、警官出張旅費千五百圓ノ内譯ハ警官十人十日分ノ日當及宿泊料千圓旅費實費五百圓ナルモ都合ニ依リ打切リ旅費ニテ便宜ノコトトスヘシ

分類 06.2.0.1 (1)

[redacted]

懸案

收入支出 檢査掛

亜細亜 局長

文書課長

公信案

文書課發送 昭和七年壹月廿貳日發送済

主管 會計課長

機密 普通 第一一號

主任

大正 昭和七年壹月廿貳日

(起草 昭和七年一月廿日)

淨書

校正(原稿)

(淨書)

附屬書 通

(甲號用紙)

受信人名 奉天 森島總領事代理

發信人名 芳澤外務大臣

件名 國民府員檢擧ニ關スル經費支出ノ件

經込名 滿洲事件費關係

記

貴電第六〇號ヲ以テ御請求ノ經費右ノ通送金シタルニ付御承知相成度シ

公信案

外務省

22 62

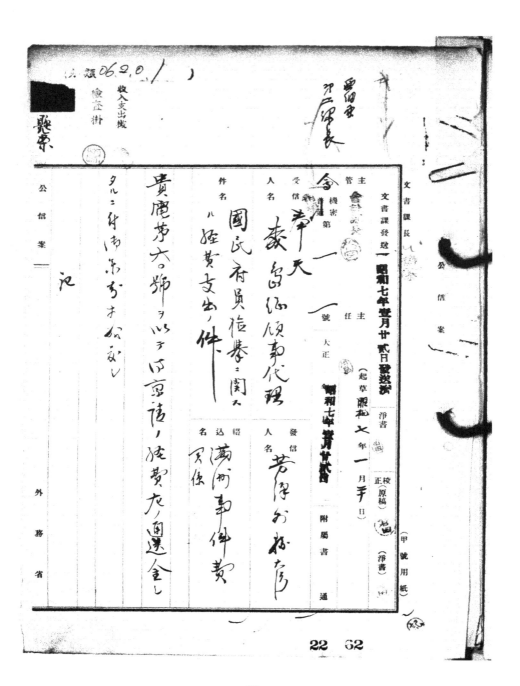

公信案

一金千五百円　警察官出張旅費　在外國居留民臨時保護取締費、事務費、外國旅費

一金七百円　馬隊傭入費　同上　雑費

一金弐千円　機密費　外務本省　機密費

外務省

(12)
在吉林總領事館

會計課

收受

昭和七年二月八日接受

別紙添附

公第七一號

昭和七年一月二十日

在吉林
總領事　石射猪太郎

外務大臣　芳澤謙吉殿

竹中警部補外一名ノ出張追認方稟請及旅行經歷書進達ノ件

關東軍ハ今回最初ノ試ミトシテ衛生隊施療班ヲ組織シ之ヲ滿洲地ニ派遣シ支那人ニ對シ無料診療ヲ行フコトトナリ是レカ第三班ハ衛生隊長指揮ノ下ニ一行約五十名ハ一月十五日來吉當地ニ滯在施療ヲ實施シタル後同隊ハ更ニ吉海線ニテ磐石、朝陽鎭、海龍等ヲ經テ奉天ニ向フヘク同隊副官ヨリ當館ニ申入レアリタルヲ以テ人心頗ル悪化シ且ツ鮮人共産黨カ善良ナル鮮農ヲ恣ニ殺害シツツアル事件頻發ノ

在吉林日本總領事館

態勢ニアル磐石地方ニ我車カ施療ノタメ入込ムコトハ在留民ノ保護取締上絶好ノ機會ト認メラルルヲ以テ當館警察ヨリ竹中警部補及崔巡査ヲ右施療班ニ附隨セシメ磐石及朝陽鎮方面ニ出張セシメタルニ付右出張ハ其ノ事情御諒察御追認ノ上別添旅行經歴書ニ依リ旅費支給相成様致度此段稟請申進ス

以上

在吉林日本總領事館

(13)

在間島總領事館

會計課

豫算

昭和七年參月拾七日接受

別紙添附

機密第二〇八號

昭和七年三月十一日

在間島
總領事　岡田兼

外務次官　永井松三殿

滿洲事件關係經費報告ノ件

本件ニ關シ客年十二月十六日附會機密合第一四七五號貴信追書御來訓ノ趣敬承右ハ別表ノ通リニ付御參考迄此段報告申進ス

在間島日本總領事館

時局関係臨時増額

費目＼月別	九月分	十月分	十一月分	十二月分	一月分	二月分	計	三月分所要見込額
宴会費	二一六.三〇	一〇四.七〇	三五七.七五	七八.九〇	一四五.六〇	〇	九〇三.二五	一五〇.〇〇
満洲事件要電信料	三九九.一六	六九四.四六	二九〇.〇〇	二〇五.四二	四四七.二〇	一五二五.四〇	三五六〇.一六	一〇〇〇.〇〇
満洲事件旅費	二四四.〇〇	一八五.六〇	一一二.四〇	二〇一.五三	一二一.四〇	七九.六〇	九四四.五三	一二〇.〇〇
自動車及オートバイ用ガソリン	八八.二〇	一七.二〇	二六.四〇	五七.二〇	五四.四〇	七五.六〇	三一九.〇〇	八〇.〇〇
自動車及オートバイ部分品	二〇.九〇	三八.二七	三.五三	一八.六七	四〇.九三	八五.七五	二〇八.〇五	七〇.〇〇
電話通話料	七二.四二	八一.五三	五五.九五	五五.三〇	八八.一三	七八.一〇	四三一.四三	六〇.〇〇
電燈料	六四.五六	一一六.三八	四五.四八	一九三.八〇	一五四.〇八	[illegible]	七九六.五六	二二〇.〇〇
非常警戒夜食代	八七.〇〇	〇	〇	〇	〇	〇	八七.〇〇	〇
徹夜用中電燈電池	二七.九九	一二.〇〇	〇	一八.〇〇	一二.二〇	一五.四〇	八五.五九	二〇.〇〇
郵便切手	四七.八一	二五.〇〇	二三.七五	三三.七五	四〇.〇〇	三四.〇〇	二〇四.七一	四五.〇〇
文房具用紙類	二〇八.九五	四六.二〇	[illegible]	[illegible]	一五七.八五	九六.一三	九五三.六九	二〇〇.〇〇

在間島日本帝國總領事館

收容費	滿洲事件費 雜費	無電關係費	石炭及薪炭費	滿洲事件費 臨時手當	滿洲事件費 判任俸給	滿洲事件費 在勤俸	滿洲事件費 雇人料	滿洲事件費 巡査俸給	滿洲事件費 巡査給與	滿洲事件費 被服給與費	計
一〇四四〇〇	〇	八二五〇〇	六八五七〇	〇	〇	〇	〇	〇	〇	〇	二,七七三一六〇
二一〇五〇	〇	三六八五四〇	三六二三〇〇	〇	〇	〇	〇	〇	〇	〇	二五五〇二〇
四六五五	〇	二五五〇	六六四〇	〇	〇	〇	〇	〇	〇	〇	一,二五七六〇
九九〇八〇	〇	二二一七七〇	一二九二〇〇	〇	二一六〇〇〇	一七四一六〇	五一二〇〇	九二二一八〇	一,七六九〇三〇	一六一五四〇	七,〇四五七二〇
一九八一六〇	五〇〇〇〇	四六三三〇	五三二〇〇	二,二〇〇〇〇〇	一一六〇〇〇	二一六〇〇〇	六四八〇〇	一,〇〇〇四〇	一,九九八六〇	九二四〇〇	一,五五五三〇〇
一二〇一〇〇	〇	五四一九〇	八七四〇	二,二〇〇〇〇〇	一一六〇〇〇	二一六〇〇〇	六四八〇〇	九六〇〇〇〇	一,八五八五八〇	八九六〇	七,七七九一七〇
七七八五三〇	五〇〇〇〇〇	七九八八二〇	六六六九八〇	四,四〇〇〇〇〇	三四八〇〇〇	六〇六一六〇	一八〇八〇〇	二,八八六六三〇	五,五三七四七〇	一,七九六四〇〇	三三,五八五三三〇
一二〇〇〇〇	〇	五〇〇〇〇	一五〇〇〇〇	二,二〇〇〇〇〇	一一六〇〇〇	二一六〇〇〇	六四八〇〇	二八〇〇〇〇	四五〇〇〇〇	二,四六〇〇〇	一四六四五八〇〇

在間島日本帝國總領事館

電信寫

祕

昭和7　暗　間島　人、會

本省　三月二十九日前着

芳澤外務大臣　岡田總領事

第一五八號

間島地方ノ共匪ニ對スル警備及取締ニ關シテハ中國側軍警ヲ督勵シ我警察機關ニ於テ指揮ヲ誤ラサル樣努力中ナルハ屢次往電ノ通ナルカ中國軍警ノ警備能力ノ喪失セル現狀ニアリテハ當地方ノ治安ノ回復ニハ相當日子ヲ要スヘキヲ以テ此事態ニ處シ實際的效果經費及國際關係等ヲ考慮シ必要適切ト認メラルル左記警備計劃實施方至急御承認ノ上經費御支出相成度シ

一、巡查七十名警部及警部補五名ヲ增員シ兵匪及共匪取締ノ爲特別警

豫算

察隊ヲ編成シ急場ニ處スルコトニ致度ク増員巡査ハ十日以内ニ北鮮地方ニ於テ在郷軍人中ヨリ適任者ヲ募集シ得ヘク警部及警部補ハ間島在勤功労者ニシテ警備指揮ノ技倆アル警察官中ヨリ任命セラレタシ

二、匪賊來襲ニ際シ應援急派等警察活動ノ敏活ヲ期スル爲自動車（フオード）四臺「バス」一臺必要ニ付購入相成度ク右ハ京城ニ於テ一週間以内ニ調達シ得ル見込ナリ尚自動車運轉技術ヲ有スル巡査五名現地採用方併セテ御承認相成度シ

三、機關銃ノ威力ハ過般天寶山分署襲撃事件ニ際シ證明セラレタル次第ニテ現ニ天寶山ニ二八、道溝ニ一、二道溝ニ一ヲ配置シタル爲本館其他警備上不足ヲ生シ居ルニ付此際輕機關銃一〇挺第十九師團

ヨリ至急保管轉換方御取計相成度シ
右ノ内警察官ノ増員急速實現ノ見込ナキニ於テハ當地方ノ在鄕軍人約五十名以内ヲ以テ商埠地ノ警備ニ當ラシメ警察官ハ專ラ兵匪ニ對スル警備及共匪ノ檢擧取締ニ當リ時局ニ善處致度ク此場合在鄕軍人將校ニハ一日十圓下士官以下ニハ一日五圓ノ手當ヲ支給シ臨時ノ措置ヲ執ルコトニ致度シ

[redacted]

06.2.0.1

キニツ
本件ノ件中ニ了解
拓大臣ニ於セシムルコト

電信課長

主管 會計課長

昭和七年三月三十日起草

電送第6837號 昭和7年3月30日 午後7時50分發

宛 間島 岡田總領事

發 芳澤外務大臣

件 自動車及バス購入費支出方稟請ニ對シ回答ノ件

記録件名 満洲事件費、雑費

暗 第五九號

貴電第一五八號前段ノ件許可ノ上金九千円満洲事件費ノ款、項、雑費ノ目ヨリ電送ス三月中ニ受入レタルモノトシテ関係書類調製セラレタシ

電信案

外務省

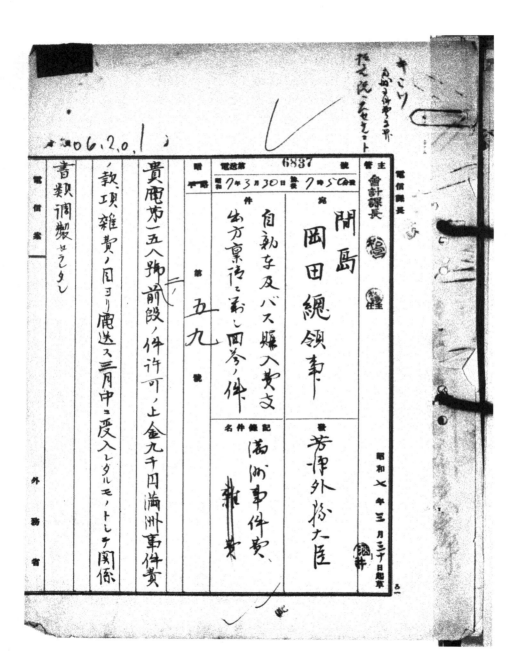

亞細亞局

二課

分類

本信寫挿入先

會計課

機密第二八五號

豫算

昭和七年三月二十九日

在間島

總領事　岡田兼

謙吉殿

警備施設ニ關シ稟請ノ件

本件ニ關シテハ三月二十八日不取敢電報ヲ以テ稟請致置キタル處王德林叛亂事件以來支那側軍隊及警察機關內ニ動搖ヲ來シ甚シク警備力ノ弛緩セルニ乘シ共匪ハ再ヒ行動ヲ起シ多衆ヲ煽動シ暴動行爲ニ出テシムル等著シク惡化ノ狀アルヲ以テ我警察官ヲシテ極力之カ取締ヲ爲サシメ居レルカ最近大刀會匪賊間島地方ニ侵入シ三月二十二

昭和七年四月五日　接受

在間島日本總領事館

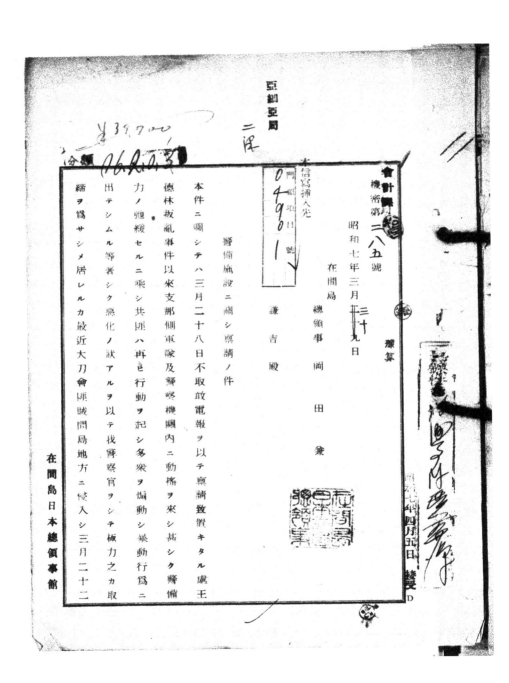

會計課

機密第二八五號

昭和七年三月廿九日

在間島 總領事 岡田兼

外務大臣 芳澤謙吉殿

警備施設ニ關シ稟請ノ件

本件ニ關シテハ三月二十八日不取敢電報ヲ以テ稟請致置キタル處王德林叛亂事件以來支那側軍隊及警察機關內ニ動搖ヲ來シ甚シク警備力ノ弛緩セルニ乘シ共匪ハ再ヒ行動ヲ起シ多衆ヲ煽動シ暴動行爲ニ出テシムル等著シク惡化ノ狀アルヲ以テ我警察官ヲシテ極力之カ取縮ヲ爲サシメ居レルカ最近大刀會匪賊間島地方ニ侵入シ三月二十二

在間島日本總領事館

昭和七年四月五日 接受

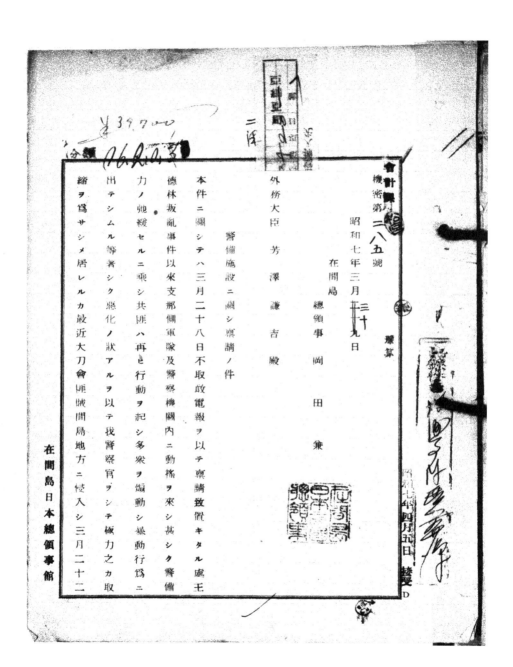

日其ノ一味百四名ハ小銃、槍等ノ兇器ヲ携ヘ天寶山分署ヲ襲撃シタルニ依リ我警察隊ハ之ニ應戰打撃ヲ加ヘタルニ依リ匪賊ハ死體五ヲ遺棄シ逃走シタルカ大刀會匪賊ハ王德林叛亂部隊及脫走兵ト聯絡アリ且張學良一派ノ支　援アルモノノ如ク新國家建設、吉會鐵道敷設等ニ反對シ全間島ニ於ケル日本警察機關襲撃ヲ企テ殊ニ支那軍隊及警察機關ノ內部ハ動搖甚シク脫走者續出スル有樣ニテ殆ト警備能力ヲ喪失シタルモノト認メラレ之カ回復ノ爲ニハ相當時日ヲ要スヘキニ付間島ニ於ケル全警備ハ今後相當長期間ニ亘リ我警察機關ニ於テ擔當セサルヘカラサル次第ナレハ此際警察官ノ增員及防具ヲ整備シ警備ノ充實ヲ期シ居住民ノ保護ニ任スル必要アリ

右情勢及今回天寶山分署襲撃事件ノ經驗等ニ鑑ミ（一）警察官ノ增

在間島日本總領事館

D

員又ハ在郷軍人ヲ以テ商埠地ノ警備ニ充ツルコト（二）非常事件ニ際シ應援警察官急派ノ爲自動車ノ増配（三）機關銃ノ増配（四）分署周圍ニ側防設備ヲ有スル煉瓦塀ヲ築造スルコト等最小限度左記計畫方特ニ御詮議御承認ノ上經費御支出相成度此段稟請ス

記

一、警察官ノ増員

現在間島配置警察官ハ四百九十五名ナルカ現在ノ如キ不安情況ハ支那側ノ警備機關ノ改善充實行ハレサル限リ相當長期ニ亘ルヲ覺悟セサルヘカラサル次第ニ付此際警部及警部補五名巡査七十名ヲ増員シ特別警察隊ヲ編成シ急場ニ處スルコト致度増員巡査ハ十日以内ニ北鮮地方ニ於テ在郷軍人中ヨリ適任者ヲ募集シ得ヘク警部及警部補

在間島日本總領事館

ハ間島在勤功勞者ニシテ警備指揮ノ技倆アル警察官中ヨリ任命セラルル様致度シ

右警察官ノ增員急遽實現ノ見込ナキニ於テハ當地方ノ在郷軍人約五十名ヲ以テ商埠地ノ警備ニ當ラシメ警察官ハ專ラ兵匪ニ對スル警備及共匪ノ檢擧取締ニ當リ時局ニ善處致度此ノ場合在郷軍人將校ニハ一日拾圓下士官以下ニハ一日五圓ノ手當ヲ支給シ臨機ノ措置ヲ執ルコトニ致度シ

二、本館ニ警備用自動車ノ增配

共匪檢擧ノ爲自動車ヲ要スルノミナラス襲擊事件等發生ノ際應援急派ノ爲メ自動車ハ最モ必要ニシテ今回天寶山事件ニ際シ本館ヨリ二十名ノ應援隊ヲ自動車三臺ニ分乘派遣シタルカ應援隊ノ分署到着後

在間島日本總領事館

二十分ニシテ匪賊ノ來襲アリ萬一自動車ノ備付ナク應援隊ノ到着遲延シタリトセハ署員及家族ノ全滅ハ勿論居住民ノ襲撃掠奪等免レサリシナルヘク將來益々多數應援隊ノ派遣ヲ要スル場合生スヘキヲ以テ此際本館ニ警備用自動車（フオード）四臺及バス壹臺ヲ購入シ火急ノ場合應援手配上遺憾ナカラシメ居住民保護ノ完璧ヲ期スルコトニ致度シ右自動車ハ御承認アリ次第京城ニ於テ一週間以内ニ調達シ得ル見込ナリ

三、輕機關銃十挺ノ增配

今回天寶山分署襲撃事件ニ際シ本館應援隊ハ本館備付ノ輕機關銃二挺ヲ携帶シ威力ヲ發揮スルコトヲ得タルカ同機關銃ハ引續キ同署ニ備付ケ逆襲ニ備ヘ居リ尚本館備付ノ輕機關銃ハ甕聲磖子分署ニ一挺

在間島日本總領事館

二道溝分署ニ一挺ヲ臨時配置シ匪賊ノ來襲ニ備ヘタルヲ以テ目下本館及局子街分館トモ警備上不安アルヲ以テ此際輕機關銃十挺ノ増配給ヲ受ケ最モ必要ナル鷄冠砬子、天寳山、八道溝、二道溝、三道溝銅佛寺、依蘭溝各分署ニ備付クル外本館及局子街分館ニ増配置致度ニ付第十九師團ヨリ至急保管轉換方御取計相成度シ

四、分署周圍ニ側防設備（砲塔）ヲ有スル煉火塀ヲ設置スルコト

管下十五分署中煉瓦塀ヲ有スルハ天寳山分署一箇所ノミニテ他十四分署ハ孰レモ不完全ナル土塀若クハ板塀ニシテ一朝有事ノ際防備力ヲ有セサルニ付此際側防設備ヲ有スル煉瓦塀ヲ設置シ分署ノ防備ヲ整ヘ匪賊ノ行動ヲ排撃シ以テ在住民保護ノ萬全ヲ期ス

右見積次ノ如シ

一分署

煉瓦塀延長八十間　工費　武千圓

厚サ一枚半積高サ地下一尺地上八尺基礎工事共間當リ工費二十五圓

砲塔二箇所　工費　五百圓

煉瓦丸型直徑内部九尺高サ十二尺屋根厚サ一分ノ鐵板二重張リトス一箇所工費武百五拾圓

正門鐵板張　工費　二百圓

高サ八尺巾八尺二枚建一分厚鐵板張

通用門　鐵板張二箇所工費　百圓

高サ五尺五寸巾三尺一枚建一分厚鐵板張（一箇所工費五拾圓）

計　武千八百圓

十四分署分工費合計參萬九千武百圓

在間島日本總領事館

D

外ニ天寳山分署倘塔築造費二箇所五百圓

總經費　金参萬九千七百圓也

在間島日本總領事館

D

分類 16.2.0.1.
[redacted]

檢査掛　收入支出掛

第二課長

文書課長

公信案

別紙

文書課發送　昭和七年六月廿日 發送濟

(起草 昭和七年五月廿七日)

淨書

校正(原稿)

(淨書)

(甲號用紙)

主管　會計課長

主任

合

機密 普通 第一八六號

大正 昭和七年六月廿日 日附

附屬書　通

受信人名　間島 岡田總領事

發信人名　斎藤外務大臣

綴込名　満洲事件費

件名　満洲事件費各費送金ノ件

満洲事件ニ要スル諸経費別紙ノ通リ満洲事件費ノ款、項相当費目ヨリ前渡送金ス

(小為替付送付ノコト)

公信案

外務省

1　87

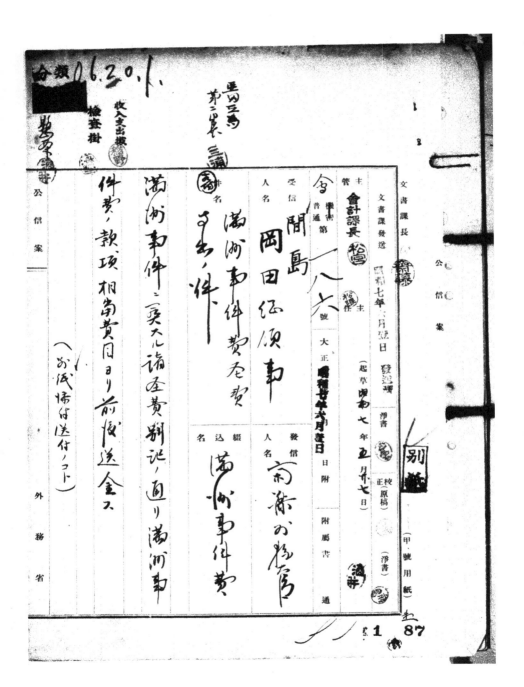

費目	金額	
波切費	四六〇円	三道溝、甕?声磴子両分署分 一ヶ所月二三〇円（内一五円ハ馬飼料）ニテ四、五月分
地所家屋借料	二〇〇円	仝 一ヶ所月五〇円ノ割ニテ四、五月分
仝	一五円	北住警部補官舎借料四月分
借料計	二一五円	
給与	四八〇円	発案臨時傭兵六十名分 一人月四十円ノ割
仝	一、〇七四円	在郷軍人下士級ヨリ傭上ノ費用一日三円ノ割 四月十六日ヨリ採用セシ六人ニ対スル五月末日マデノ四十六日分 八二八円 仝 十九日ヨリ 一人ノ 四十三日分 一二九円 仝 二十三日ヨリ 一人ノ 三十九日分 一一七円 計 一、〇七四円
給与計	五、八七四	

外務省

3. 6

（美濃半截罫紙）ナ

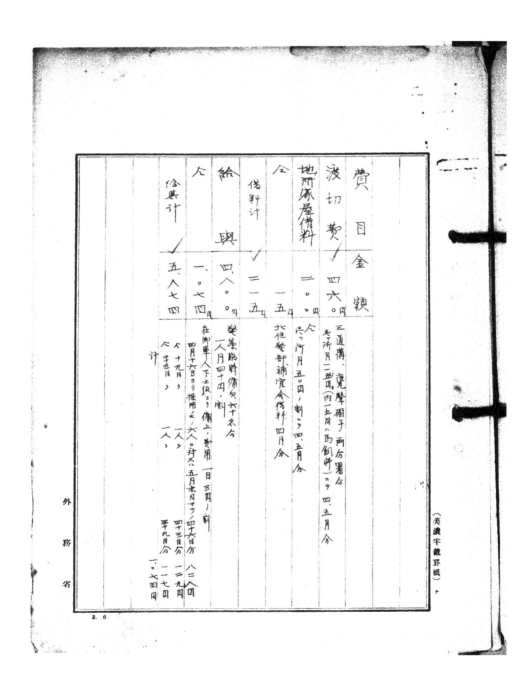

(16)
在厦門領事館

昭和七年二月末現在

滿洲事件費雜費支拂高報告書

附屬證憑書一册

在厦門日本帝國領事館

満州事件費雑費支払高報告書（昭和七年二月末現在）

収入　ナシ

支出　一金九拾六圓五拾銭也
　　　銀壹千參百拾貳弗貳拾八仙也

差引　一金九拾六圓五拾銭也
　　　銀壹千參百拾貳弗貳拾八仙也　不足

支出ノ内譯左ノ通リ

支払月日	摘要	支出圓額	備考
九月二十五日	當地地圖拾枚購入費	銀二〇〇〇〇	證第壹號
九月二十五日	懐中電燈拾箇購入費	〃四〇〇〇〇	證第貳號
九月二十六日	地圖購入費	〃五〇〇〇	證第參號
十月二日	軍艦矢矧及梨幹部及民會（自治）公會議員招待時局打合會	〃七五〇〇〇	證第四號
十月八日	軍艦竹及梶兵員室ヘ慰勞ノタメ寄贈セルビール酒代（内二箱ハ時局関係宴會）	〃九〇〇〇〇	證第五號
十月十五日	民會長外十九名トノ時局懇談會発會宴　十月九日　富邸	〃五二九二〇	證第六號
十月十五日	時局対策ニ就キ驅逐隊司令外五名トノ懇談會　十月十三日　富邸	〃三二四〇〇	證第七號

十月十五日	仝右ノタメノ煙草菓子及老酒購入費	〃 二〇	〇〇〇	證第八號
十月二十一日	軍艦矢矧及梨兵員室ヘ慰労ノタメ寄贈セシビール二箱代	〃 六〇	〇〇〇	證第九號
十月二十六日	時局関係所用舢板賃	〃 一〇	〇〇〇	證第十號
十月二十九日	時局関係所要ガソリン其他購入費	〃 九五	一〇〇	證第拾壹號
十月三十日	非常警戒警察官並ニ陸戦隊員使用夜具購入費	金 八二	五〇〇	證第拾貳號
十一月五日	當館爆弾投擲事件ニ関シ警戒陸戦隊兵員ヘノ夜食料	銀 七二	六〇〇	證第拾參號
十一月五日	仝右夜食料ノ一部別店拂	〃 一七	六五〇	證第拾四號
十一月五日	仝右事件ニ関シ警備艦幹部トノ関係対策協議會ニ付（十月二十四日官邸）	〃 五八	〇〇〇	證第拾五號
十一月九日	警察官臨時警備ニ就キ支給セシ夜食料及諸雑費（十月分）	〃 六五	六七〇	證第拾六號
十一月十日	右ノ一部別店拂	〃 六	五九〇	證第拾七號
十一月十日	警察官臨時警備ニ就キ支給セシ夜食料及諸雑費（自十一月二日至十一月九日迄）	〃 一九	四〇〇	證第拾捌號
十一月十二日	警備艦艦幹部及民會台湾公會議員招待時局打合會十一月十日官邸	〃 五二	八〇〇	證第拾九號
十一月十四日	仝右ノタメノ老酒購入費	〃 九	〇〇〇	證第貳拾號

十一月十三日	当館爆弾投擲事件ニ関スル警戒応戦隊兵員夜食料上部兼弁	〃 一八 〇〇〇	証第貳拾壱号
十一月十三日	時局関係所要舢板賃	〃 二〇 〇〇〇	証第貳拾貳号
十一月三十日	時局関係所要ガソリン其他購入費	〃 七五 七〇〇	証第貳拾参号
十二月一日	爆弾写真代	〃 二一 六〇〇	証第貳拾四号
十二月二日	本署警察官臨時警戒夜食料（自十一月十四日至十一月十七日分）	〃 一六 〇〇〇	証第貳拾五号
十二月二日	時局関係写真代	〃 二五 一〇〇	証第貳拾六号
十二月三日	分署員非常警戒ニ付支給ノ夜食料（爆弾事件後）	〃 四六 六〇〇	証第貳拾七号
十二月三日	時局関係印刷物購入費	〃 六 一〇〇	証第貳拾八号
十二月二十五日	砲台写真代	〃 四 五〇〇	証第貳拾九号
十二月二十六日	胡里山砲台写真代	〃 一一 〇〇〇	証第参拾号
十二月二十八日	反日関係印刷物購入費	〃 二 八五〇	証第参拾壱号
十二月二十九日	時局関係所要舢板賃	〃 二〇 〇〇〇	証第参拾貳号
十二月三日	時局対策ニ就キ駆逐隊司令外九名招待　十一月三十日官邸	〃 二三 五〇〇	証第参拾参号

059

日付	摘要	金額	證憑
十二月三日	仝右ノタメノ日本酒購入費	金一四〇〇〇	證第参拾四號
十二月七日	仝右ノタメノ「ソーダ」水其他購入費	銀六一〇〇	[illegible]
一月十一日	時局関係所要ガソリン其他購入費	〃七七九五〇	證第三拾六號
一月十九日	時局関係所要船板費	〃二〇〇〇〇	證第三拾七號
二月十三日	時局[illegible]係打合セノ為粟田臨巡司令等午餐一月二十八日當卯	〃一一〇〇〇	證第参拾八號
二月十三日	時局打合セノ為粟田司令等午餐一月分當卯	〃一〇五〇〇	證第参拾九號
二月二十九日	時局関係宴會用煙草等購入費	〃六六四五	證第四拾號
二月二十九日	時局関係来訪者接待用煙草購入費	〃二九〇〇〇	證第四拾壹號
計		金九六五八〇 銀一、三一二、二二	

在厦門日本帝國領事館

電信寫

祕

豫算

廈門
本省　五月十四日前着　亞

三浦領事

芳澤外務大臣

第二五〇號

往電第二二〇號ニ關シ

當方面ノ情勢今尚樂觀ヲ許サザル次第ハ累次電報ノ通リ殊ニ米國側ノ鼓浪嶼防護不能ノ結果列國海軍ハ危急ノ場合ノ外陸戰隊ヲ揚陸セス差當リ大陸方面ヨリスル共產黨渡來ノ防遏ニ任スルノミニシテ從來一般ニ安全視サレタル共同租界ハ實ハ極メテ不充分ナル工部局警察ノ一手ニ委ネラレ奥地ヨリ來タル避難者ノ檢査取締スラ頗ル不完全ニシテ實際上ノ危險ハ寧ロ日一日ト增大シ居ル內情ナル處當館カ

今次事變發生以來厦門鼓浪嶼ニ於テ執リツツアル對應策並ニ海軍側トノ聯絡方法大要左ノ通リ御參考迄

一、臺灣總督府派遣警察官ヲ全部厦門分署詰トシ分署ヨリ引揚ケ集合指定地タル臺灣公會及臺灣銀行ニ派出所ヲ設ク（但シ人員不足ノ爲臺灣銀行ニハ差當リ執務時間中巡査一名ヲ派遣スルニ止ム）

二、分署員家族ヲ鼓浪嶼又ハ臺灣ニ引揚ケシム

三、本署及分署員ハ常時非常勤務ニ服セシム

四、海軍ヨリ聯絡將校一名館内（司法領事室）ニ晝夜常駐ス

五、署長官舍應接間及法廷ヲ聯絡兵（聯絡將校附）並ニ陸戰隊ノ寢室及休憩所ニ充ツ（但シ米國ノ陸戰隊揚陸不同意ノ結果目下聯絡兵六名ノミナリ）

六、軍用郵便無線電信機ヲ警察本署地下室ニ備付ケ通信兵三名常時
艦艇トノ聯絡ニ従事ス
七、設浪館前海岸ノ書記生官舎ニ信號兵両名ヲ宿泊セシメ絶エス前面
ノ軍艦トノ聯絡ヲ計ル

支、上海、奉天、北平、南京、漢口、廣東、福州ニ轉電シ、汕頭、
香港ヘ郵送セリ

電信課長

大臣

次官

亞細亞

歐米

通商

條約

情報

文化

人事

文書

會計

寫送先

昭和7　一一七六四　暗　廈門　十四日後發

本省　五月十五日後着　會

芳澤外務大臣　三浦領事

第二五一二號

往電第二五〇號ニ關シ

左記金額相當費目ヨリ支出電送方至急御取計ヲ請フ

(一)自轉車三台購入費金二百十圓（單價七十圓）

從來警察官ノ廈門内ニ於ケル交通聯絡ハ徒歩又ハ人力車ニ依リ居リタルモ時局柄間ニ合ハスサレハトテ自動車常用セシメ能ハサルヲ以テ此ノ際分署及派出所（臺灣公會及臺灣銀行）ニ各一台宛備付ケ度シ

豫算

外務省

(二)懷中電燈三十箇購入費銀二百六十七弗（單價銀八弗九十仙）
全署員非常動員中ナルニ付大体全員（臺灣ヨリノ應援警察官ヲ含ム）ニ一箇宛支給シタシ

(三)疊四十枚代金一百四十二圓（單價二圓十二錢五厘ナル物十六枚新シキ物二十四枚單價四圓五十錢）（往電第二五〇號ノ(一)(二)(五)及(七)參照）

(四)毛布二十四枚銀四百五十六弗蚊帳大小六枚金四十九圓十錢、枕二十箇金十五圓（往電第二五〇號(一)(四)(五)(六)及(七)參照）

(五)机、椅子類金九十六圓、銀二十五弗（應援警察官用）

(六)時局關係寫眞代及印刷物購入費今次ノ事件ハ共産黨ニ關スル文獻蒐集上好機會ナリト思料セラルルニ付入手ノ材料ハ全部之ヲ複寫

外務省

シ置ク必要在リ今日迄既ニ銀二百八十三弗七十八仙ヲ要セルカ今後ノ分ヲモ見越シ電送ヲ請フ

(七)時局關係所要「ガソリン」代「オイル」代等ハ本年三月以降今日迄銀二百六十六弗六十五仙ヲ要セルニ付今後ノ分ヲモ見越シ送金ヲ請フ

(八)警察官ノ非常警戒勤務ニ對シ今日迄支給セル夜食料ハ銀百五十一弗六十仙ナルカ今後ノ分ヲモ見積リ電送ヲ請フ

分類 06.2.0.1

電送第 10316 號

昭和 7年5月16日前/后 7時—分發

電信課長

電信料事件費
支弁
昭
第二課

主管

件 事件費雜費支出ノ件

宛 厦門 三浦領事

發 芳澤外務大臣

綴込名 満洲事件費 雜費

(起草昭和 七年 五月 十六日)

暗 普 第四四號

電信案

貴電第二五ノ一號ニ関シ(六)(七)(八)ニ係ル五月(下半月)分ヲ百五拾弗ト見込ミ金五百拾貳円拾銭及銀千六百弗満洲事件費ノ款項雜費ノ目ヨリ電送ス六月以後ノ分ハ所要額申出テラレタシ

外務省

(原議用紙甲)

3.9

	要請額
一、自転車購入代（七〇〇円）三台	二一〇〇円
二、懐中電燈 三〇個（八拾九〇）	二六七〇円
三、畳 四〇枚	一四〇〇円
四、毛布 二十四枚	四五六〇円
五、蚊帳 大小 十六枚	四九一〇円
枕 二〇個	一五〇〇円
五、机、椅子、類（在横浜事務所用）	二五〇〇円 九六〇〇円
六、時局関係写真代 印刷物購入費	二八三六八円
七、時局関係所要ガソリン代、オイル	二六六六五円
八、聯絡官ノ非常時武勤務ニ対スル 夜食弁	一五一六〇円
	五一二一〇円
	一、四五〇四三

上記金額ハ今日迄ノ所要額トシテ今後ノ分ヲ見越シタ金ノ希望ナリ

外務省

（美濃半截罫紙）

3. 6

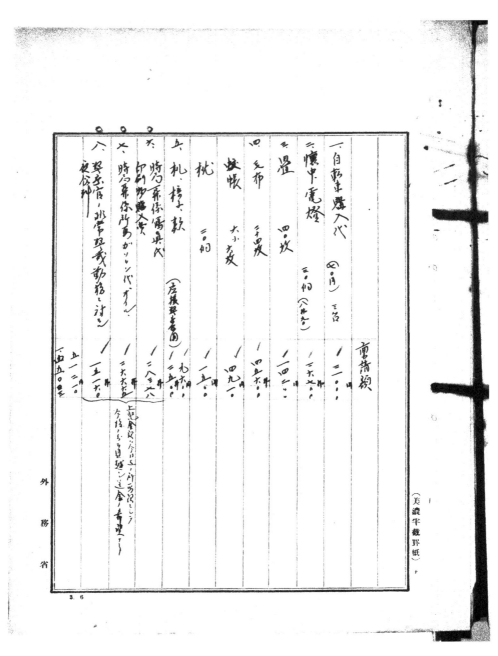

(27)

在牛荘領事館

會計課

豫算

公第三六二號

昭和六年十一月十二日

在牛荘

領事　荒川充雄

外務大臣男爵幣原喜重郎殿

在留民保護取締費警察官旅費

臨時増額稟請ノ件

遼河上流沿岸通称田庄台地方ハ事変以来匪賊ノ横行甚タシク在住鮮農ハ常ニ之カ脅威ヲ感シ到底安住不可能ナリトテ其ノ保護方ニ付屡々請願ノ次第アリタル

在牛莊日本領事館

處單ニ二、三名ノ警官ヲ出張セシムルノミニテハ
廣キ範圍散在スル鮮農保護ニ何等効
果ナク然リトテ多数警官ヲ長キニ亘リ派
遣スルコトハ経費ノ許ス處ニアラサルヲ以テ
結局當口ニ避難セシムルヨリ外ナシト思考セラ
レタルモ半歳辛苦ノ結果タル稲田ノ收獲ヲ完
熟期ヲ目前ニシテ見捨テシムルコトハ甚タ忍
ヒサル處ナリシヲ以テ成ルヘク收獲ヲ了ラシメ
タル後引揚ヲ成サシムルコトヽシ匪賊ノ跳梁最モ
甚タシキ刈入期（九月二十三日）ヨリ收獲完
了（十月二十九日）ニ至ル間十名以内ノ警官ヲ
同地方ニ駐在セシメテ鮮農ヲ保護シ其
刈入作業ヲ督励シテ無事引揚ヲ完了シ

在牛莊日本領事館

タル次第ハ本月六日附第三五一號往信報告ノ通リナルカ右警察官ノ出張ハ長期ニ亘ルノミナラス警察署ニ於ケル勤務ノ都合上一週間交替ト爲サヽルヘカラス其ノ旅費多額ニ上ルニ付危険ヲ犯シテノ勤務ニ對シ甚タ氣ノ毒ナリシモ警察署長ト協議ノ上打切旅費ヲ定メ往復ニハ警察「ランチ」ヲ使用シ一切車馬賃ヲ支給セサルコト、シタリ其ノ出張延日數及旅費ハ

官職	延日数	打切日額	旅費小計
警部 警部補 巡査部長	三四	七、〇〇円	二三八、〇〇円
巡査	二〇一	五、五〇	一、一〇五、五〇
巡捕	四四	四、〇〇	一七六、〇〇

機関長	四〇	四、〇〇〇	一六〇、〇〇〇
邦人水夫	二〇	三、〇〇〇	六〇、〇〇〇
支人水夫火夫	四〇	二、〇〇〇	八〇、〇〇〇
計	三七九		一、八一九、五〇

ニシテ計千八百十九円五拾銭此外遼河上流工程局ランチ二回使用（一使用延時間二十時十分）ノ実費石油十八罐大洋九拾参元五拾銭モビール油ガソリン其他運轉材料大洋弐拾壱元計大洋百拾四元五拾銭此邦貨五拾四円九拾六銭（四拾八銭換）合計壱千八百七拾四円四拾六銭ヲ引揚保護ノ為要シタルカ尚同地水源地ハ営口飲料水唯一ノ源ニシテ一度其ノ設備ヲ害ハレンカ全営口ハ断水ニ苦メラルヽノミナラス電燈電話モ亦

在牛莊日本領事館

等シク其ノ機能ヲ失フコト、ナルヲ以テ営口ニ取リテハ其ノ死命ヲ制スヘキ重要地ナルカ其ノ附近ハ前述ノ如ク匪賊横行甚タシク常ニ其襲来ニ脅カサレ居ル次第ニ付十月二十九日以后モ巡査ニ巡捕一ヲ残留セシメ其ノ保護ニ當ラシメ置キ水道電氣會社ヲシテ一方水源地ニ防備工事ヲ施サシムルト同時ニ關東廳ニ對シ警察官ノ派出ヲ請願セシメ十一月五日ヨリ請願巡査ヲ配置スルコト、ナレリ右十月三十日ヨリ十一月四日ニ至ル出張警官等ノ旅費ハ

官職	延日数	打切日額	旅費小計
巡査	一二	五円五〇	六六円〇〇
巡捕	六	四、〇〇	二四、〇〇

船長 機関長	四	四、〇〇	一六、〇〇
鮮人水夫	二	三、〇〇	六、〇〇
支人水夫 火夫	四	二、〇〇	八、〇〇
計	二八		一二〇、〇〇

合計金百弐拾円トナリ前掲鮮人保護ニ要シタルモノト合シ總計千九百九拾四円四拾六銭ト相成處居留民保護取締費警官旅費ノ第三期迄配付額中目下金八百九拾弐円弐拾四銭ノ残ヲ有スルニ付其ノ不足額千百〇弐円弐拾弐銭トナル之ニ本期末迄所要見込額百五十円ヲ加ヘ合計壹千弐百五拾円ノ高臨時増額相成度此段稟請ス

在牛莊日本領事館

主管 会計課長
主任
電信課長
15
（起草昭和六年十一月二十八日）
件 警察官出張旅費支出ノ件
綴込名 在外国事件費／居留民取締費関係
宛 牛荘 荒川領事
発 幣原外務大臣
暗平 第二九號

貴信公第三六二号ニ関シ事件費予算ハ未タ支出ヲ得サルニ付金千弐百五拾円 在外國居留民取締費、外國旅費ヨリ電送ス

電送第 17376
6年11月30日 午後4時50分

電信案
外務省

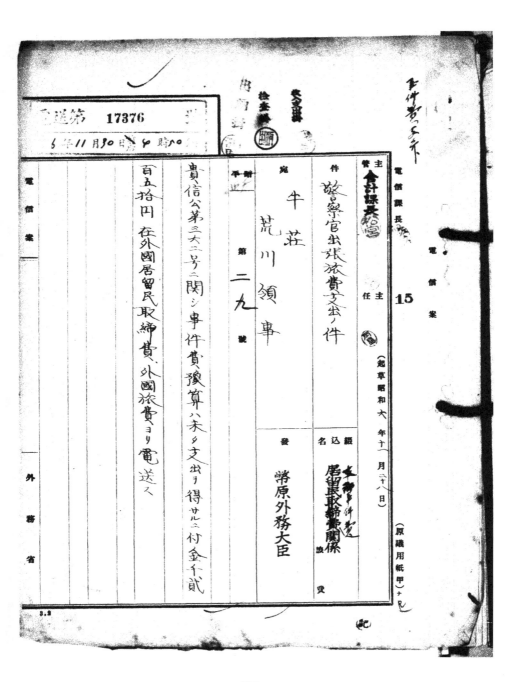

(34)

在張家口領事館

會計課

機密第三號

昭和七年一月八日

在張家口

事務代理橋本正康

補助者ニ對シ臨時慰勞

各地排日宣傳ノ影

情著シク悪化シ且平

治安亦樂觀ヲ許サ

……署ハ署長以下巡查

一、本人救済ノ意味ニ於テノ支出ハ考慮出来サルモ

二、本人ヲ諜者トシテ相当ノ價值アルモノナラハ署長機密費ノ臨時増額ヲ以テ支弁考慮可ナルヘシ

三、本項若シ不可能ナルニ於テハ警察備員トシテ繰入方ヲ再訓考慮シテハ如何

四、アレノ場合ニシテモ其額ハ月額五〇円限度ヲ以テ可然ト思考ス

相場

豫算

昭和七年壹月拾九日接受

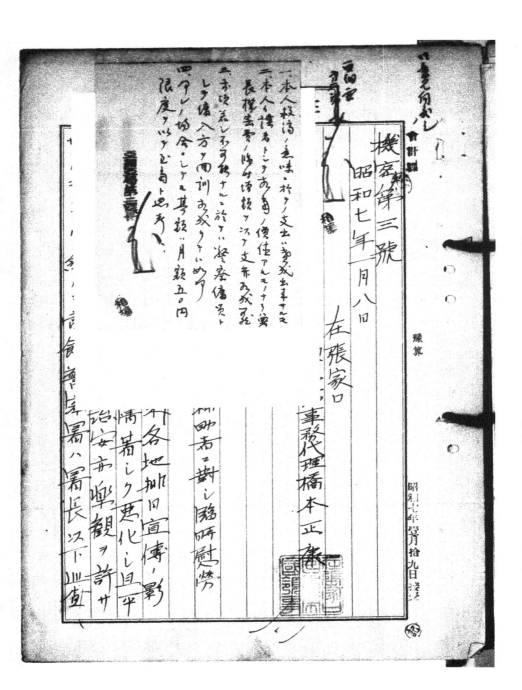

在張家口日本領事館

機密第三號

昭和七年一月八日

在張家口
領事館事務代理橋本正康

外務大臣犬養毅殿

満洲事件ニ依ル警察事務補助者ニ對シ臨時慰労金支出方稟請ノ件

客年九月満洲事件發生以来各地排日宣傳ノ影響ヲ受ケ當地一般ノ對日感情著シク悪化シ且平津地方ノ動揺ニ伴ヒ當地ノ治安亦樂觀ヲ許サザルモノアリ然ルニ當館警察署ハ署長以下三名

會計課

豫算

昭和七年壹月拾九日接受

在張家口日本領事館

二名ニシテ在留民ノ保護並ニ情報ノ蒐集等ニ
署員ノ不足ヲ告ゲ居タル處偶々在留民中元
憲兵出身ニシテ當時脳氣療養院開業中ナリシ
田上清次郎ハ事件發生ト共ニ治療客皆無ト
ナリ生計ノ途杜絶スルニ至リタルガ同人ハ内縁ノ
妻ハ中國婦人ニシテ南政府要人夫人等ニ知人アリ
情報ヲ得ルニハ好都合ナリシヲ以テ田上ヲシテ
必要ニ應シ随時警察事務ノ補助ヲ為サシムルト
共ニ情報ノ蒐集ニ努メシムルコトトシ随時報酬ト
シテ署長機密費ヲ出シ不足分ハ當館機密費ヨリ
補填シテ支給シ置キタルモ同人ノ活動ハ見ルベキ
モノアリ其情報ノ如キハ他ヨリ入手シ難キモノ少カラス
旁同人ハ目下他ニ収入ヲ得ルノ途ナク生計ニ窮シ

居ルヲ以テ此ノ際一時的ニ多少ノ金額ヲ支給シテ従来並ニ今後ノ活動ニ對シ其ノ勞ニ酬ユルコト、致度キニ就テハ臨時事件費等ノ名目ヲ以テ金参百円内外ノ高支出方特ニ御詮議相成度此段稟請ス

文書課長

公信案

(甲號用紙)

文書課發送	昭和七年貳月貳日 發送濟
(起草	昭和七年一月廿八日)
主管	會計課長
機密 第 號	主任
大正 昭和七年貳月壹日 附	附屬書 通
受信人名	張家口 橋本事務代理
發信人名	芳澤外務大臣
件名	警察事務臨時傭員ニ對スル慰勞金支出方稟請ニ對シ回答ノ件
綴込名	満洲事件費関係

一月八日附機密第三號ヲ以テ満洲事件ニ関スル警察事務臨時傭員ニ對シ慰勞金支出方御稟請ノ趣閲悉右ハ本人ヲ救濟スルカ如キ意味ニ於テ慰勞金ヲ給スルコトハ詮議出來兼ヌルモ前記傭員ハ

文書課發送 中村

檢查掛

公信案

外務省

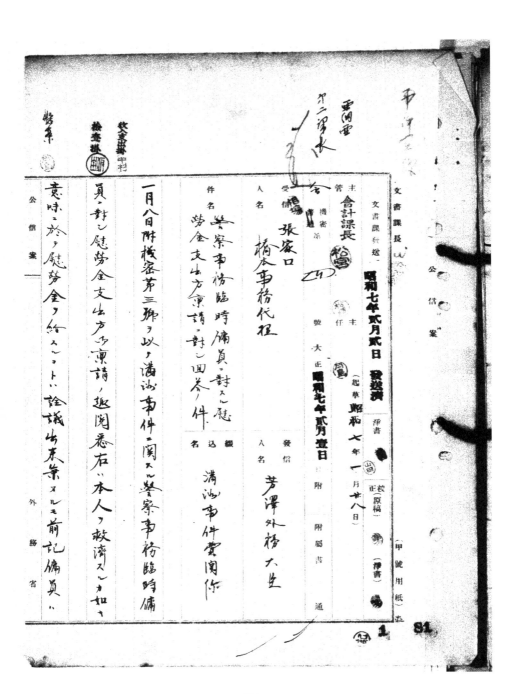

相當ニ活動シ居ルノミナラス其齎シ來ル情報ハ他人ノ入手シ
難キモノ少ナカラサル趣ニ付テハ十二月ヨリ三月迄月五拾円手
當支給方承認ノ上金貳百円ノ高満洲事件費ノ款、項、給與
ノ目ヨリ送金ス

公信案

外務省

會計課

豫算

昭和七年五月四日接受

別紙添附

會普通第七〇號

昭和七年四月二十日

在張家口

領事館事務代理　橋本正康

外務大臣　芳澤謙吉殿

事變臨時手當支給ニ關スル件

本件ニ關シ本月一日附會普通合第二九九號貴信ヲ以テ御申越ノ趣敬承仍テ當館々員支給額ヲ計算シタル處本年二月中北川巡査ハ部長ニ昇進シタル爲金壹圓五拾八錢ノ不足ヲ生スルニ付右額御追認相成度

在張家口日本領事館

又當館雇員及傭人ニ對シ御申越「丁」ニ依ル手當ヲ支給シ度ク計算

別表ノ通リニ付金貳拾五圓ノ高御支給相成樣致度此段稟請ス

在張家口日本領事館

雇員、傭人臨時手當支給ニ關スル計算書

人名	月額給料	支給率	四五二ヶ月間支給額	摘要
朱敏	四二弗〇〇	一割	八弗四〇	時局情報員
吳鳳鳴	一五、〇〇	同上	三、〇〇	
王榮貴	一二、〇〇	同上	二、四〇	
劉潤川	一三、〇〇	同上	二、六〇	
胡世忠	一三、〇〇	同上	二、六〇	
馬上清次郎	不定		一二、〇〇	時局情報員
計			三一弗〇〇	
此邦貨約			金二五圓〇〇	

在張家口日本領事館

亜細亜局
第二課

豫算 67,200 − 45,607.91 = 21,592.09

會計課

豫算

昭和七年五月五日 接受

普機密第七二號

昭和七年四月二十五日

在張家口

領事館事務代理 橋本正康

外務大臣 芳澤謙吉殿

警察事務補助者雇用繼續許可方稟請ノ件

當館警察事務臨時傭員馬上清次郎手當支出方ニ關シテハ本年二月一日附普機密第四號貴信ヲ以テ御許可ヲ得客年十二月ヨリ本年三月迄一箇月金五拾圓宛御支出相成タル處右ノ結果本人今日迄ノ實績ハ相當見ルヘキモノアリ當地方ノ情況ニ鑑ミ本人ヲシテ今後引續キ臨時

在張家口日本領事館

傭入諜報勤務ニ従事セシメ度キ處四月分ハ當館機密金中ヨリ支給シ置キタルモ時局柄尚當分諜報者必要ト認メラルルニ付五月ヨリ七月迄三箇月間ノ手當従前通リ御支給相成候様致度此段稟請ス

追テ右本人今後ノ處置ニ付考慮セシムヘキ必要モ有之右御支給ノ有無至急御　回訓相成度シ

在張家口日本領事館

D

文書課長

公信案

検査

文書出納

文書課発送 昭和七年五月六日 発送済

起草 昭和七年五月四日

浄書

校正（原稿）

浄書

主管 會計課長

主任

機密／普通 第 令一二三 號

大正／昭和七年五月六日附

附属書 通

受信人名 張家口 橋本事務代理宛

発信人名 芳澤外務大臣

件名 臨時手当支出ノ件

綴込名 満洲事件費 臨時手当

四月二十日付會普通第六〇號ヲ以テ御稟請ニ係ル雇員及傭人ニ対スル臨時手当支出ヲ承認ノ上（左記金額）満洲事件費ノ款項除臨時手当ノ目ヨリ送金ス

（裏面）

公信案

外務省

律算差引済（甲號用紙）五

6 38

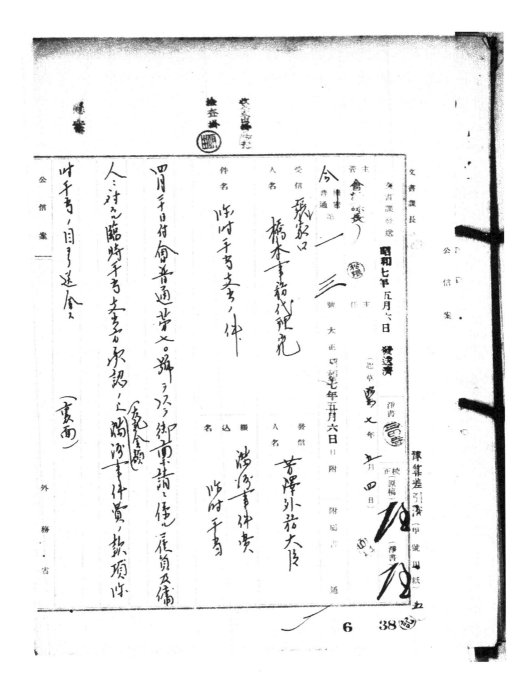

記

金壱円五拾八銭　北川巡査部長ニ対スル追給額

銀拾元也　雇員傭人ニ対スル四五月分

追テ馬上清次郎ニ対ス[illegible]給料不足ノ分ハ之アリ詮議シ難シ

公信案　外務省

亜細亜局
第二課
写一部 [illegible]

[redacted]

懸案

檢査済

文書主務

文書課長

文書課發送 昭和七年五月九日 發送済

起草 昭和七年五月五日

淨書

校正（原稿）

（甲號用紙）

主管 亜細亜局長 第二課

主任 會計課長

秘 限

公 第四〇號

大正 昭和七年五月九日 附

附屬書 通

受信人名	張家口 橋本事務代理宛
發信人名	芳澤外務大臣
件名	警察事務補助者継續許可ノ件
綴込名	満洲事件費 給与

四月廿五日付會機密第二號ヲ以テ御稟請ニ係ル警察事務補助者継續使用方許可ノ上本年五月乃至七月分金百五拾円満洲事件費ノ款項、給與ノ目ヨリ送金ス

公信案

外務省

9 55

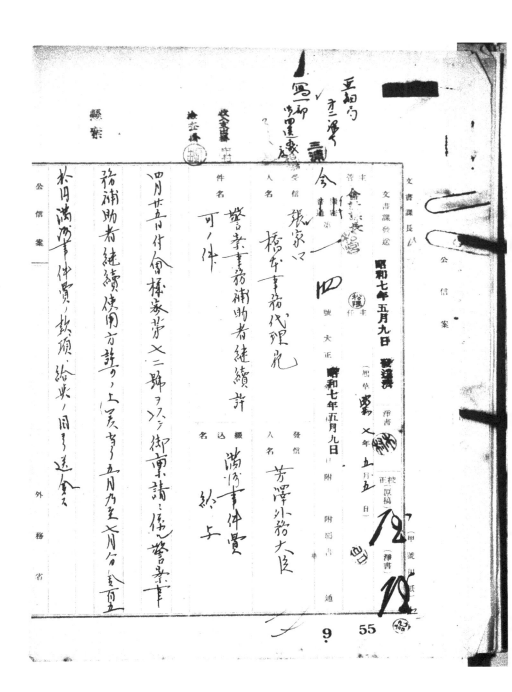

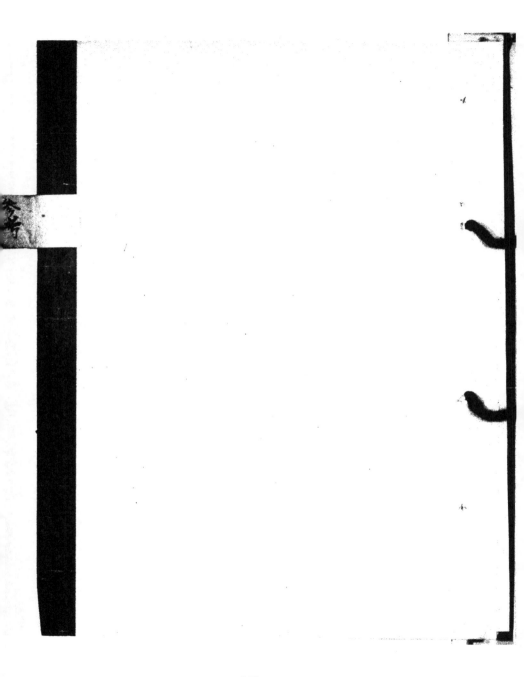

06.2.0.1

萬寶山事件警察官出張旅費調

六、八、一八、

金額	員数内訳 警視	警部	警部補	通訳	部長	巡査	巡捕	計	
八九〇、三五		一	一	一		六	二	一二	第一回支出額
四四八、五〇			一			四	一	六	第二回〃
五三一、九〇			一			三	一	五	第三回〃
八二二、八五	一		一		一	七	一	一一	第四回〃
七、〇九五、六〇		一	二	一	三	六一		六八	第五回〃
二、二一一、八五			一	一		一七		一九	第六回〃
三、六一五、一〇			二			三三	二	三七	第七回請求額
合計 一五、六一六、一五	一	二	九	三	四	一三一	七	一五七	

（美濃半截罫紙）

外務省

3. 6

萬寶山三姓堡出張旅費

	第一回支出済 旅行期間	第一回支出済 金額（円）	第二回支出済 旅行期間	第二回支出済 金額（円）	第三回支出済 旅行期間	第三回支出済 金額（円）	第四回支出済 旅行期間	第四回支出済 金額（円）
中川警部	自六月二日 至〃十日	一三八 一五〇						
三澤警部補	自六月四日 至〃九日	八五 六五〇	自六月十三日 至〃三十日	一二七 八〇〇				
高橋嘱託	自六月二日 至〃十日	一〇八 四五〇						
中村巡査	自六月二日 至〃九日	八七 六〇〇						
杉澤巡査	自六月四日 至〃九日	六四 八〇〇					自七月四日 至〃七日	四二 七五〇
山野内巡査	自六月二日 至〃十日	九七 九五〇	自六月十四日 至〃十六日	三一 六五〇	自六月十九日 至〃二十九日	一三一 三五〇		
澤原巡査	自六月二日 至〃九日	八九 〇〇〇						
山田巡査	自六月四日 至〃九日	六四 八〇〇						
戸田巡査	自六月四日 至〃九日	六六 八〇〇						
朱巡捕	自六月二日 至六月八日	四八 五〇〇			自六月十九日 至〃二十九日	七二 〇五〇		
張巡捕	自六月四日 至〃九日	三八 六五〇						
菅原巡査			自六月十三日 至〃三十日	九九 三五〇				
佐々木巡査			自六月十三日 至〃三十日	九九 三五〇				

	第一回文出張 旅行期間	第一回文出張 金額	第二回文出張 旅行期間	第二回文出張 金額	第三回文出張 旅行期間	第三回文出張 金額	第四回文出張 旅行期間	第四回文出張 金額
徳巡補			自六月十日至〃二十日	五八七〇〇				
遠竹巡査			自六月十四日至〃十六日	三一六五〇				
堀内警部補					自六月十九日至〃二十九日	一六九九〇〇		
平井巡査					自六月二十五日至〃二十九日	八〇〇五〇		
椎名巡査					自六月二十五日至〃二十九日	七八六五〇	自六月三十日至七月五日	五八五〇〇
武波警視							七月七日	二八〇五〇
加藤警部補							自七月二日至〃	二〇四〇〇
安本部長							自六月二十六日至七月五日	一三二八五〇
武田巡査							自六月二十六日至七月六日	一四九九〇〇
田中巡査							自六月二十五日至七月六日	二六四五〇
泥谷巡査							自七月一日至〃六日	六五五〇〇
加藤巡査							自七月二日至〃二日	二八三〇〇
鵜木巡査							自六月二十六日至七月五日	一〇四一〇〇
蒲原巡査							自六月二十六日至七月五日	一〇四一〇〇
田巡捕							自六月二十六日至七月三日	六一九五〇
合計		八九〇三五〇		四四八五〇〇		五三一九〇〇		八二二八五〇

	第五回支出未済 旅行期間	第五回支出未済 金額	第六回支出未済 旅行期間	第六回支出未済 金額	第七回支出未済 旅行期間	第七回支出未済 金額
中川警部	自七月一日 至七月十五日	二〇円一〇			自八月七日 至八月八日	三一円四五
堀内警部補	自六月二十九日 至七月十一日	三一四五				
吉成警部補	自六月二日 至六月十三日	一三一八五				
金関部長	自六月十日 至六月二十三日	一八六〇五				
山口部長	自六月四日 至六月十五日	一二八八〇				
永杉部長	自六月二日 至六月十日	一一九八〇				
中村巡査	自六月十三日 至六月十三日	一四〇九〇				
田中巡査	自六月十九日 至六月二十八日	三一四五				
富田巡査	自六月九日 至六月十三日	四〇五〇				
杉田巡査	自六月十四日 至六月十三日	一一〇七五				
横山巡査	自六月十四日 至六月二十三日	一三一八五				
高橋晴治	自六月 日 至六月十五日	一七二五五	自七月二十六日 至七月二十七日	二四一〇		
牧野巡査	自六月九日 至六月二十六日	八二七一				

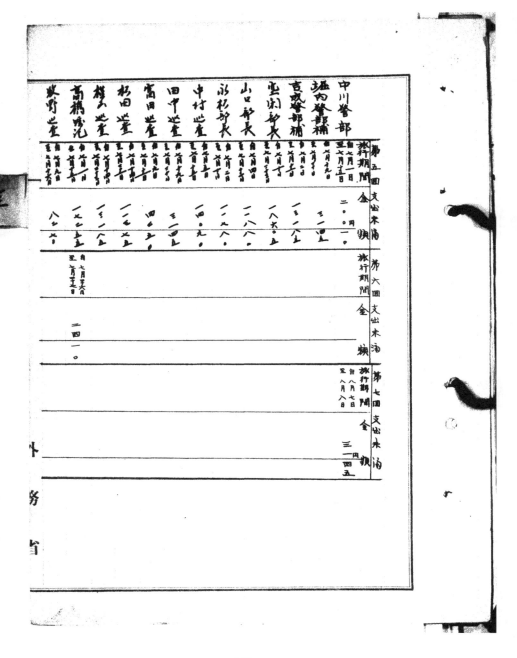

氏名	第五回支出済 旅行期間	金額	第六回支出未済 旅行期間	金額	第七回支出未済 旅行期限	金額
柳川巡査	自六月四日 至六月十五日	一二〇六〇				
岡巡査	自六月十日 至六月十五日	一二五五〇				
木元巡査	自六月六日 至六月十日	九〇九五				
緒方巡査	自六月十日 至六月十六日	七三七五				
富田巡査	自六月七日 至六月十五日	一〇三四〇				
西山巡査	自六月十日 至六月十六日	一〇三四〇				
菅原巡査	自六月六日 至七月四日	二八八五				
小寺巡査	自七月二日 至七月十日	一〇二〇〇				
田村巡査	自六月二日 至六月十日	一〇六九〇				
中東巡査	自六月十日 至六月廿三日	一〇二〇〇				
鷲尾巡査	自七月五日 至七月十日	一五〇二五				
大内巡査	自七月五日 至七月十日	一三〇六五				
西林巡査	自六月十日 至七月十日	一二三四〇				
沢井巡査	自七月三日 至七月十日	一五八六五				

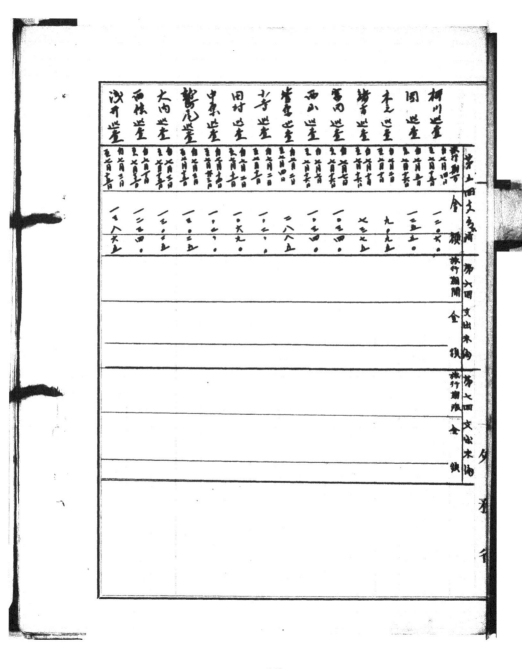

後藤巡査	自六月一日 至六月卅日	八二、〇			自八月四日 至八月八日	五五八五〇
長沢巡査	自六月一日 至六月十一日	一〇二六〇				
山田巡査	自六月三日 至六月四日	一九七、				
高橋巡査	自六月一日 至六月六日	六二、〇			自八月六日 至八月八日	四二三五〇
高橋巡査	自六月五日 至六月廿五日	一一三四〇				
杉森巡査	自六月十日 至六月十五日	一一九九〇				
吉原巡査	自六月五日 至六月十五日	一三〇二五				
木下巡査	自六月四日 至六月廿五日	一三二三五	印			
浅野巡査	自六月十四日 至六月廿三日	一〇二、〇				
山川巡査	自六月二日 至六月三日	一、三四〇				
高野巡査	自六月七日 至六月十五日	一〇一三〇				
林巡査	自六月三日 至六月十三日	一一二七五			自八月四日 至八月八日	五五八五、
吉田巡査	自六月二日 至六月十三日	九〇九五				
菊谷巡査	自六月二日 至六月十三日	九〇九五				
石丸巡査	自六月十日 至六月卅日	一二四一〇				

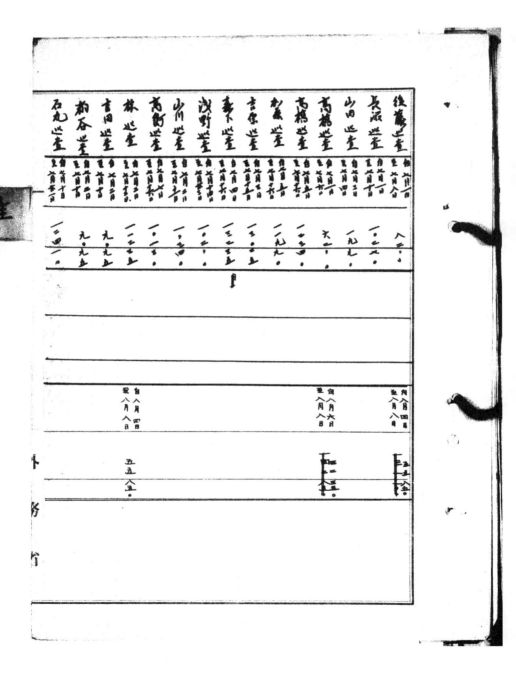

	第五回 支出未済 旅行期間	第五回 支出未済 金額	第六回 支出未済 旅行期間	第六回 支出未済 金額	第七回 支出未済 旅行期間	第七回 支出未済 金額
藤原巡査	自七月二日 至七月十三日	一二二 三五				
三ツ角巡査	自七月五日 至七月十四日	一七〇 七五				
佐藤巡査	自七月二日 至七月八日	七一 六五				
園田巡査	自七月十日 至七月十四日	一二四 四〇				
遠藤巡査	自七月二日 至七月十三日	一一二 三五				
鹿関巡査	自七月一日 至七月十日	一〇二 〇〇				
新木巡査	自七月二日 至七月十三日	一〇五 四〇				
門脇巡査	自七月二日 至七月十日	九二 六五				
澤島巡査	自七月一日 至七月六日	六一 三〇				
木村巡査	自七月十四日 至七月廿三日	一〇六 二〇				
川住巡査	自七月十五日 至七月廿六日	一三四 八〇				
守元巡査	自七月二日 至七月十三日	一〇三 四〇				
川端巡査	自七月五日 至七月十四日	一五五 〇五				
河野巡査	自七月四日 至七月八日	五三 七五			自八月六日 至八月八日	三二 五〇

外務省

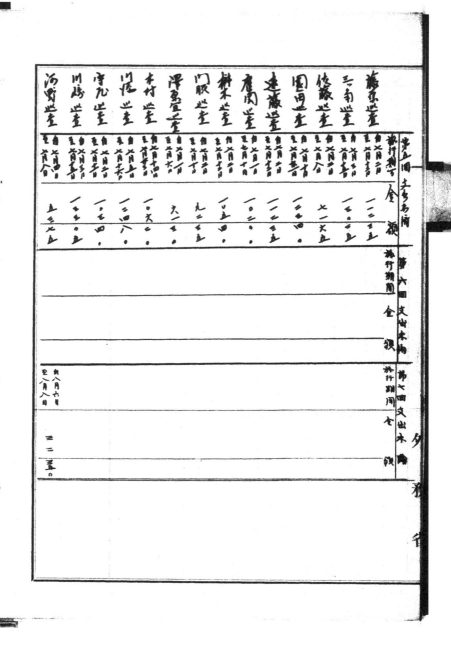

渋 巡査	自七月廿日 至七月廿五日	一三〇二五				
日高巡査	自七月二日 至七月十日	九〇九五				
中村巡査	自七月十日 至七月二十日	一二六九〇				
星 巡査	自七月三日 至七月十三日	一〇二〇〇				
保坂谷巡査	自七月二日 至七月十三日	一一四四五				
佐木巡査	自七月二日 至七月六日	五〇二五			自八月六日 至八月八日	三六五〇
水松巡査	自七月一日 至七月六日	七二二五				
圓川巡査	自七月二日 至七月十日	九二二五				
西山巡査	自七月三日 至七月十三日	一〇三四〇				
瀧澤巡査	自七月三日 至七月十五日	一四〇二五				
高田巡査	自七月一日 至七月六日	七〇〇五				
小川巡査	自七月二日 至七月十日	九〇九五				
計		六〇九五六〇				
村谷警部補	出張		自七月十四日 至七月廿八日	一九七一〇		
廣岡巡査(三)			自七月十五日 至七月廿七日	一七七〇〇		

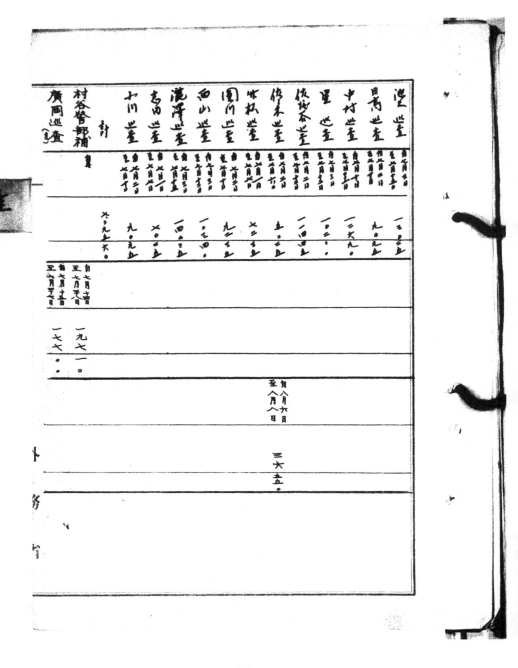

	第五回支出済 旅行期間	第五回支出済 金額	第六回支出済未済 旅行期間	第六回支出済未済 金額	第七回支出未済 旅行期間	第七回支出未済 金額
森下巡査			自七月十五日 至七月二十七日	一七三円 〇〇		
杉澤巡査			七月二十九日	一〇 九五		
内藤巡査			自七月十五日 至七月二十八日	一四九 七〇		
伊藤巡査			自七月十四日 至七月二十五日	一三四 一〇		
菊地巡査			自七月十四日 至七月二十三日	一一九 九〇		
斉田巡査			自七月十四日 至七月二十三日	一二二 七〇		
中島巡査			自七月十五日 至七月二十八日	一四六 二〇		
榊原巡査			自七月十四日 至七月二十五日	一一九 九〇		
原田巡査部長			自七月十五日 至七月二十三日	一三四 四五		
大山巡査			自七月十五日 至七月二十三日	一三四 四五		
池永巡査			自七月二十日 至七月二十八日	八四 一〇		
宮崎巡査			自七月十五日 至七月二十八日	一四九 七〇		
甲斐巡査			自七月十四日 至七月二十三日	一一九 九〇		
梅津巡査			自七月二十日 至七月二十八日	八六 九〇		

雑

加藤巡査	七月二十九日	一〇九五
阿部巡査	自七月十五日至七月三十一日	一二六七五
計		三二一一八五

	自七月二十八日至八月八日	一三一八〇〇
斎藤(英)警部補	自八月一日至八月八日	一一五七五〇
斎藤(吉)警部補	自七月三十一日至八月一日	一三七八五〇
加藤巡査	自七月二十八日至八月八日	一七三九五〇
泥谷巡査	自八月七日至八月八日	二三四〇〇
平井巡査	自八月七日至八月八日	二三四〇〇
早田巡査	自八月四日至八月八日	五五八五〇
津篤崎巡査	自七月二十六日至八月六日	一三一八〇〇
山口巡査	自七月二十八日至八月八日	一三一八〇〇
佐伯巡査	自七月二十八日至八月六日	一一三九〇〇
遠竹巡査	自八月一日至八月八日	八九七〇〇
谷口巡査	自八月一日至八月八日	八七六〇〇
今仁巡査	自八月六日至八月八日	三六五〇

外務省

	第五回支出高 旅行期間	第五回支出高 金額	第六回支出高 旅行期間	第六回支出高 金額	第七回支出高 旅行期間	第七回支出高 金額
豊田巡査					自六月三十日 至八月六日	一六二・五〇
小林巡査					自八月四日 至八月八日	五五・五〇
池辺巡査					自六月三十日 至八月四日	一四二・五〇
金巡査					自八月[illegible]日 至八月八日	[illegible]
石川巡査					自七月三十日 至八月一日	一二九・七〇
大園巡査					自七月二十六日 至八月四日	一〇九・〇〇
三村巡査					自七月二十六日 至八月四日	一〇七・六〇
伊豆田巡査					自七月三十日 至八月一日	一二九・七〇
矢口巡査					自七月三十日 至八月四日	一三八・五〇
長岡巡査					自七月二十六日 至八月六日	一三一・一〇
東森巡査					自七月二十六日 至八月六日	一三一・八〇
山崎巡査					自七月二十八日 至八月八日	一三一・一〇
谷断巡査					自八月一日 至八月八日	八七・六〇
伊澤巡査					自七月二十八日 至八月八日	一二九・七〇

外務省

雜

久保巡査	自六月三十日 至八月四日	一四〇・五〇	
乾巡査	自六月三十日 至八月一日	一三一・八〇	
戸出巡査	自八月六日 至八月八日	二二・五〇	
馬巡査補	自八月一日 至八月八日	五二・五〇	
鐘止巡査補	自六月十五日 至八月一日	一一四・五〇	
計		四六一・五〇	

外務省

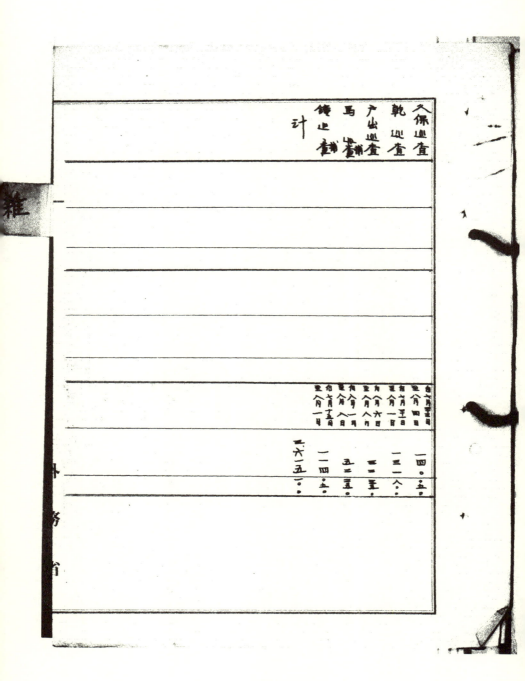

次官

亜細亜局長

人事課長

小類06.2.0.1

高裁案

昭和七年二月十六日

會計課長

豫算

収入支出

検査

乙號

満洲事変

事変手当支給ノ件

満洲事件ニ際シ事件関係地方在勤ノ職員等ニ対シ支給スル事変手当ノ額算ハ目安トシテ別紙記載ノ標準ニ依リ一月ニ遡リ支給可然哉此段御高裁

外務省

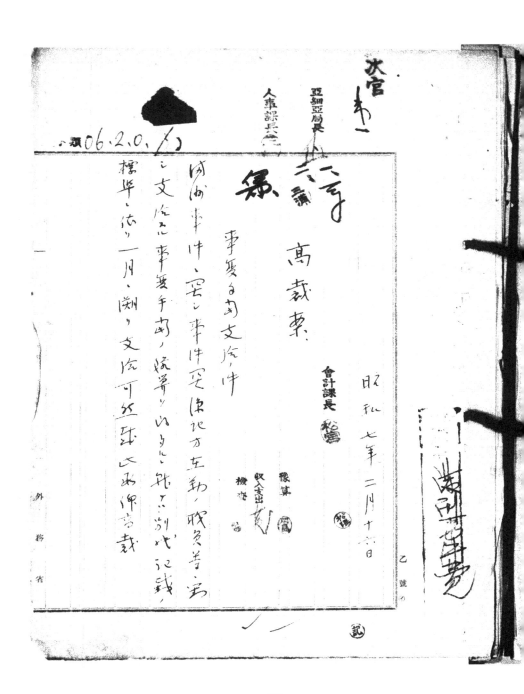

○1-3

事變手當支給標準

支給率

高等官及判任官四級俸以上	在勤俸ノ二割（但シ乙ノ公館ハ一月中ハ二割）	在勤俸ノ一割五分（但一月中ハ一割）
判任官五級俸以下	〃 三割（〃 一割五分）	〃 二割（〃 一割五分）
巡査及通信員	在勤手當ノ三割（〃 一割五分）	在勤手當ノ二割（〃 一割五分）
一般囑託、雇員傭人	給料ノ一割五分以内（〃 一割以内）（本俸ト在勤手當ノ區分困難）	給料ノ一割以内

支給公館

甲
奉天、吉林、ハルビン、天津、牛莊、遼陽、鐵嶺、鄭家屯、長春、チチハル、安東、新民府

北平、青島、通化、海龍、掏鹿、農安、間島、局子街、頭道溝、百草溝、琿春、滿洲里、青島、濟南、坊子、張店、博山、芝罘、張家口、蕪湖、九江、漢口、長沙、沙市、宜昌、

乙
上海、南京、蘇州、杭州
（但シ一月中ハ低率）

福州、廈門、汕頭、香港、廣東、

支給期間

昭和七年自一月至三月

同

上

昭和七年二月十七日

満洲事件ニ関スル臨時手當支給ノ經緯

満洲事件ニ関スル支那在勤者ニ對スル臨時手當ハ別表甲號ノ割合ニテ豫算ヲ得タルモ大藏當局ヨリ實行ニ関シテハ陸、海軍トノ權衡モアルニ付更ニ適當ノ割合ヲ定メ内議セラレ度旨要望アリタルヲ以テ別表乙號ノ通提案シタル處（大体異存ナキモ）支那本部及南支地方巡査及通信員ノ一月中弐割トアルヲ一割五分ト改ムル方適當ト認ムル旨申来リタルニ付之ニ同意シ本省ハ此範圍内ニテ更ニ別紙丙號ノ如ク實行案ヲ決定シタリ

尚會計検査院當務者ヨリ本件ニ関シ大藏省ト協定シタルモノアラハ承知シタキ旨申来リタルニ付別紙丁號送付シタリ

本件大藏省ニ対スル内議ハ公文ヲ以テセス

外務省

（美濃半截罫紙）

3. 6

收入支出 印

檢査 印

豫算

會計課長 印

昭和七年三月廿八日起案

仝年〃月廿八日決裁

高裁案

事変手当支給ノ件

満洲事件ニ関シ事件関係地方在勤者ニ対シ曩ニ高裁ヲ経テ昭和七年一月ヨリ三月迄事変手当ヲ支給シ来リタル処昭和七年度ニ於テモ四、五ノ二ヶ月分ニ対スル豫算ヲ得引続キ支給シ得ルコトトナリタルニ付テハ各地ニ於ケル事態ノ変化ニ應シ

隣邦並各地方間ノ権衡等ヲ考量ニ入レ従来ノ支給標準ニ若干ノ修正ヲ加ヘ新規記載ノ標準ニ依リ之ヲ支給スルコトニ致度此段仰高裁

4—5

第一號

特殊手當支給標準

	甲	乙
高等官及判任官四級俸以上	在勤俸ノ二割	在勤俸ノ一割五分
判任官五級俸以下及雇員	在勤俸若ハ在勤手當ノ二割四分	在勤俸若ハ在勤手當ノ一割七分
通譯	在勤手當ノ三割（但上海、南京、蘇州、杭州ノ二割六分）	在勤手當ノ二割六分
一 支那籍職員及雇員雇人	給料ノ一割三分以内	給料ノ一割以内
支給公館	奉天、長春、安東、吉林、間島、局子街、頭道溝、百草溝、琿春、牛莊、遼陽、鐵嶺、鄭家屯、洮南府、通化、滿洲里、掏鹿、農安、上海、南京、蘇州、杭州	北平、天津、青島、濟南、坊子、張店、博山、芝罘、張家口、歸綏、九江、漢口、長沙、沙市、宜昌、福州、廈門、汕頭、香港、廣東

は（ト）

外務省

7.2

支給關係

昭和七年自四月至五月間　上

は（ト）

外務省

7.2

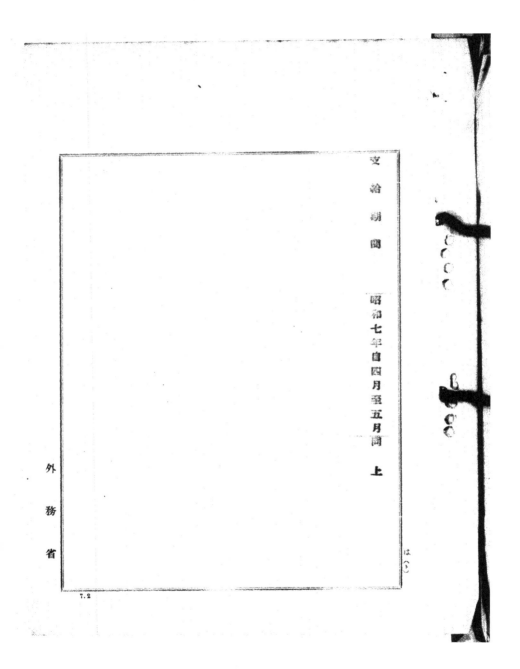

第二號

事務手當支給標準

高等官及判任官四級俸以上	在勤俸ノ一割四分	在勤俸ノ一割八分
判任官五級俸以下及嘱託員	在勤俸者ハ／在勤手當｝ノ一割六分	在勤俸者ハ／在勤手當｝ノ二割一分
支給率 [illegible]	在勤手當ノ二割二分（但シ「ハルビン」ハ二割四分）	在勤手當ノ二割五分
一般嘱託、雇員傭人	給料ノ一割以内	給料ノ一割以内
支給公館	滿洲里、ハルビン	ナチハル
支給期間	昭和七年自四月至五月間	同上

は（ト）

外務省

7.2

次官

人事課長

昭和七年六月十六日起案

決裁

會計課長

高裁案

事変手当支給ノ件

本件手当ハ客年満洲事変発生ノ結果六月以降之

支給ニ関シテハ予テ大蔵省ト協議ノ処同事変終結ニ付別トシテ其他ノ各

館ニ付テハ当分手当支給ヲ継続シ事変平静状態ニ回

公信案

外務省

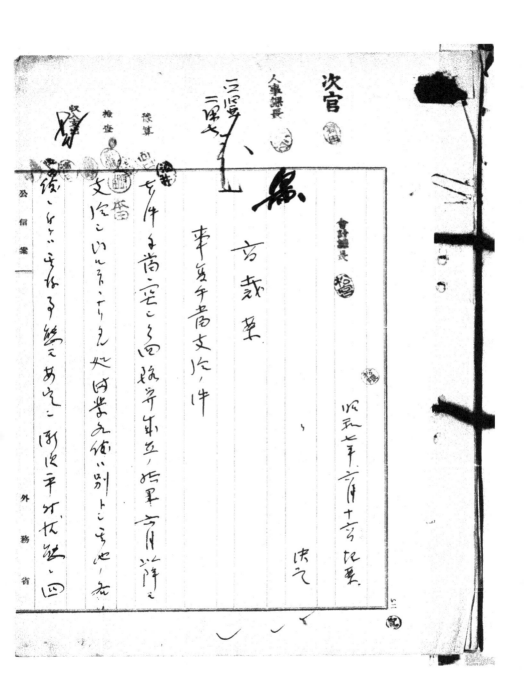

公信案

償ノ道相立候事ト認メラルヽニ於テハ同文館學堂ニ
此際左記方針ニ從ヒ別紙第一號乃至第三號ノ通リ
決定致度此段御高裁

記

一 文館設置

一 右開校後ハ六月ヨリ八月迄引續キ文館ニ九月以
降ニ於テハ其ノ状勢ヲ見定メ必要アラバ協議ノ上

外務省

又右両案以外ノ各館ニハ六月迄モ文書ヲ打印スルコト

但シ右上海、南京、蘇州、杭州及厦門ニ於テハ七月迄之ヲ文

書ニ以後打印スルコト

二 文書事

1 右両案各館

イ 六月中ハ従前通リ

ロ 七月及八月中ハ別紙第一号及第二号各下欄ノ通リ

公信案

2 左開業以外ノ各公使
別紙第三節ノ通リ

外務省

6—8

第一號　事變手當支給標準

支給率	高等官及判任官四級俸以上	在勤俸ノ二割	在勤俸若ハ在勤手當ノ一割五分
	判任官五級俸以下及通信員	在勤俸若ハ在勤手當ノ二割四分	
	巡査	在勤手當ノ三割	在勤手當ノ二割
	一般囑託及雇傭人	給料ノ一割三分（本俸ト在勤手當ノ區分困難ノ者）	給料ノ一割
支給期間		昭和七年六月	昭和七年七月及八月
支給公館		奉天、吉林、牛莊、遼陽、鐵嶺、鄭家屯、長春、安東、新民府、通化、海龍、掏鹿、農安、間島、局子街、頭道溝、百草溝、琿春	同上

第二號　事變手當支給標準

支給率	高等官及判任官四級俸以上	在勤俸ノ ハルビン 滿洲里　一割四分 チチハル　一割八分	在勤俸又ハ在勤手當ノ ハルビン　一割一分 滿洲里　一割 チチハル　一割四分
	判任官五級俸以下及通信員	在勤俸又ハ在勤手當ノ ハルビン 滿洲里　一割六分 チチハル　二割一分	
	巡査	在勤手當ノ ハルビン　二割四分 滿洲里　二割二分 チチハル　二割五分	在勤手當ノ ハルビン チチハル　一割六分 滿洲里　一割四分
	一般囑託及雇傭人	給料ノ一割（本俸ト在勤手當區分困難ノ者）	一割
支給期間		昭和七年六月	昭和七年七月及八月
支給公館		ハルビン、滿洲里、チチハル	同上

第三號　事變手當支給標準

支給率
- 高等官
- 判任官　在勤俸若ハ在勤手當ノ一割
- 通信員
- 巡査　在勤手當ノ一割五分
- 一般囑託及雇傭人　給料ノ一割（本俸ト在勤手當ノ區分困難ノ者）

支給期間　昭和六年六月（但シ甲ノ各館ハ六月及七月）

支給公館
- 甲　上海、南京、蘇州、杭州、廈門
- 乙　天津、支那（北平）、青島、濟南、坊子、張店、博山、芝罘、張家口、蕪湖、九江、漢口、長沙、沙市、宜昌、福州、汕頭、香港、廣東

次官

亜細亜局　二課長

昭和七年八月二十七日起草

〃　決定

高裁案

東蒙子弟文化ノ件

本件子弟ニ関シ内蒙古各校ヲ除キタル中文、東文方面各校ニ付テハ曩ニ高裁ヲ経テ六月乃至七月限リ支給ヲ打切リタル処　内蒙古方面ハ匪賊ノ出没今ニ

公信案

外務省

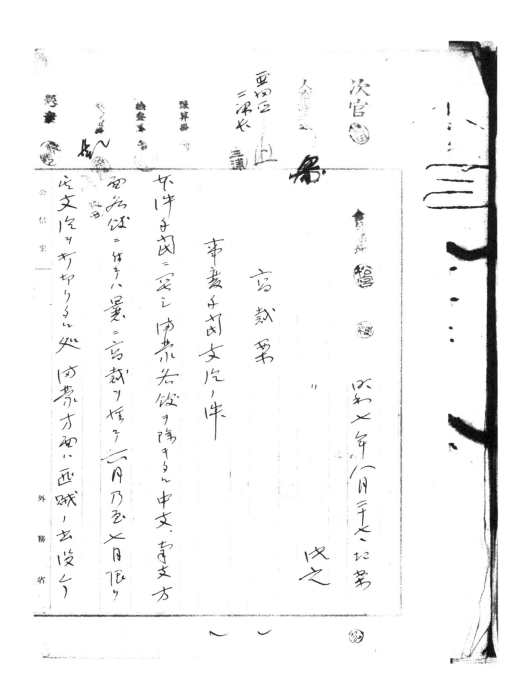

公信案

猶近々未タ全ク事態平穏ニ復シタリト認メ難キ
ニ付九、十月分ニ対シテハ従来ヨリモ大体五割ヲ増シタル
経費即別紙支給標準ニ依リ右支給ヲ為スコト、
致度此段仰高裁

外務省

事変手当支給標準

支給率

高等官、判任官、通信員	在勤俸若ハ在勤手当ノ一割
巡査	在勤手当ノ一割五分 但間島ニ限リ一割四分
一般傭託及雇傭人	給料ノ一割（本俸ト在勤手当トノ区分困難ノ者）

支給期間　昭和六年九月及十月

支給公館　哈爾賓、チチハル、満洲里、奉天、吉林、牛荘、遼陽、鉄嶺、鄭家屯、長春、安東、新民府、通化、海龍、掏鹿、農安、間島、局子街、頭道溝、百草溝、琿春

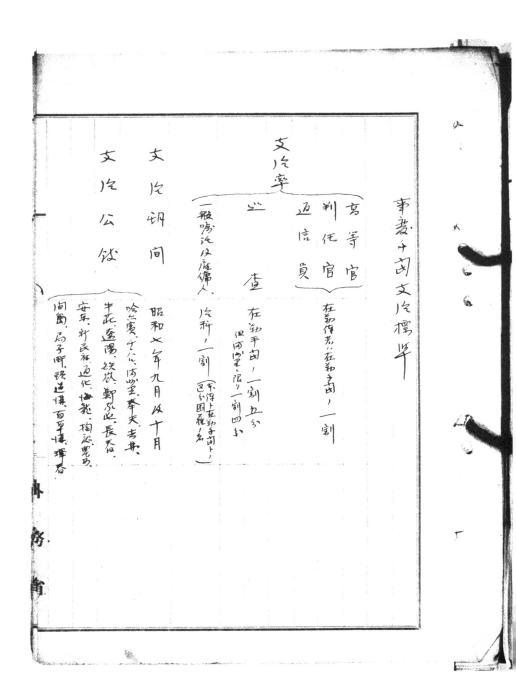

〔〕ヲ除キ他ハ一次、二次考給合ス

館名	奉天 1.	奉天 2.	奉天 3.	吉林 1.	吉林 2.	吉林 3.	哈爾賓 1.	哈爾賓 2.	哈爾賓 3.	天津 1.	天津 2.	天津 3.	牛荘 1.	牛荘 2.	牛荘 3.	遼陽 1.	遼陽 2.	遼陽 3.
高等官及判任官四級以上（参事官ヲ）	〇.二〇	〇.二〇	〇.一五	〇.二〇	〃	〇.一五	〇.二〇	〇.一四	〇.二		〇.二〇		〇.二〇	〇.二〇	〇.一五	〇.二〇	〃	〇.一五
判任官五級以下	〇.三〇	〇.二四	〇.一五	〇.三〇	〇.二四	〇.一五	〇.三〇	〇.一六	〃		〇.三〇		〇.三〇	〇.二四	〇.一五	〇.三〇	〇.二四	〇.一五
巡査及通信員（参事官）	〇.三〇	〇.三〇	〇.二〇	〇.三〇	〃	〇.二〇	〇.三〇	〇.二四	〃		〇.三〇		〇.三〇	〃	〇.二〇	〇.三〇	〃	〇.二〇
傭人及現地雇員（給仕ノ）	〇.一五以内	〇.一三	〇.一〇	〇.一五以内	〇.一三	〇.一〇	〇.一五以内	〇.一〇	〃		〇.一五以内		〇.一五以内	〇.一三	〇.一〇	〇.一五以内	〇.一三	〇.一〇
高等官及判任官四級以上											〇.一五							
判任官五級以下											〇.一七							
巡査及通信員											〇.二六							
傭人及現地雇員											〇.一〇							

1. 〃 一、二、三月分
2. 〃 四五月分

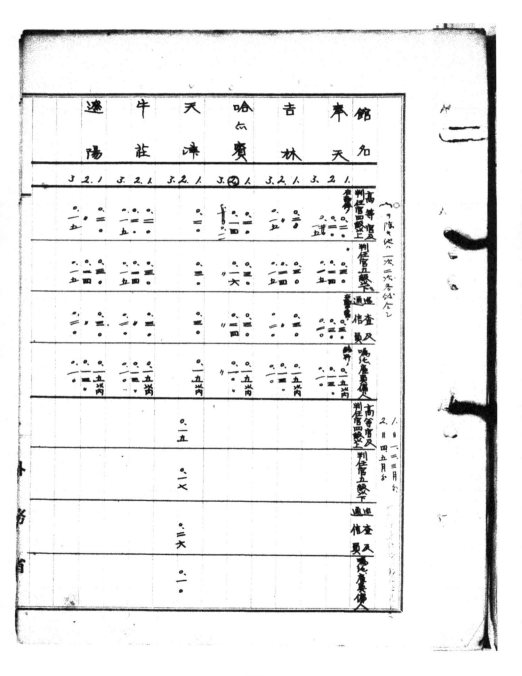

		高等官及判任四級以上	判任五級以下	通過査及通信員	嘱託、雇員、傭人	高等官及判任四級以上	判任五級以下	通過査及通信員	嘱託、雇員、傭人
鐵嶺	1.	〇、二〇	〇、三〇	〇、三〇	〇、一五以内				
	2.	〃	〇、二四	〃	〇、一二〇				
	3.	〇、一五	〇、一五	〇、二〇	〇、一〇				
鄭家屯	1.	〇、二〇	〇、三〇	〇、三〇	〇、一五以内				
	2.	〃	〇、二四	〃	〇、一二〇				
	3.	〇、一五	〇、一五	〇、二〇	〇、一〇				
長春	1.	〇、二〇	〇、三〇	〇、三〇	〇、一五以内				
	2.	〃	〇、二四	〃	〇、一二〇				
	3.	〇、一五	〇、一五	〇、二〇	〇、一〇				
チ、ハル	1.	〇、二〇	〇、三〇	〇、三〇	〇、一五以内				
	②	〇、一四				〇、一八	〇、二一	〇、二五	〇、一〇
	3.					〇、一四	〇、一四	〇、一六	〇
安東	1.	〇、二〇	〇、三〇	〇、三〇	〇、一五以内				
	2.	〃	〇、二四	〃	〇、一二〇				
	3.	〇、一五	〇、一五	〇、二〇	〇、一〇				
新民府	1.	〇、二〇	〇、三〇	〇、三〇	〇、一五以内				
	2.	〃	〇、二四	〃	〇、一二〇				
	3.	〇、一五	〇、一五	〇、二〇	〇、一〇				
上海	1.	〇、三〇（但一月八〇、二）	〇、四〇（但一月八〇、三）	〇、三（但一月八〇、二五）	〇、五（但一月八四〇）				
	2.	〇、二〇	〇、二四	〇、二六	〇、一二以内				
	3.								

南京	1.	〇、二（但月ハ〇、二）	〇、三（但月ハ〇、五）	〇、三（但月ハ〇、五）	〇、五（但月ハ〇、[illegible]）				
	2.	〇、二〇	〇、二四	〇、二六	〇、一三以内				
	3.								
蘇州	1.	〃	〃	〃	〃				
	2.	〃	〃	〃	〃				
	3.								
杭州	1.	〃	〃	〃	〃				
	2.	〃	〃	〃	〃				
	3.								
北平	1.					〇、一五（但月ハ〇、二）	〇、二（但月ハ〇、五）	〇、二（但月ハ〇、五）	〇、一〇以内
	2.					〇、一五	〇、一七	〇、二六	〃
	3.								
青島	1.					〃	〃	〃	〃
	2.					〃	〃	〃	〃
	3.								
通化	1.					〃	〃	〃	〃
	2.	〇、二〇	〇、二四	〇、三〇	〇、一三以内				
	3.	〇、一五	〇、一五	〇、二〇	〇、一〇				
海龍	1.					〃	〃	〃	〃
	2.	〃	〃	〃	〃				
	3.	〇、一五	〇、一五	〇、二〇	〇、一〇				

掏鹿	1.	〇、二〇	〇、二四	〇、三〇	〇、一三以内	〇、五(直頁〇、二)〇、三(直頁〇、一五)〇、二(直頁〇、一五)〇、一〇以内			
	2.	〇、一五	〇、一五	〇、二〇	〇、一〇				
	3.								
農安	1.	〃	〃	〃	〃	〃	〃	〃	〃
	2.	〇、一五	〇、一五	〇、二〇	〇、一〇				
	3.								
間島	1.	〃	〃	〃	〃	〃	〃	〃	〃
	2.	〇、一五	〇、一五	〇、二〇	〇、一〇				
	3.								
局子街	1.	〃	〃	〃	〃	〃	〃	〃	〃
	2.	〇、一五	〇、一五	〇、二〇	〇、一〇				
	3.								
頭道溝	1.	〃	〃	〃	〃	〃	〃	〃	〃
	2.	〇、一五	〇、一五	〇、二〇	〇、一〇				
	3.								
百草溝	1.	〃	〃	〃	〃	〃	〃	〃	〃
	2.	〇、一五	〇、一五	〇、二〇	〇、一〇				
	3.								
琿春	1.	〃	〃	〃	〃	〃	〃	〃	〃
	2.	〇、一五	〇、一五	〇、二〇	〇、一〇				
	3.								

満洲里			済南			坊子			張店			博山			芝罘			張家口		
1.	2.	3.	1.	2.	3.	1.	2.	3.	1.	2.	3.	1.	2.	3.	1.	2.	3.	1.	2.	3.
	〇、一四	〇、一〇																		
	〇、一六	〇、一〇四																		
	〇、二二	〇、一四																		
	〇、一〇八	〇																		
〃			〃	〇、一五		〃	〃		〃	〃		〃	〃		〃	〃		〃	〃	
〃			〃	〇、一七		〃	〃		〃	〃		〃	〃		〃	〃		〃	〃	
〃			〃	〇、二六		〃	〃		〃	〃		〃	〃		〃	〃		〃	〃	
〃			〃	〇、一〇八		〃	〃		〃	〃		〃	〃		〃	〃		〃	〃	

蕪湖	九江	漢口	長沙	沙市	宜昌	福州
1. 2. 3.	1. 2. 3.	1. 2. 3.	1. 2. 3.	1. 2. 3.	1. 2. 3.	1. 2. 3.
〇、一五（但貫：〇、一） 〇、一五	〃 〃	〃 〃	〃 〃	〃 〃	〃 〃	〃 〃
〇、二（但貫：〇、一五） 〇、一八	〃 〃	〃 〃	〃 〃	〃 〃	〃 〃	〃 〃
〇、二（但貫：〇、一五） 〇、二六	〃 〃	〃 〃	〃 〃	〃 〃	〃 〃	〃 〃
〇、一〇以内 〇、一〇以内	〃 〃	〃 〃	〃 〃	〃 〃	〃 〃	〃 〃

外務省

	厦門	汕頭	香港	広東
	3.2.1.	3.2.1.	3.2.1.	3.2.1.
	〇、五（但一月八〇、一） 〇、一五	〃 〃	〃 〃	〃 〃
	〇、二（但一月八〇、三） 〇、一七	〃 〃	〃 〃	〃 〃
	〇、二（但一月八〇、三） 〇、二六	〃 〃	〃 〃	〃 〃
	〇、一〇以内 〃	〃 〃	〃 〃	〃 〃

次官

会計課長

昭和七年十二月七日起草
十二月　日決定

高裁案

来年度手当支給ニ関スル件

本件手当支給方ニ関シテハ十月迄ノ支給率ニ付曩ニ高裁ヲ経タル次第ナル処既定ノ実状ニ従ヒ十一月以降ニ付テモ當ニ考慮ノ必要アリト認メラルルニ付テハ左記方針ニ依リ別紙支給標準（甲乙丙）ヲ定メ支給方取計ヒ度此段仰高裁

公信案　外務省

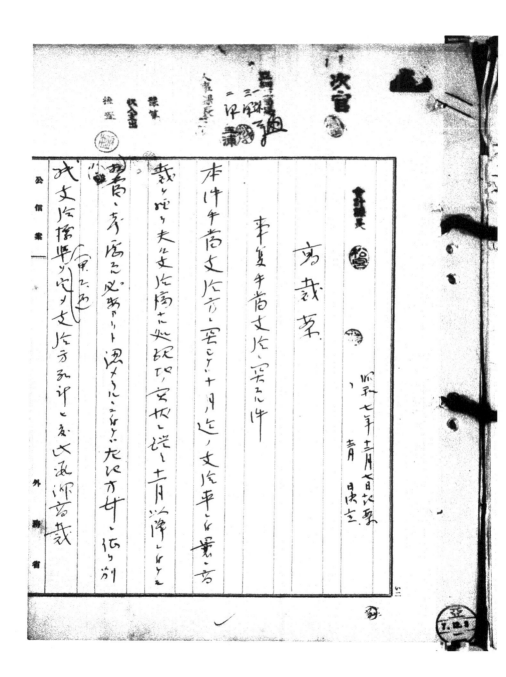

満洲ニ於ケル公館ニハ
次ノ如ク打切ラル
首全一月

前東ノ陸ナキ之ハ満洲里
但シ事務所ノ
公報ヲ陸上高大ノ必要アル
モノ之ニ現状ヲ見エタル
ハ満洲里経費ノ増加経ト
ナルモノ安定ト思フモノ
ニ付

記

一、十一、十二月分ハ従前ト同様トスルコト但シ満鉄沿線（新京ヲ除ク）及東奉沿線ノ分館ハ十二月ヲ以テ打切ルコト

二、前項但書ニ於ケル公館（満洲里ヲ除ク）ニ對シテハ若干ノ減率ヲ施シタル上昭和八年一月ヨリ三月迄継続スルコト

三、満洲里経費ハ新ニ十月ヨリ十二月迄取扱ノ上最高限ヲ標準トシテ支給シ（右結果十月分ハ承認ヲ要スルモノトス）

公信案　外務省

二二

公信案

一月以降三月迄ハ大体右ノ二分ノ一限度トスルコト

外務省

三

甲

一、支給率

高等官
判任官
通信員
在勤俸若ハ在勤手当ノ一割

巡査　在勤手当ノ一割五分

一般嘱託及雇傭人　給料ノ一割（本俸ト在勤手当トノ区分困難ノ者）

二、支給期間　昭和七年十一月及十二月

三、支給公館
哈爾賓、チチハル、奉天、吉林、牛荘、遼陽、
鉄嶺、鄭家屯、新京（長春）、安東、新民府、錦州
通化、海龍、掏鹿、農安、間島、局子街
頭道溝、百草溝、琿春

外務省

3. 6

乙

一 支給率

奏任官
判任官
通信員
在勤俸若ハ在勤手当ノ五分

巡査 在勤手当ノ一割

一般嘱託及雇傭人 給料ノ五分（本給ト在勤手当トノ合計ノ意）

二 支給期間 昭和八年一月ヨリ三月迄

三 支給公館 哈爾賓、チチハル、新京、吉林、鄭家屯、通化、海龍
探慶、北安、間島、局子街、頭道溝、百草溝、琿春

外務省

（美濃半截罫紙）

3. 6

丙

一、支給率

高等官
判任官
通信員
在勤俸若ハ在勤手当ノ五割 ノ 一割

巡査 在勤手当ノ五割 〃 一割四分

一般雇員及雇傭人 給料五割（本俸ト在勤手当ノ合計ノ五割）ノ 一割
但シ内地人ニ非サル者ハ三割
但シ内地人ニ非サル者ハ五分

二、支給期間 昭和七年十月ヨリ十二月迄（十月分ハ決定ノ後支出セム） 昭和八年一月ヨリ三月迄

三、支給公館 満洲里 満洲里

外務省

3. 6

（美濃半截罫紙）

Ⅱ　満洲事件費関係雑纂　領収書（抄）

乙、在中華民國上海公使館

全二冊

昭和六年度満洲事件費中機密費支出等報告附属明細書

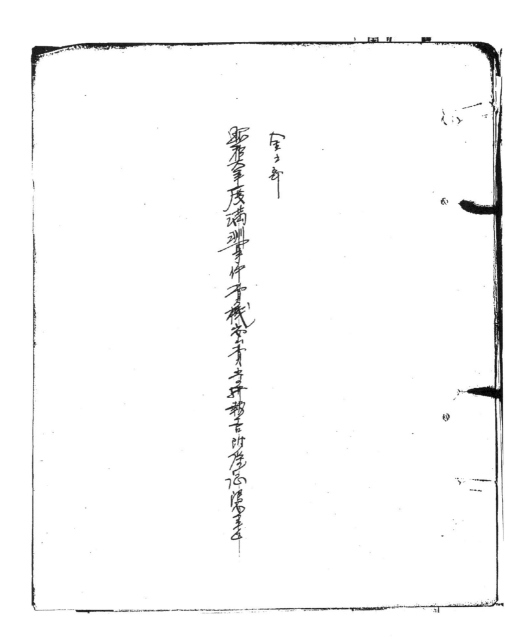

証第一號

領收証

一、金五拾圓也

但上海事変戰死者ニ対スル弔慰金

右領收候也

昭和七年二月十七日

佐世保海軍人事部

中華民國

特命全權公使　重光葵殿

海軍

在上海日本總領事館

証第二號

證

一金七円也　二月六日巴山本二勇士海軍葬花輪一対代

一金拾弐円也　二月十三日西田信次外十一勇士仝上

合計金拾九円也

右正ニ受領候也

昭和七年参月弐日

呉市長佐々木英夫

特命全権公使重光葵殿

呉市役所

満

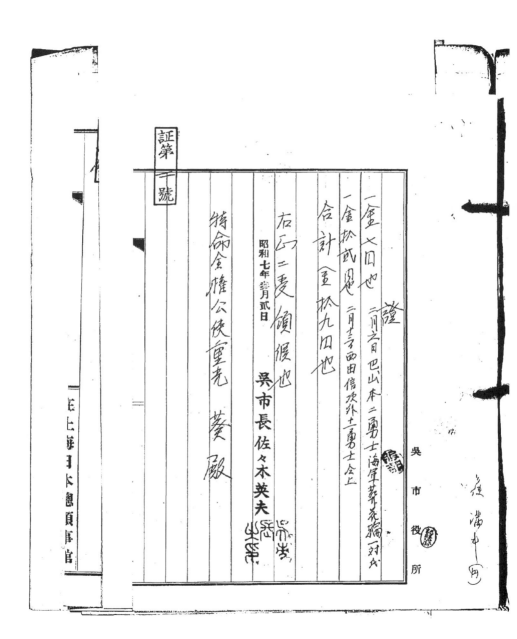

証第二号

横濱正金銀行上海支店

郷里送金領收證

No. 9539　　MAR 29 1932 年月日

日本金 97.10

換算相場　　弗銀 參拾元

上記《ジヤウキ》ノ金額《キンガク》正《マサ》ニ領收《リヤウシユウ》致《イタ》シマシタ就《ツイ》テハ最近便《サイキンビン》ヲ以《モツ》テ弊行本店《ヘイコウホンテン》ヘ回金《クワイキン》ノ上《ウヘ》更《サラ》ニ御郷里《ゴキヤウリ》（呉市役所）ヘ御送金《ゴソウキン》申上《マヲシア》グマスカラ左様《サヤウ》御承知《ゴシヨウチ》下《クダ》サイ

横濱正金銀行

上海支店

在上海日本公使館

◎此領收證《コノリヤウシユウシヤウ》ハ紛失《フンシツ》セヌ様願《ヤウネガ》ヒマス。

◎此領收證番號《コノリヤウシユウシヤウバンガウ》ヲ受取人《ウケトリニン》ヘ必《カナラ》ズ御知《オシ》ラセ下《クダ》サイ。

◎此《コ》ノ送金《ソウキン》ニ關《カン》シテ御問合《オトヒアハ》セノ節《セツ》ハ領收證番號明記《リヤウシユウシヤウバンガウメイキ》ノ上受取人《ウヘウケトリニン》ヨリ直接本店《チヨクセツホンテン》ニ御照會《ゴセウクワイ》下《クダ》サイ。

◎本店所在地《ホンテンノトコロ》――横濱市南仲通五丁目横濱正金銀行

在上海日本總領事館

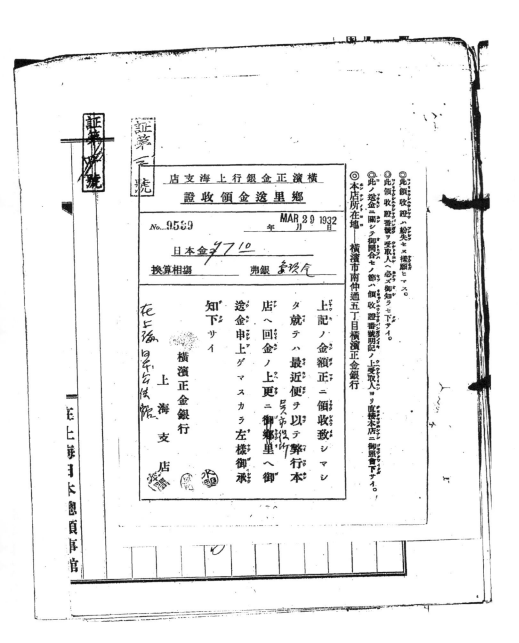

證第　號

支那證明書

遣五弗錢

但シ上海ニ於テ戰死者ノ合同葬儀團呉市長宛

花輪一個供進代

右支那領事ニ證明候也

昭和七年五月廿四日

岡崎勝男

在上海日本總領事館

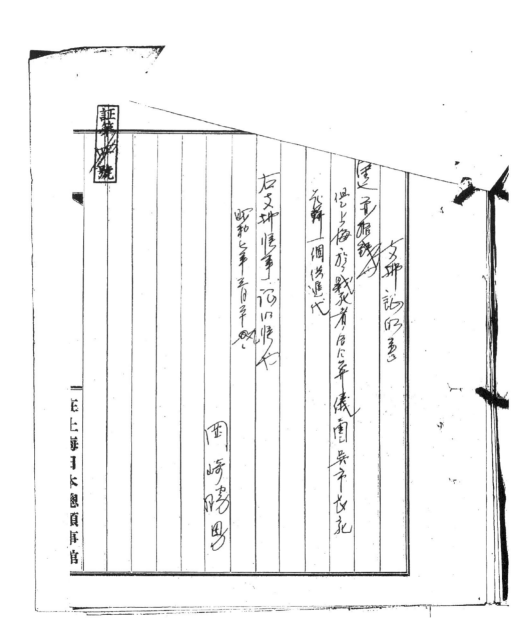

證第四號

證第　號

領收證

一、金参千五百円也

右正ニ領收候也

昭和七年[illegible]月[illegible]日

松岡洋右代
[illegible]

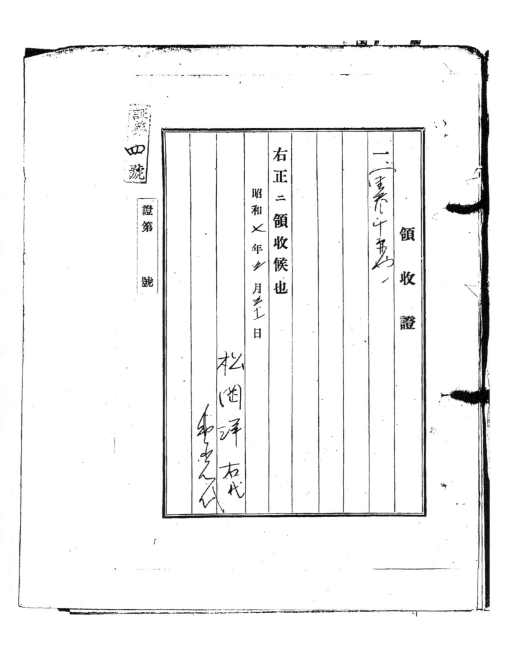

昭和七年度　第一期分

満洲事件費機密費使払報告附属証憑書

（全）

在上海日本公使館

領收證

一、金五百圓也

右正ニ領收候也

昭和七年四月八日

松岡洋右代
岡嶋孟一

證第　　號

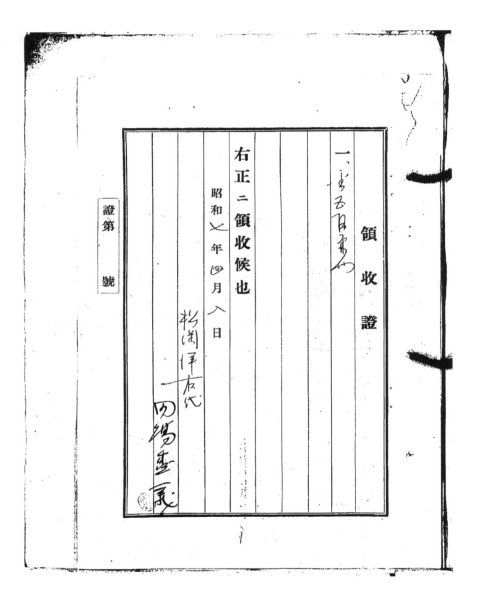

銀之部

昭和十六年度満洲事件費機密費支弁報告附属証憑書

証第一號

No.

警備兵支那費

一月十二日ヨリ二十一日迄 食料 2700 銀
〃 〃 パン代ヲ引差引残 2075 貨
775 弗
支払上候也

上記ノ銀額正ニ領收申候也

弐月拾七日 [illegible]

SHIRAUME

証第一號

證第　號

領收證

一、銀九弗拾仙也

但シ公使員即チ煙草七個代

警衛員支給

右正ニ領收候也

昭和七年二月十七日

徐基和

証第三號

證第　號

領收證

一、銀拾参弗也

但シ　ネービーカット　六巻　拾鑵代銀

公使官邸警備ニ充ス為ニ支給

右正ニ領收候也

昭和七年貳月拾八日

松本清

上海総領事館　御中

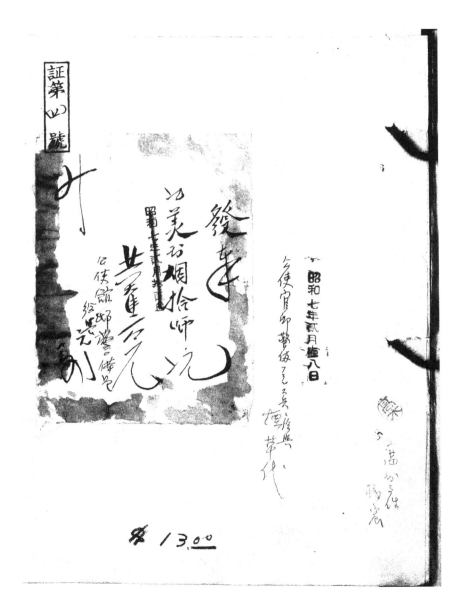

証第(四)號

發票

昭和七年貳月拾八日

昭和七年貳月拾八日

$13.00

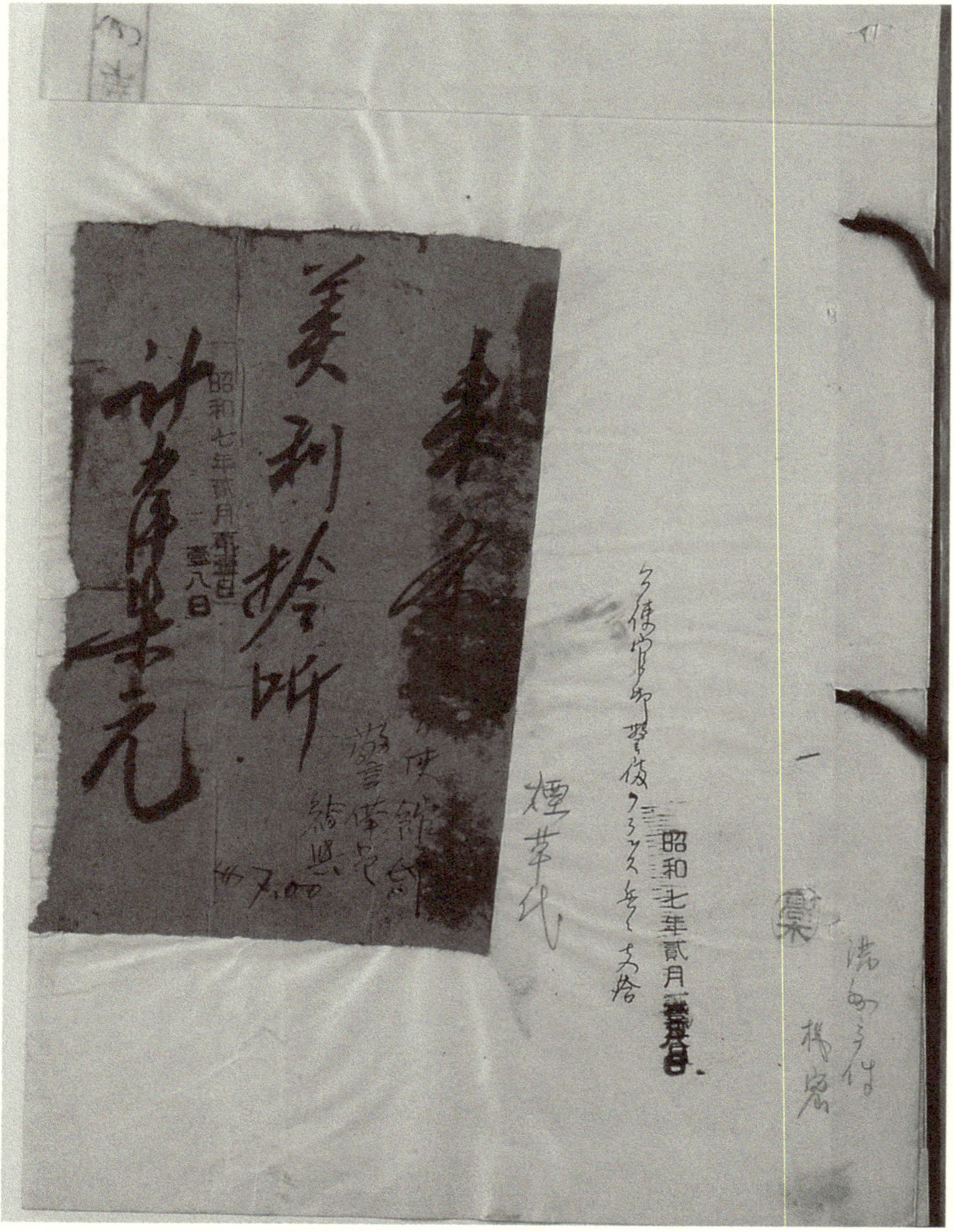
昭和七年貳月
壹八日
煙草代
昭和七年貳月

476

CATHAY HOTELS, LTD.

K. Murai Esq. Shanghai, Mar 9-32

Received the sum of Dollars One hundred & seventy one & 60 cts only, in Payment of Cathay a/c

With Thanks,

$ 171.60

E. CARRARD,

General-Manager

DR. Mr. K.

Japan

証第五號

To 10

30 Crouton	
Flower	4.00
15 Cocktail	15.00
1 qt. No. 17	8.00
2 " No. 26	16.00
4 " Ricky	4.80
7 glass Brandy No. 88	14.00
Cigar & cigarettes	6.80
Total	$ 151.60

昭和七年二月二十四日キャッセ．ホテル．ニ於テ英米佛伊等ノ公使．代理公使．総領事ヲ晝餐ニ招待セル際要セル分 151.60

外ニボーイ．チップ 20.00

K. Murai

Total 171.60

二月二十四日

K.S. Imai OK

証第[illegible]號

CATHAY HOTEL

SHANGHAI

February 24th 1932

DR. Mr. K. Murai,

Japanese Consulate General

E. CARRARD,
MANAGER.

To 10 Luncheons @ 8.00	$ 80.00
30 Crouton	3.00
Flower	4.00
15 Cocktail	15.00
1 qt. No. 17	8.00
2 " No. 26	16.00
4 " Vichy	4.80
7 glass Brandy No. 88	14.00
Cigar & cigarettes	6.80
Total	$ 151.60

昭和七年二月二十四日キャッセ．ホテル．ニ於テ英米佛伊等ノ公使．代理公使．総領事ヲ晝餐ニ招待スル際要セル費　151.60

外ニボーイ．チップ　20.00

K. Murai

Total　171.60

二月二十四日

K.S. Imai
OK

4720

278.70
111.60

警備兵賄費

二月五日	佛兵及警備兵茶菓子	200
〃	白米 二百ポンド	1900
〃	ロース牛肉	550
二月一日ヨリ八日迄	食料 三人分	1200
〃 〃	パンバタ茶其他	780
〃 九日	茶菓子	200
二月九日ヨリ十一日迄	食料 小人分	300
〃 〃	パンバタ茶其他	180
〃 十二日	茶菓子	210
〃 十六日	〃	210
〃 十九日	〃	210
〃 二十二日	〃	210
〃 二十五日	〃	210
〃 二十九日	〃	210

No.

証第六號

SHIRAUME

二月十二日ヨリ二十九日迄　食料一人分　900
〃　〃　〃　パンバタ紅茶其他　450

920

銀七拾九弗弐拾仙也

上記ノ銀額正ニ領収申候也
二月二十九日　[illegible]

SHIRAUME

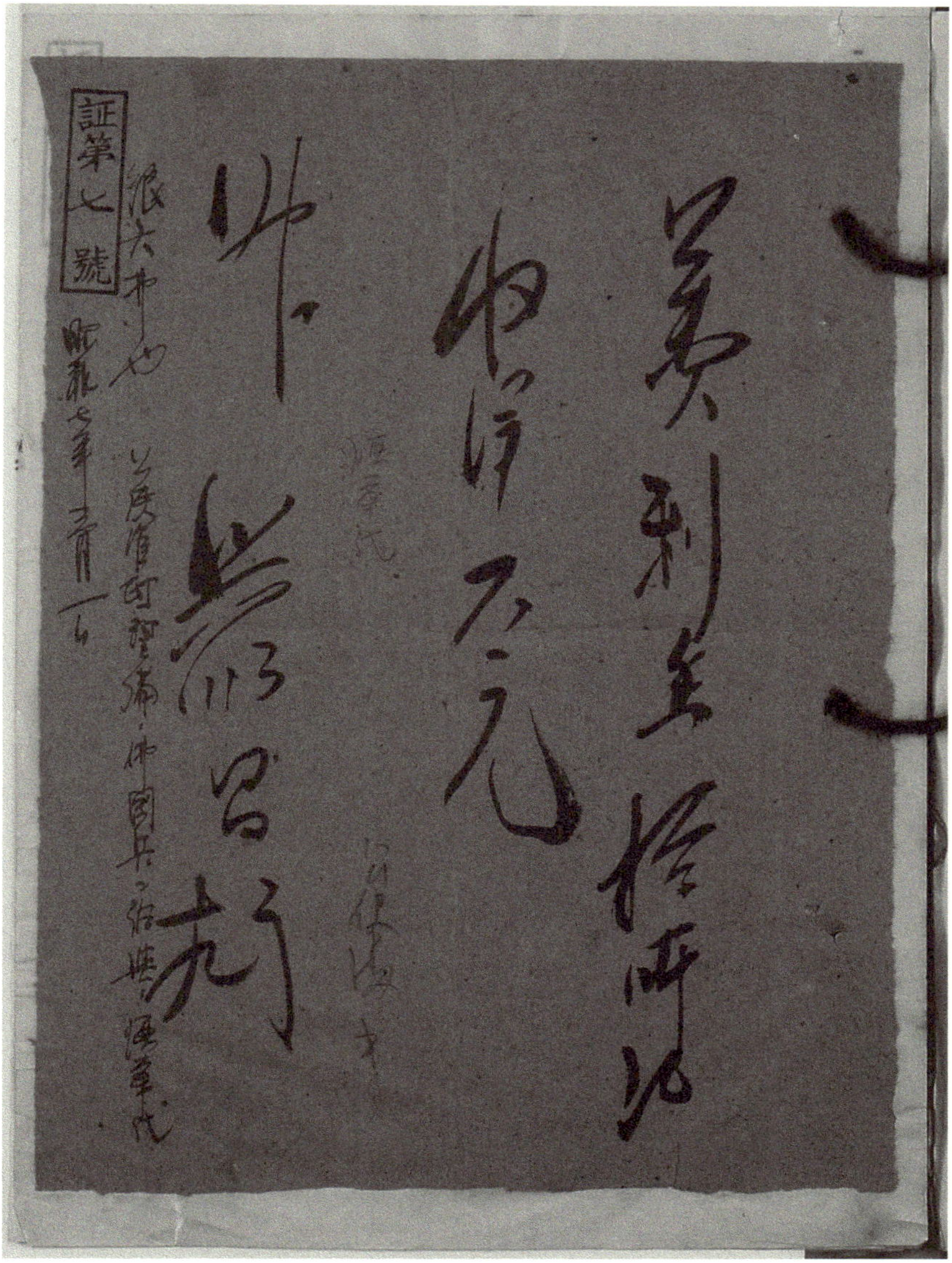

証第七號
昭和七年十二月一日

証第八號

證第　號

領收證

一、銀五百円也

辯護費トシテ内藤順二氏渡ノ分

右正ニ領收候也

昭和七年三月四日

林七郎代郎

K. Hayashi

(内藤順二)

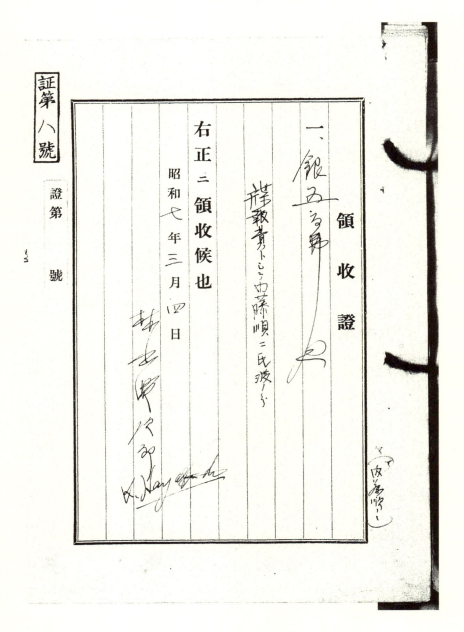

証第九號

證第　號

領收證

一、銀四百参拾円也
右謝礼トシテ井上謙吉氏渡シ分

右正ニ領收候也

昭和七年三月七日

林田賢次郎

（井上一吉）

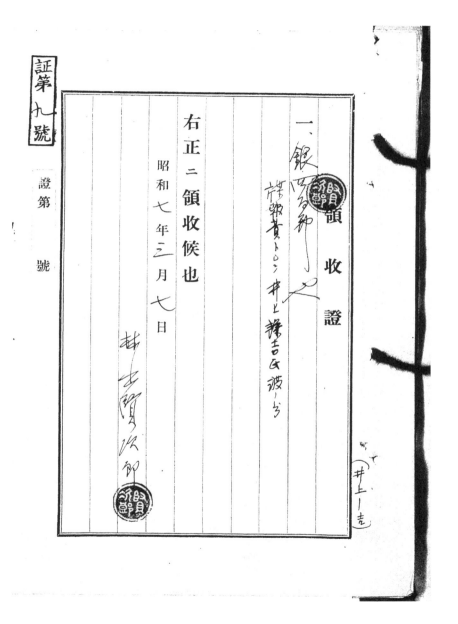

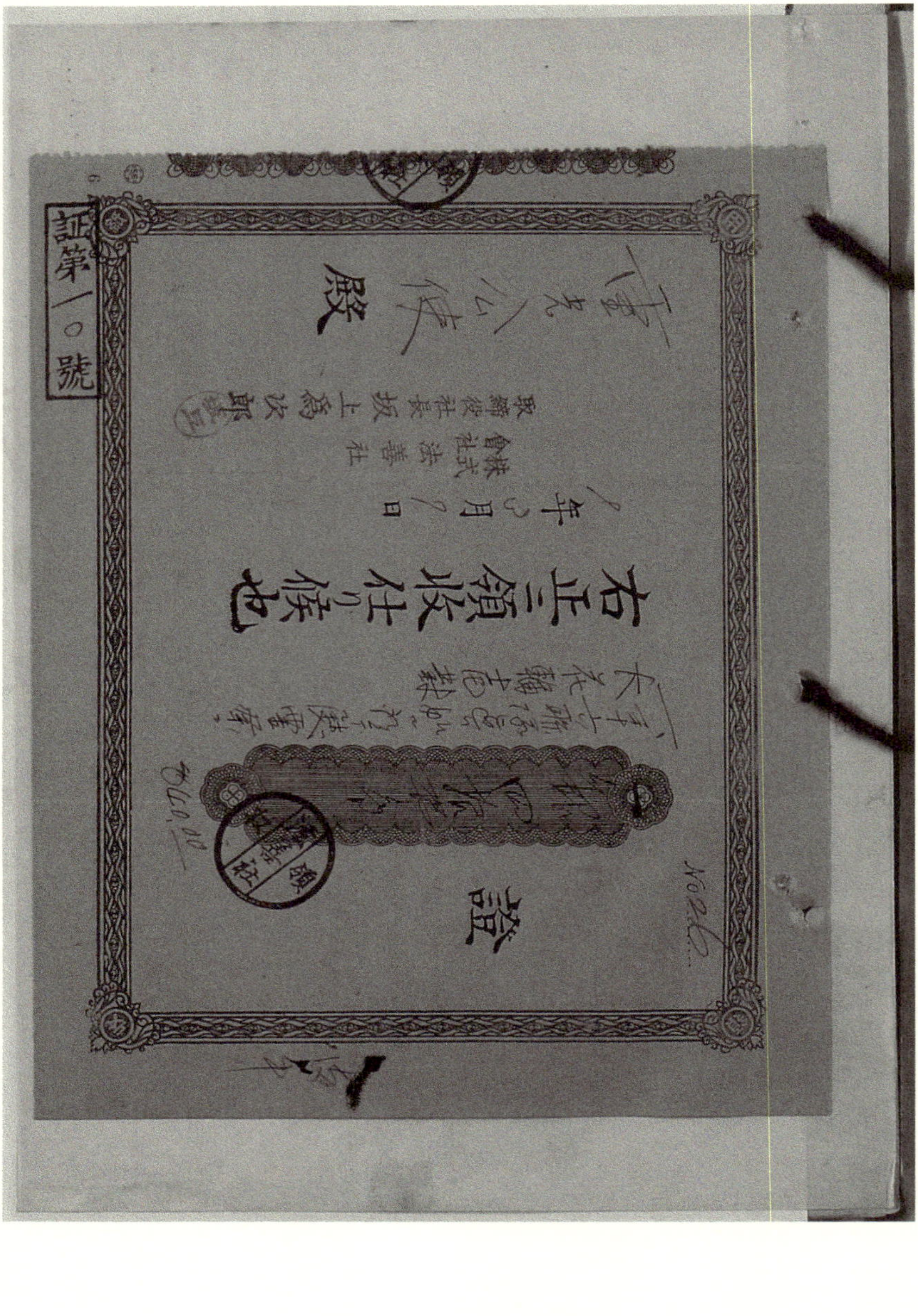
證

右正ニ領收仕リ候也

年　月　日

株式會社法善社
取締役社長 坂上爲次郎

重光公使 殿

840.00

證第一〇號

MEMO.

JAPANESE CONSULATE-GENERAL

公使

新聞記者（外字）

招待

カックテール

外ニボーイチップ $20.00を要す

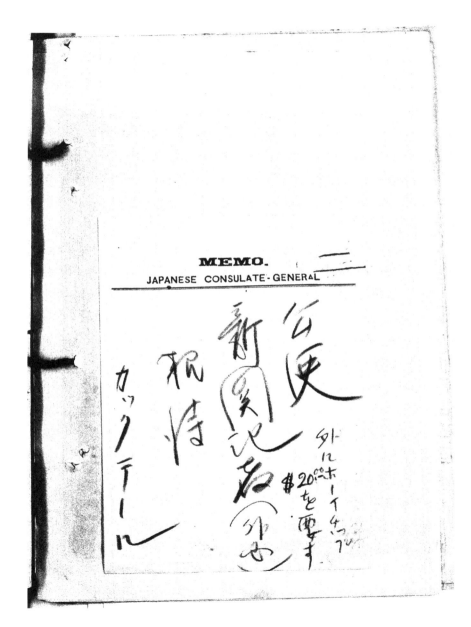

証第一一號

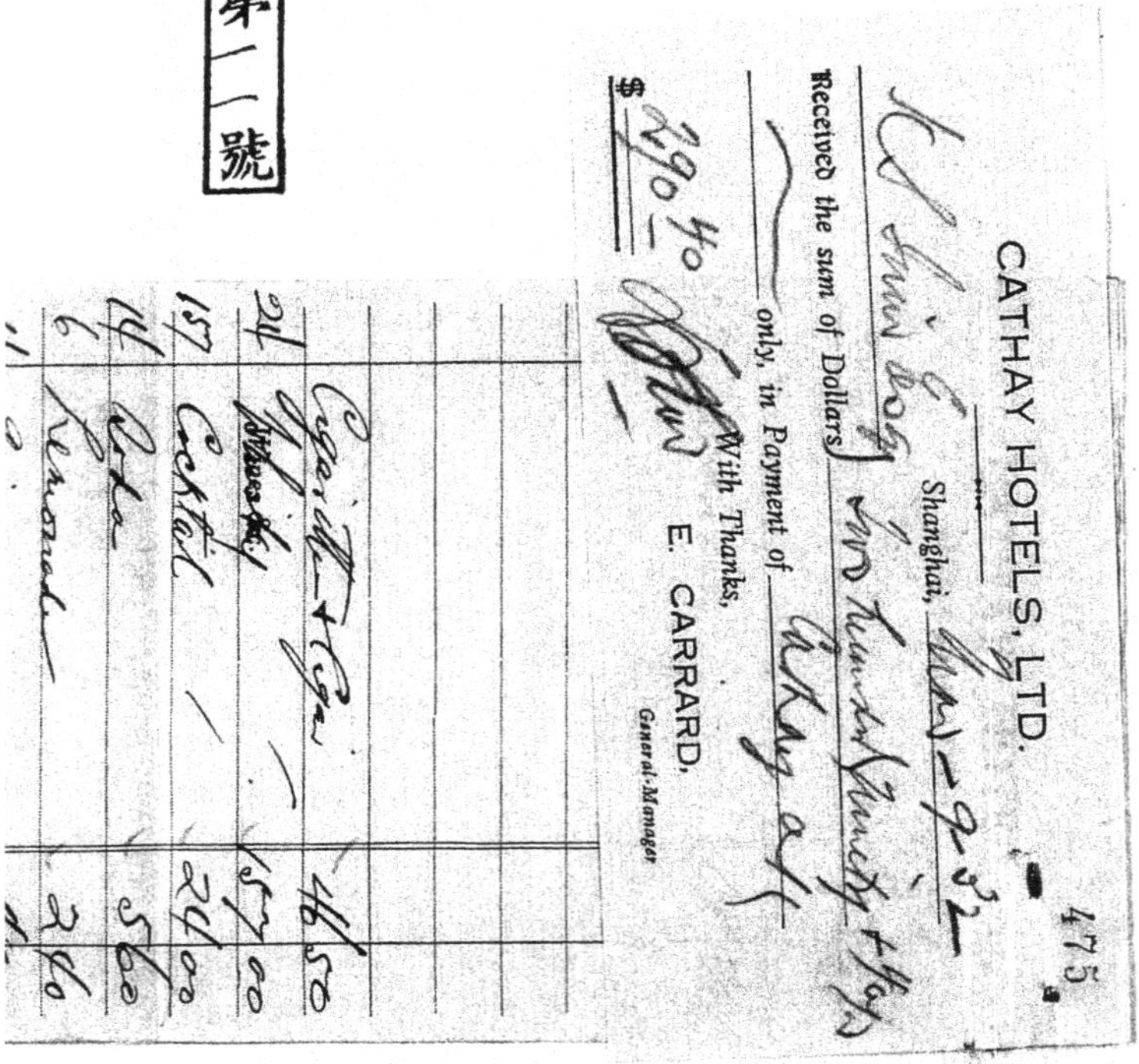

475

CATHAY HOTELS, LTD.

K S Inui Esq — Shanghai, Mar - 9 - 32

Received the sum of Dollars Two hundred Ninety + 40/00

only, in Payment of Cathay a/c

With Thanks,

E. CARRARD,

General-Manager

$ 290.40

	Cigarette + Cigar	46.50
24	Whisky	157.00
157	Cocktail	24.00
14	Soda	5.60
6	Lemonade	2.40

銀貳百九拾圓四拾仙也

昭和七年二月二十六日キャセイホテルニ於テ外人新聞記者二十名ヲ招待セル際支払セシ食事、酒、煙草、及ボーイ、チップ代

昭和七年三月九日

證第一一號

475

CATHAY HOTELS, LTD.

K S Inui Esq. Shanghai, Mar - 9 - 32

Received the sum of Dollars Two hundred ninety + 40/100

only, in Payment of Cathay a/c

With Thanks,

$ 290 40/—

E. CARRARD,
General-Manager

	Cigarettes + Cigar	46.50
24	Whisky	157.00
157	Cocktail	24.00
14	Soda	5.60
6	Lemonade	2.40
4	Gin	4.00
		258.70

PLEASE SIGN
NAME AND ADDRESS
LEGIBLY

(Signature) K S Inui

(Room No.) Japanese Legation

[illegible]

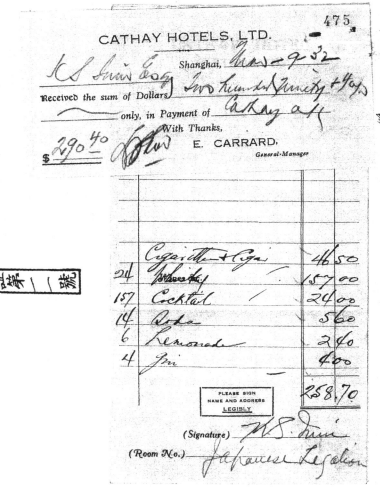

証第一一號

CATHAY HOTEL

RESTAURANT 270 40

Table No. 9 Room *Date* 23-2-32

		$	CTS.
192	Cranton	19	20
	Cigarettes + Cigars	46	50
24	Whisky	157	00
157	Cocktail	24	00
14	Soda	5	60
6	Lemonade	2	40
4	Gin	4	00
		258	70

PLEASE SIGN
NAME AND ADDRESS
LEGIBLY

(Signature) H. S. [illegible]

(Room No.) Japanese Legation

証第一一號

CATHAY HOTEL

RESTAURANT

Table No. J. R　　Date, FEB 23 1932

	$	CTS.
Wines &c.		
Cigars	11	70
	11	70

PLEASE SIGN
NAME AND ADDRESS
LEGIBLY

(Signature) K. S. Inui

(Room No.) Japanese Legation

証第一二號

證第　號

領收證

一、銀弐百弗也

諜報者清水留吉ニ對シ事故勤務ニ付一ケ年間報償

補給

右正ニ領收候也

年 三 月 十 日

堀内于城

一銀弐百弗也

一時御立替金

右受取候也

明治三十七年三月十日　清水留

堀内于城様

済

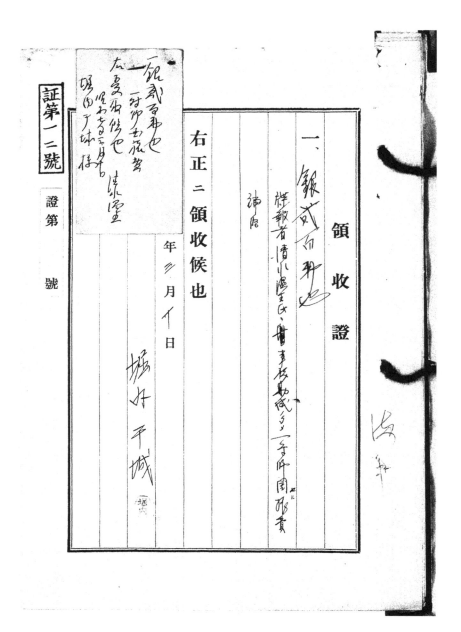

証第一二號

證第　號

領收證

一、銀弐百円也

揮毫者清水澄先生ヘ揮毫事務依頼ノタメ一件関係費

謝禮

右正ニ領收候也

昭和七年三月十日

堀好平城

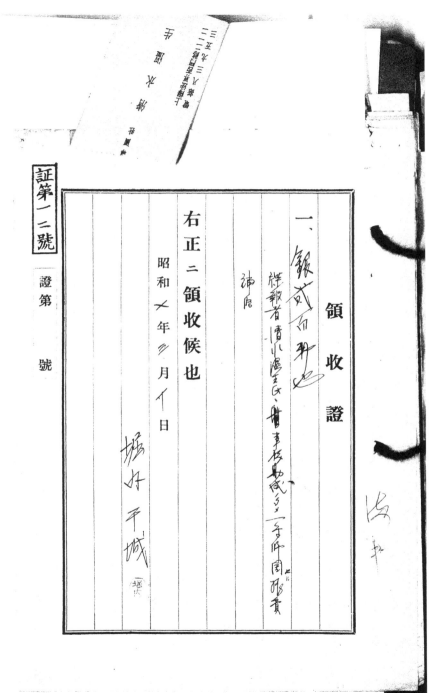

清水温生

証第一二號

證第　號

領收證

一、銀貳百円也

諜報者清水温生氏ニ当事務所嘱託トシテ一ヶ月間報償

補給

右正ニ領收候也

昭和七年三月一日

堀内干城（印）

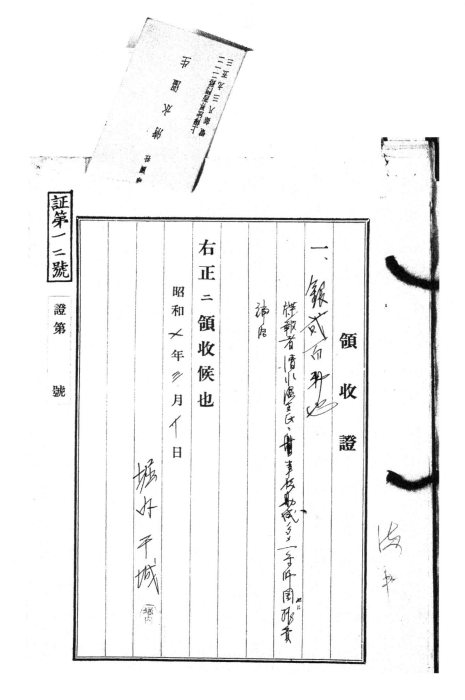

出（公使五探處理代印）

領收證

一、銀五百弗也

公使ヨリ接受ノ際ノモノ

（情報費済ミ）

右正ニ領收候也

昭和七年三月十日

林出賢次郎 ㊞

証第一乙號

證第　　號

13MAR1932

MEMO.

JAPANESE LEGATION

陸海又
合件ヘ
松岡ヘ
二十冊

公使
満中

証第一四號

證第　　號

領收證

一、銀貳阡弗也

右正ニ領收候也

昭和七年三月十三日

松岡氏代

坂口千城

証第一五號

證第　　號

領收證

一、銀四百拾円也

情報者渡ノ分

右正ニ領收候也

昭和七年五月十九日

岡崎勝男

証第一六號

證第　號

領收證

一、銀六百円也
諜報事務費山田純氏ヘ渡セルモノ

右正ニ領收候也

昭和七年三月十四日

林資次郎（印）

（山田純一故渡分関係）

証第一七號

證第　號

Received from Mr. K. Hayashide

the amount of $ 50.00 in payment of Bill No. on a/c

Date MAR 3 1932　　PALACE HOTEL

Staff.　　Manager.

領収證

一金　百弗也

三月三日ノ分　五十弗
三月七日ノ分　五十弗
（諜報者ト会合ホテル部屋代）

外ニ百弗ハ諜報者ニ渡シノ分

右領収候也

七年三月十四日

林出賢次郎

（パレースホテル二十弗位）

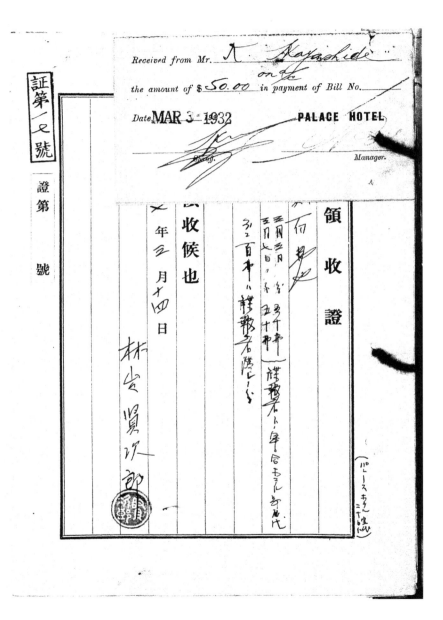

Received from Mr. K. Hayashide

the amount of $50.00 one in payment of Bill No.

Date, MAR 7 1932

PALACE HOTEL

Scroft. Manager.

証第一七號

證第　號

領收證

一金何圓也

三月三日ノ分 五十弗
三月七日ノ分 五十弗 } 諜報者ト會合ホテル部屋代

金二百弗ハ諜報者ニ渡シノ分

右領收候也

七年三月十四日

林出賢次郎 (印)

(パレースホテル二十日位也)

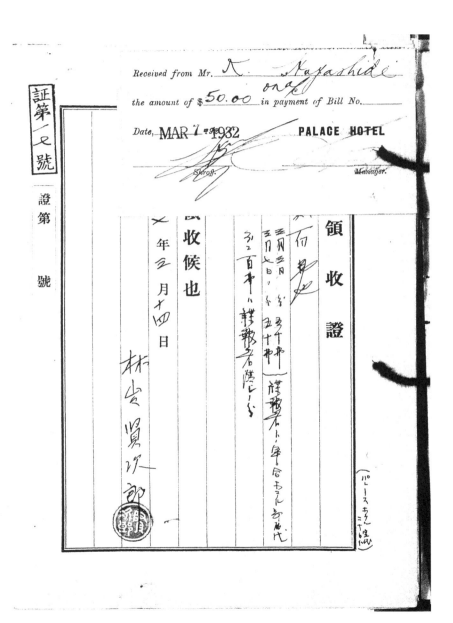

証第一七號

證第　號

領收證

一、金貳百圓也

三月三日ゟ　三月七日迄　五十部　諜報者ト集合ホテル部屋代

外ニ百部ハ諜報者滿足ノ分

右正ニ領收候也

昭和七年三月十四日

林貞次郎 [印]

（パレースホテル二十帖分）

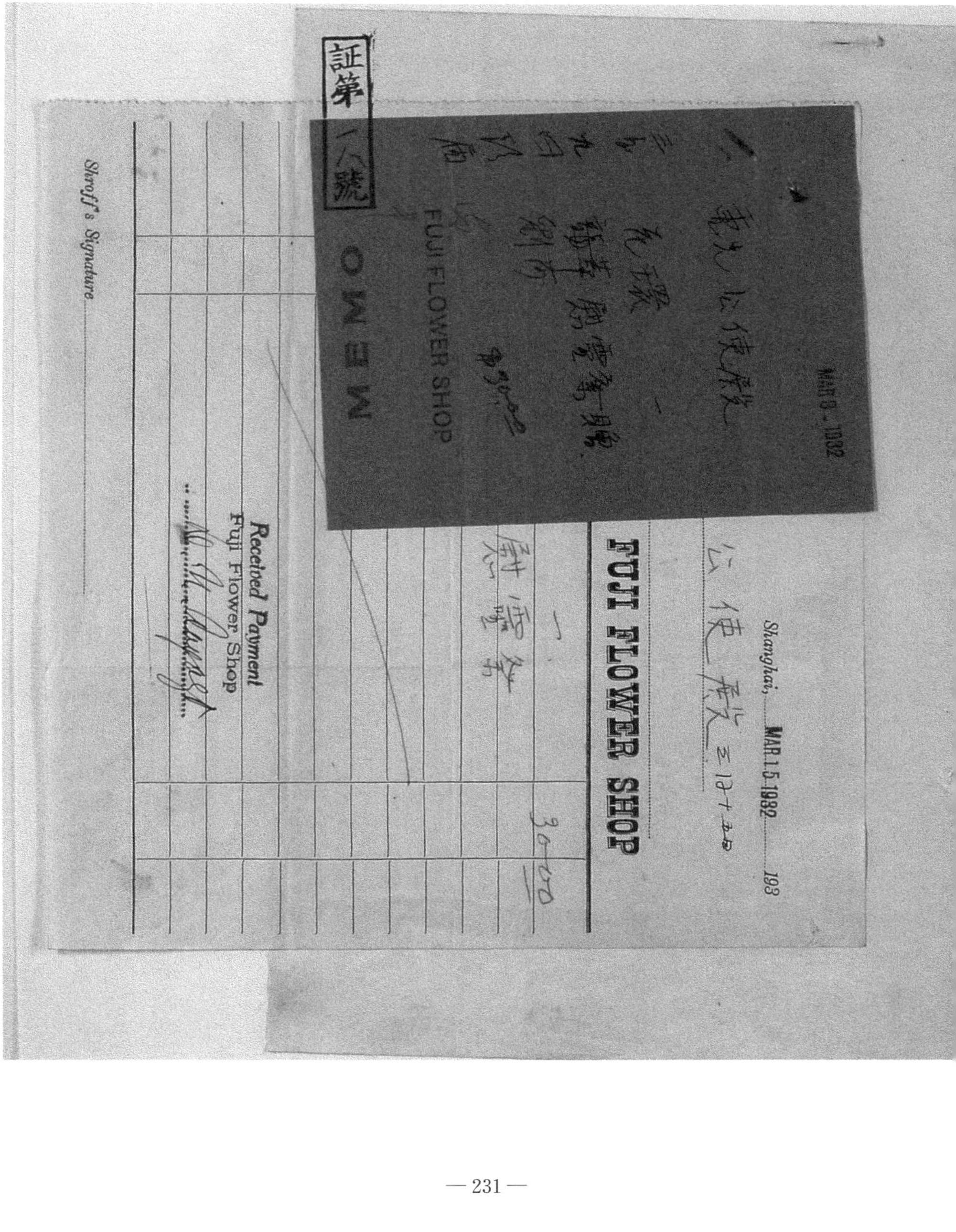

MAR 8 - 1932

重光公使殿

花環 一

慰霊祭贈

$30.00

FUJI FLOWER SHOP

MEMO

証第一八號

Shanghai, MAR 15 1932 193

公使殿

FUJI FLOWER SHOP

一

慰霊祭

30.00

Received Payment
Fuji Flower Shop

Shroff's Signature

[redacted]

富士花園
電話一三七九五番
Central Arcade

Flower Store
97 SZECHUEN ROAD.
TEL. 13795

Shanghai, MAR 15 1932 193

重光公使殿 三月十五日

Dr. to **FUJI FLOWER SHOP**

3/9	花環一	30.00	
	供劉行慰霊祭		

第　証

Received Payment
Fuji Flower Shop

Shroff's Signature........................

證

No.………

一 銀弐拾弗也

別紙明細書之通リ

$20.00

右正ニ領收仕リ候也

昭和七年五月十五日

白

申込所

電話（四）三四二四番

重光 殿

証第一九號

明細書

No.

重光　様

昭和七年三月十五日

下記之通相成候條御引合可被成下候也

合計金　大洋計　銀弐拾弗▷

月	日	品名	數量	單價	金額
3	13	大花環	壱個		$ 20
（是は陸軍慰霊祭に中部按主席陳					

白蓮社
申込所　上海崑山路義豊里一九八號
電話（一）三三九四三番　三四二四番

証第二〇號

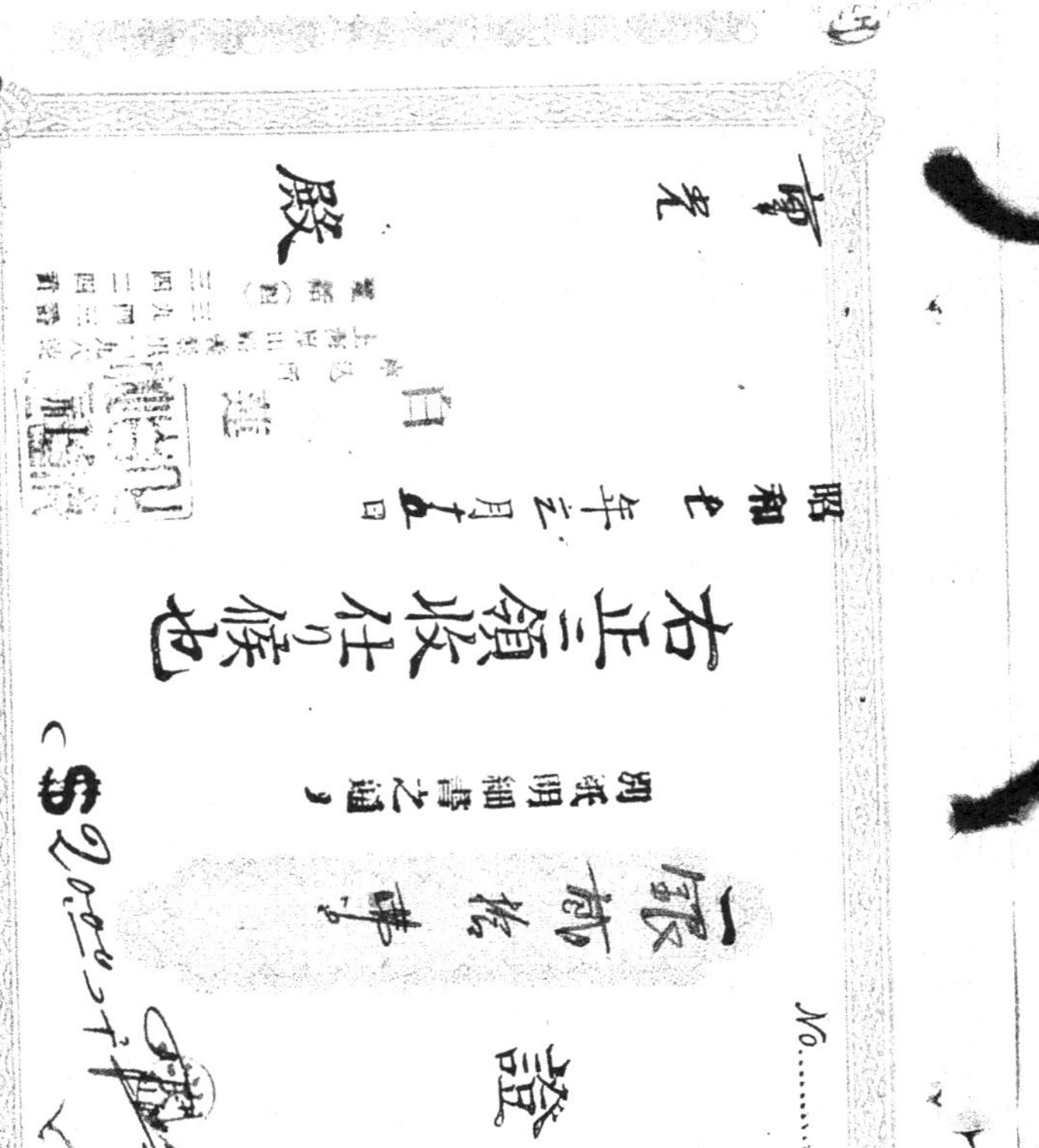
No.

證

一、銀弐拾弗

（別紙明細書之通り）

右正ニ領收仕り候也

$20.00

昭和七年三月十五日

白蓮

曹光 殿

No.

明細書

重光 様

昭和七年三月十五日

下記之通リ相成候條御引合可被成下候也

合計金 大洋計 銀弐拾弗也

月	日	品名	數量	單價	金額 $
3	11	大花環	壱個		$20.00
		（是ハ陸軍歩兵第三十五聯隊慰霊祭ニ寄贈ノ件ニ）			

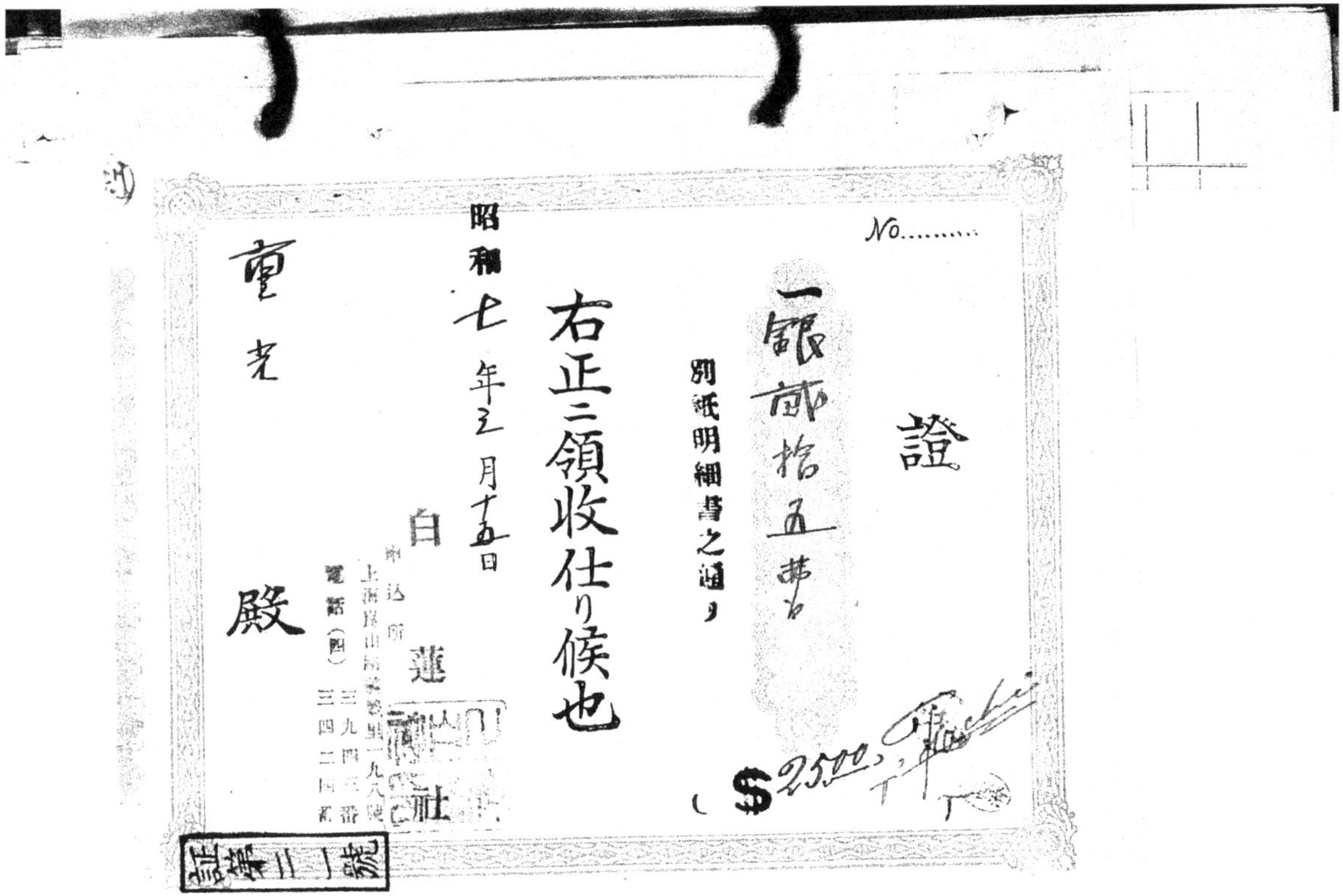

No.………

證

一 銀貳拾五弗

別紙明細書之通リ

($25.00)

右正ニ領收仕リ候也

昭和七年三月十五日

白蓮社

申込所 上海狄思威路一九八號

電話(四)三九四三三番 三四二四番

董光 殿

證第二一號

No.

明細書

重光 様

昭和七年三月十五日

下記之通相成候條御引合可被成下候也

合計金 大洋銀貳拾五弗也

大洋 計

月	日	品名	數量	單價	金額
3	12	大花環	壹個		$ 200
	〃	真茹迄届ケ自働車賃			50
					$ 250

（是ハ陸軍慰霊祭ニ
真茹迄御届ケ申上ゲ）

申込所
上海崑山路義豊里一九八號
電話（四）三三九四三番
三四二四番
白蓮社

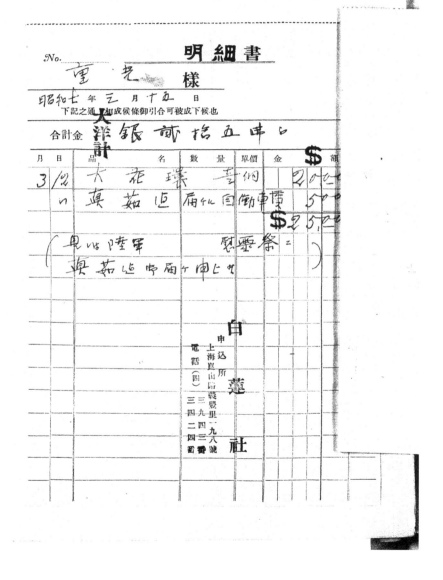

証第二二號

證第　號

領收證

一、銀壱百円也

諜報費トシテ呉蒼氏ニ渡セル分

右正ニ領收候也

昭和七年三月十六日

甘粕正彦

（呉蒼氏）

証第二乙號

領收証

一、銀八元四十仙也

但シ公使館邸勤務中書生仙崎軍人ニ給与シタル標章十四個代

右領收ス

昭和七年三月十二日

川田部長

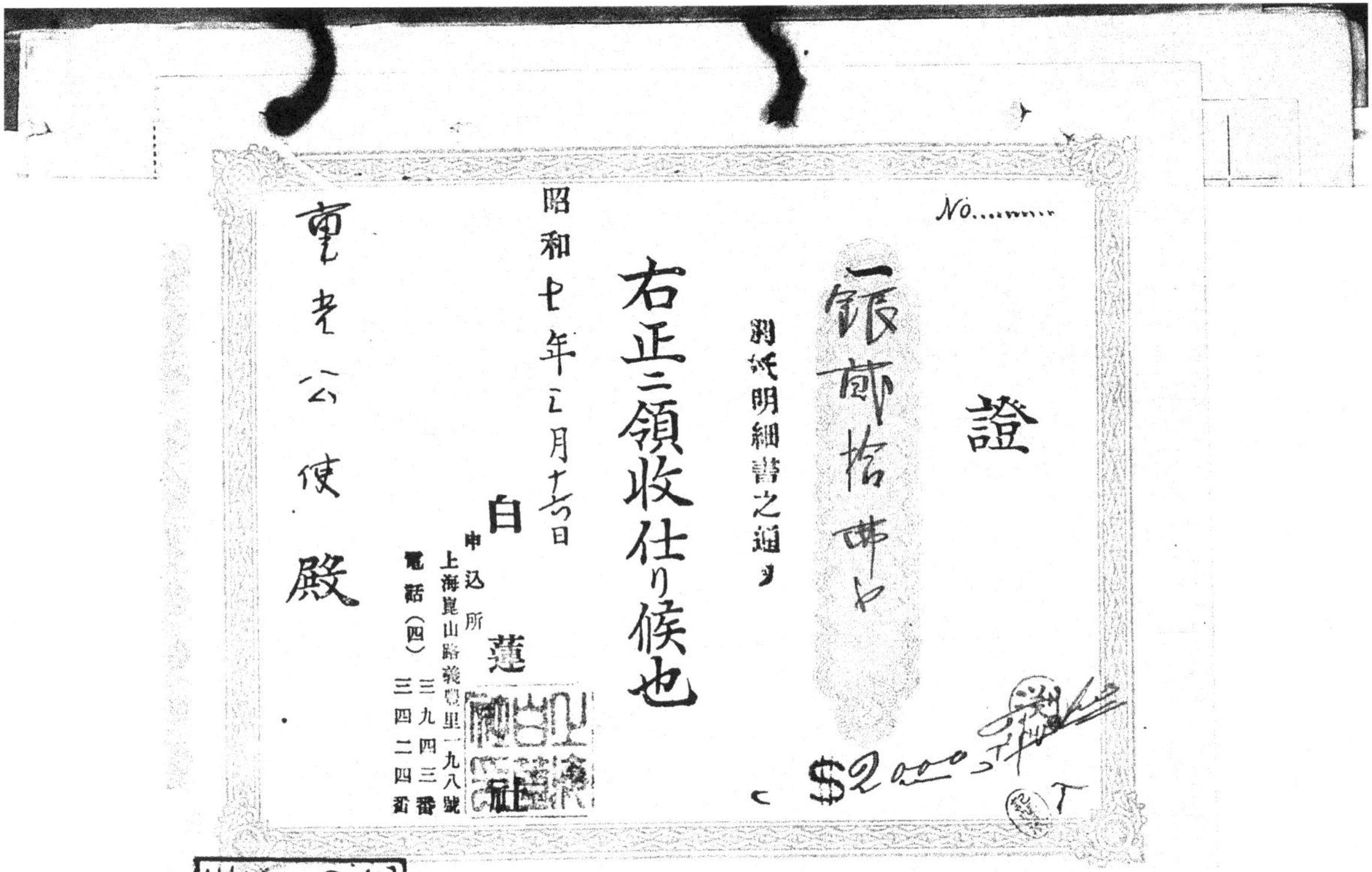

證

No.……

一、銀貳拾弗也

別紙明細書之通リ

右正ニ領收仕リ候也

昭和七年二月十六日

白蓮社

申込所 上海崑山路義豐里一九八號

電話（四）三九四三番 三四二四番

重光公使殿

$20.00

証第二四號

明細書

No.

軍光 様

昭和七年三月十六日

下記之通リ相成候條御引合可被下成候也

合計金 大洋計 銀弐拾弗也

月	日	品名	數量	單價	金額
3	16	大花環	壱個		$20.00
		(是ハ歩兵第七聯隊慰霊祭ニ裕豊紡績会社式場ニ御届ケ申上ク)			

申込所
上海崑山路義豊里一九八號
電話（四）三九四二番
三四二四番

自蓮社

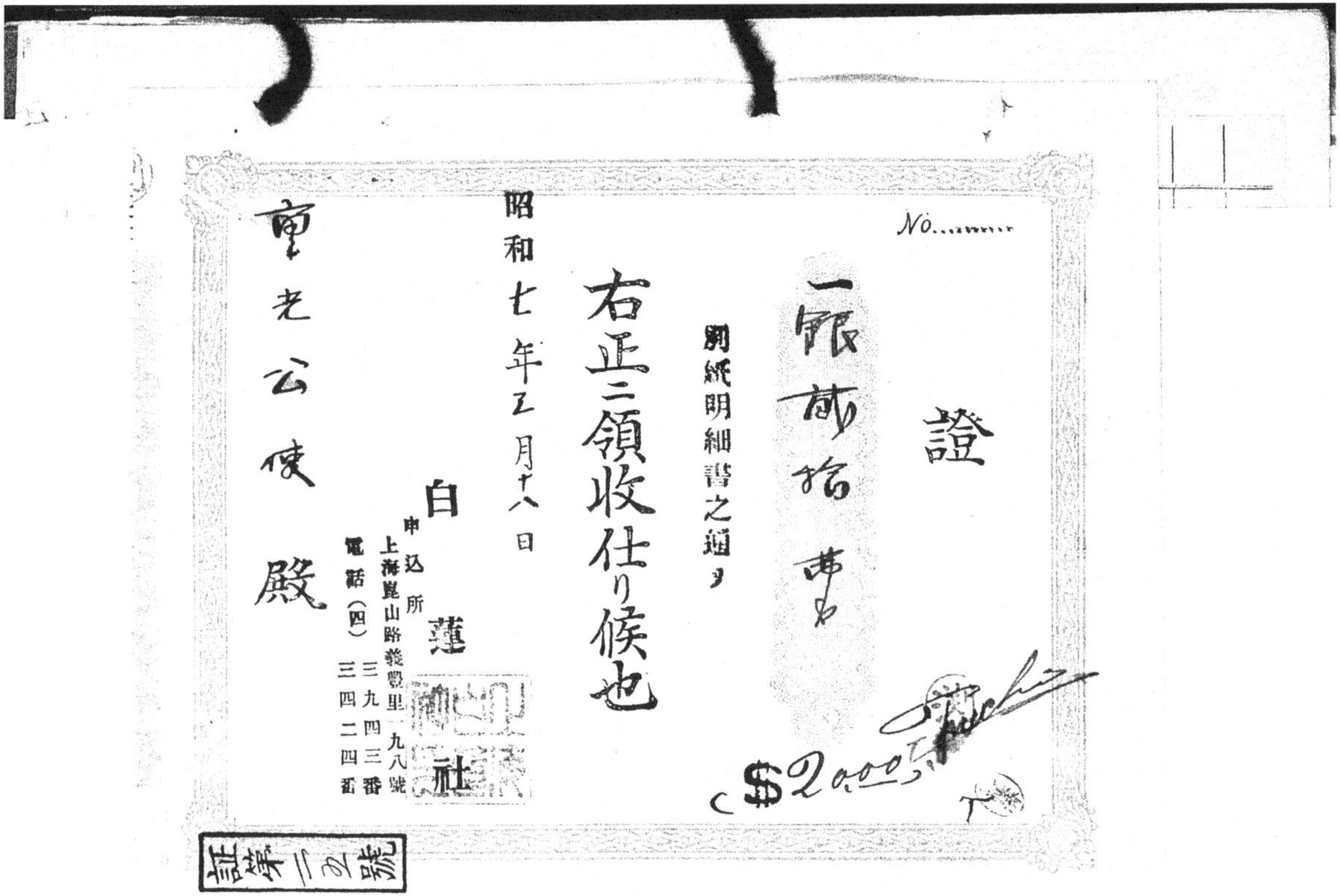

證

No.……

一、銀弐拾弗也

別紙明細書之通リ

右正ニ領收仕候也

昭和七年五月十八日

白蓮社

申込所
上海崑山路義豐里一九八號
電話（四）三九四三番
三四二四番

重光公使殿

$20.00

証第二五號

No.

明細書

陳光　様

昭和七年三月十八日

下記之通リ相成候條御引合可被成下候也

合計金　大洋計　銀弐拾壱元

月	日	品名	數量	單價	金額
3	18	大花環	壱個		$21.00

是ハ海軍慰霊祭ニ新公園式場ニ而備付ケ

白蓮社

申込所 上海崑山路義豐里二九八號

電話(四)三九四三番

三四二四番

証第二六號

證第　　號

領收證

一、銀壱千弗也

右正ニ領收候也

昭和七年五月十八日

杉岡洋右
（花押）

重光公使代理

証第二七號

證第　　號

領收證

一、銀弐百五拾弗也

諜報費トシテ「ランド」氏ニ渡シタ

[illegible]

右正ニ領收候也

昭和七年三月十八日

岡崎勝男

証第二八號

Tips for services $60/-

Asahi

Ballroom

Manager Astor House.

銀七百八拾貳弗也

昭和七年三月十六日アスター

ハウス、ホテル、ニ陸軍、海軍

招待ノ際西女セン諸費用一

ボーイ、心付

昭和七年三月二十一日

No. of Room

M. Tronds of Japanese Legation

. Tayada

726.20 in payment of Bill No. 7798

1932.

ASTOR HOUSE HOTEL

Shroff

Manager

Grill Room	21 80
Cigars and Cigarettes	
Palace Hotel Accounts	
Electric Fan/Heater	
Coal for fires	
Washing	
Telephone	
Automobiles	
Coach Service	
Room Service	
Tea Dansant Ticket	
Cash	
Landing and Shipping luggage	
Storage	
Wee Golf	
TOTAL	$ 726 20

NOTICE

All Cheques and Compradore Orders must be made payable to The Hongkong & Shanghai Hotels, Ltd.

No. of Room

Mr. Travels of Japanese

Received from Mr. Toyoda

the amount of $ 726.20 in payment of Bill No.

Date, 16th March 1932.

ASTOR

Shroff

Grill Room
Cigars and Cigarettes
Palace Hotel Accounts
Electric Fan/Heater
Coal for fires
Washing
Telephone
Automobiles
Coach Service
Room Service
Tea Dansant Ticket
Cash
Landing and Shipping luggage
Storage
Wee Golf

NOTICE

All Cheques and Compradore Orders must be made payable to The Hongkong & Shanghai Hotels, Ltd.

Total $ 679.40

Signature

Address

BAR

		$	cts.
Board and Lodging: date of arrival / date of daparture	days @		
Bar	Wines	361	40
Dining Room	53 Sp. tiffins à 6.-	318	—
Flowers		25	—
Grill Room			
Cigars and Cigarettes		21	80
Palace Hotel Accounts			
Electric Fan/Heater			
Coal for fires			
Washing			
Telephone			
Automobiles			
Coach Service			
Room Service			
Tea Dansant Ticket			
Cash			
Landing and Shipping luggage			
Storage			
Wee Golf			
	TOTAL	$ 726	20

陸一海

NOTICE

All Cheques and Compradore Orders must be made payable to The Hongkong & Shanghai Hotels, Ltd.

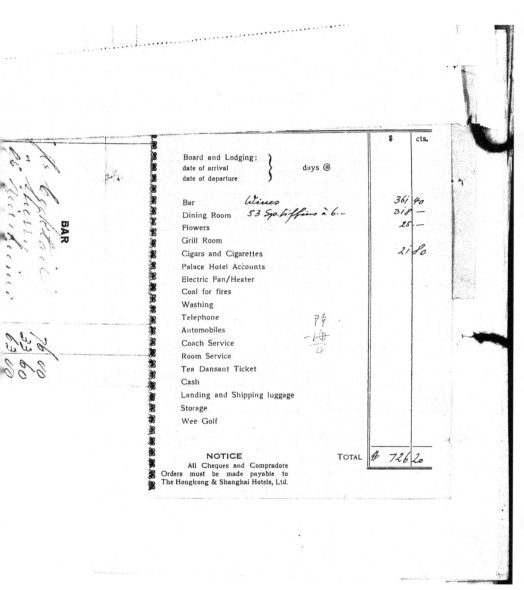

...OUSE HOTEL
SHANGHAI

8 4 5 + MAR 16

CIGAR STAND

16/3/ 1932.

... $ 3.50
...sterfield ... " 3.90
... Special " 14.40
Total 21.80

Name ...

Room No. ____________

BAR

	Amount
...	76.00
...	33.60
...	63.00
...	180.00

MAR 16 1932

Waiter No. ...

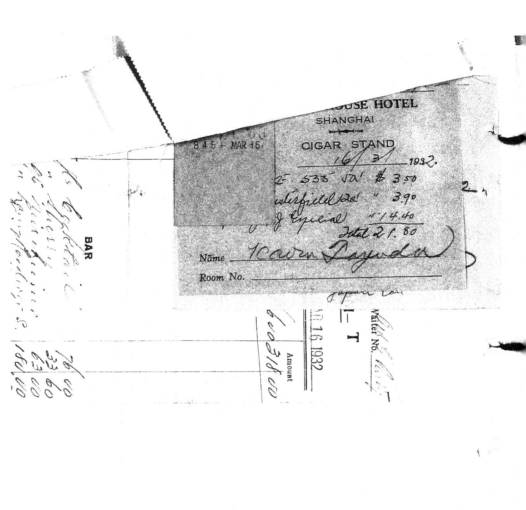

OUSE HOTEL

SHANGHAI

CIGAR STAND

16/31 1932.

12 ... $3.50

6 Pkg Chesterfield 20's " 3.90

24 pcs J V J Especial " 14.40

Total 21.80

Name Kawa...

Room No.

BAR

Amount

MAR 16 1932

Waiter No.

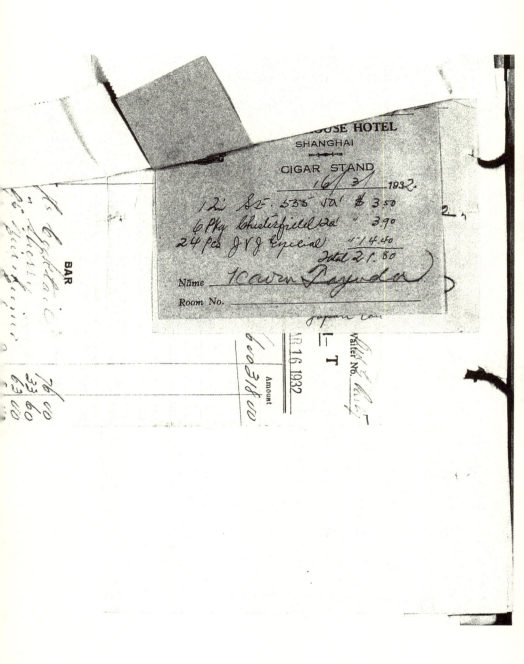

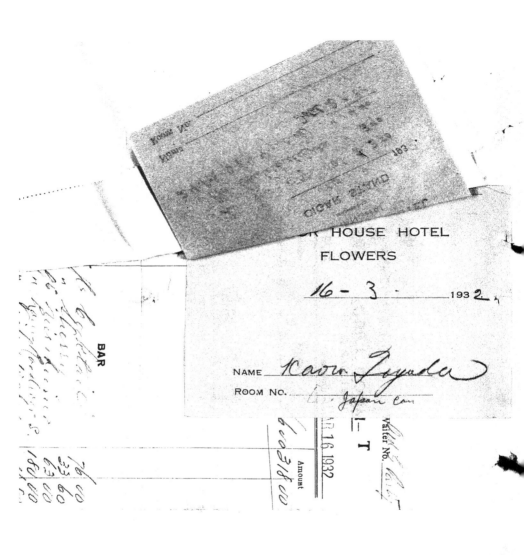

...R HOUSE HOTEL

FLOWERS

16 - 3 - 1932

NAME Kaoru Toyoda

ROOM NO. Japan Con

BAR

Amount

MAR 16 1932

Waiter No.

Check No. N 10671 A Waiter No. Old G Party

T

-GRILL ROOM-

ASTOR HOUSE HOTEL

P.S. Shanghai, MAR 16 1932

Portion	Articles	Amount	
53	Ps. Tiffin @ $6.00	318	00
	BAR		
	Gs Cocktail	76	00
	" Sherry	33	60
	Bs [illegible]	63	00
	" [illegible] S.	180	00
	" [illegible] Water	4	80
10	Bs Soda "	4	00
		361	40
	Total $	679	40

Signature [illegible]

Address

CASH MEMO.

Shanghai, 30/12/31. 193 .

From THE PALACE TOBACCO STORE LTD.
24, NANKING ROAD, PHONE 17020
萃和股份有限煙公司
南京路廿四號●電話一七〇二〇

To 30 tins Gold Flake		$24.00

1 CENT

証第二九號

No.……

證

一、銀弐拾萬

別紙明細書之通リ

右正ニ領收仕リ候也

昭和七年七月廿五日

白蓮社

申込所
上海崑山路義豐里一九八號
電話(四)三九四三番
三四二四番

重光公使殿

$2000

証第三〇號

明細書

No.

重光　様

昭和七年三月廿五日

下記之通リ相成候條御引合可被成下候也

合計金　大洋計　銀貳拾弗也

月日	品名	數量	單價	金額	引
12又	大亜環	壱冊		$20.00	㊎
	故 大木士氏				
	（是は日蓮宗僧侶追悼會中部援				
	或場工場届ケ申上ル）				

申込所
上海崑山路義豐里一九八號
電話（四）三九四三番
三四二四番

白蓮社

証第三一號

熊猪太中ハ猪狩収
ノ使用セル阿習鋼ノ佛国兵ニ給與ノ煙草代
五月廿五日

12 ½ cigarettes $1.15

Total $13.80

Z.T.

[redacted] No. 228

Bill No. M.A.-103.

Fun. Ref. No. 1671.

ORIGINAL

Date March 26 1932.

Telephone 36001

証第三二號

INTERNATIONAL FUNERAL DIRECTORS

71 Kiaochow Road

Received from ~~Mr. H. Yokotake~~ Mr. Shigemitsu

the sum of Dollars Eighteen only

With Thanks.

INTERNATIONAL FUNERAL DIRECTORS

$18.00/xx

By R. O. Scott

Managing Director.

One wreath supplied for funeral of

the late Mr. A. du Pac de Marsoulies. $18.00

Total amount $18.00

銀拾八弗也

故マルソリー氏ニ贈呈花輪代

昭和七年三月廿六

故マルソリー殿

花輪代

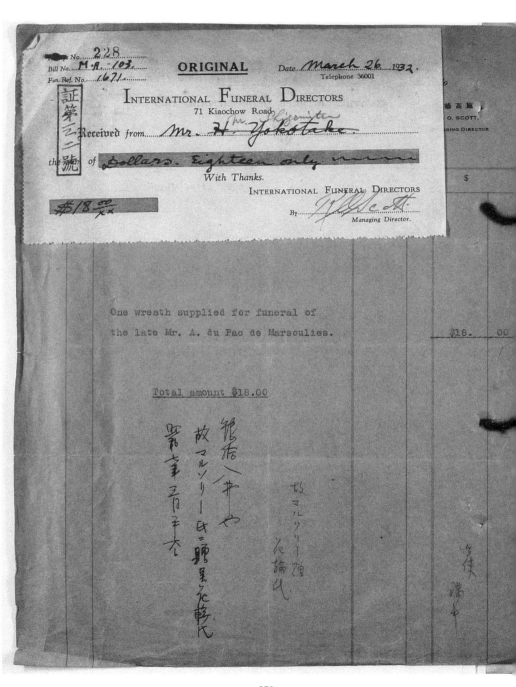

Mr. Kuramatsu Murai.
c/o Mr. H. Yokotake.
48 Szechuen Road. Shanghai. Dr. to

萬國殯儀館
膠州路七十一號

TELEPHONES: 36001-36002
CABLES: "CHINCASKET"

The International Funeral Directors

施高德
R. O. SCOTT,
MANAGING DIRECTOR

71 KIAOCHOW ROAD SHANGHAI, CHINA

A/C No. M.A.-103. (1671)

	Tls.	$
March 14th, 1932.		
One wreath supplied for funeral of the late Mr. A. du Pac de Marsoulies.		$18.00

Total amount $18.00

雑給 入井也
故マルソリー氏ニ贈呈花輪代
昭和七年三月十六日

故マルソリー殿花輪代

[illegible]

証第二乙號

CASH MEMO.

89, Chapoo Road
Hongkew Branch: 3 Broadway, SHANGHAI
Pearce Apartment.

TELEPHONE:
41485

3/15 1932

TABAQUERIA FILIPINA

上海福和煙公司

虹口分行

CIGAR MANUFACTURERS TOBACCONISTS

And IMPORTERS of SMOKERS' SUNDRIES.

Qty.	PARTICULARS	$	cts.
12	Tin Melachrino	72	00

Y. N. Cheng

Subsidiary Coins Received at Market Rate only.

小洋照市貼水

証第二四號

領收証

一、銀拾八弗也

但シ公使官邸警戒ノ佛國兵ノ煙草代

右正ニ領收候也

三月二十九日

笠井巡査

在上海日本總領事館

証第二五號

證第　號

領收證

一、銀參百圓也

機密費トシテ阿部義孝殿

右正ニ領收候也

昭和七年三月三十日

林出賢次郎

林出賢

（阿部義孝氏）

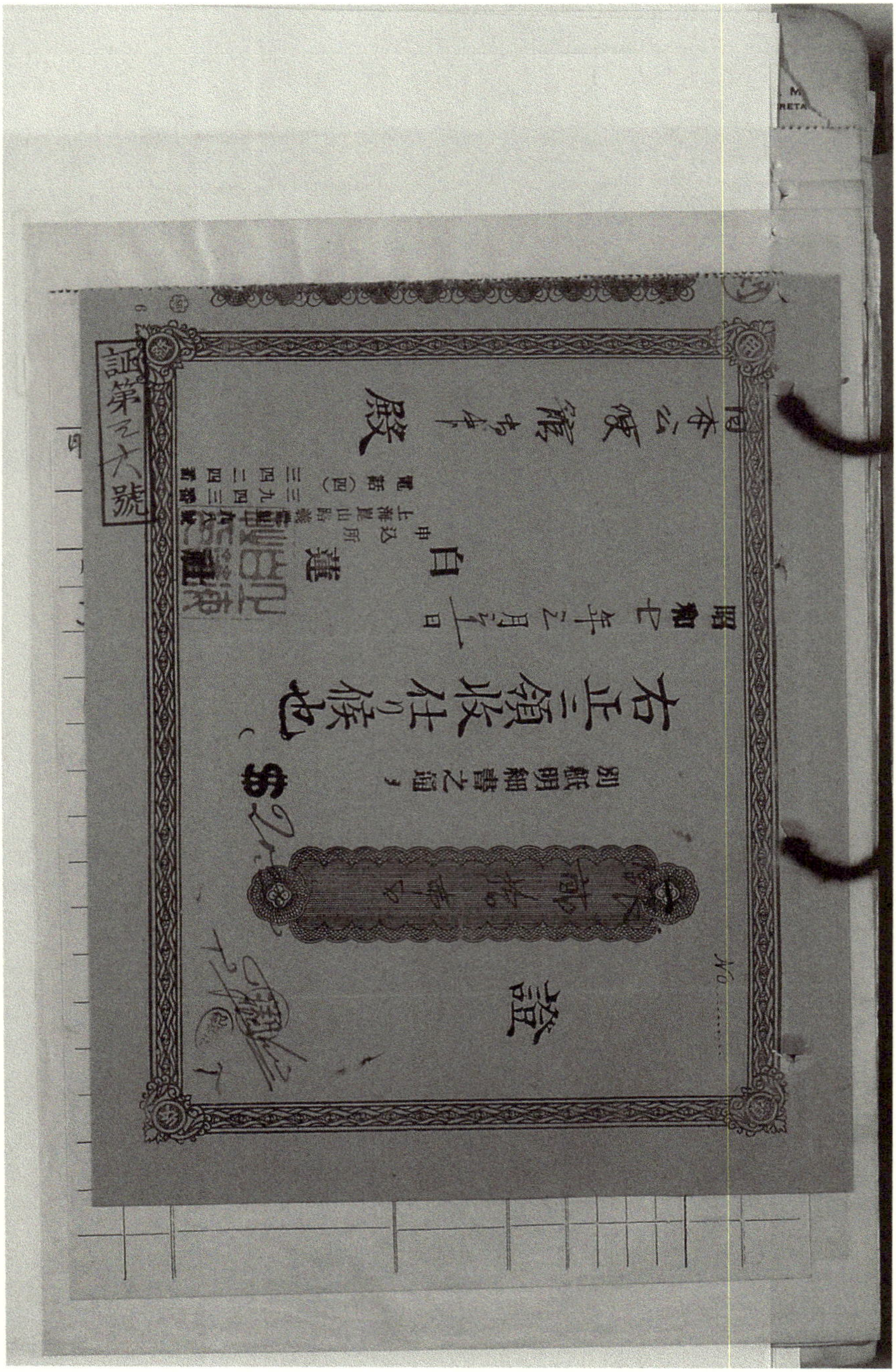

證

No. ……

別紙明細書之通リ

右正ニ領收仕候也

$

昭和七年三月五日

白蓮社

申込所
上海崑山路義豐里九八號
電話（四）三九四三
三四二四番

日本公使館

殿

No.

書

日本公使館御中 様

昭和七 年 三 月 三十一 日

下記之通リ相成候條御引合可被下成候也

合計金 大洋計 銀貳拾弐元

月	日	品名	數量	單價	金額	引合
3	31	大花環	壹個		$2[illegible]	㊎

（是ハ故在滬軍人中村信一氏ノ
追悼會ニ東本願寺ニ於ケル壇上ノ花輪ニ申上候）

申込所
上海崑山路崇樂里一九八號
電話（四）三九四三番
三四二四番
白蓮社

No. 401

領收證

一銀 八拾九弗五十仙

M.$ 89,50

但シ

右正ニ領收仕候也

昭和七年參月廿一日

上海蓬路K二二六九號

源泰洋行

日本総領事館様

証第[illegible]號

集金人

(牛込捺印ナキモノハ無効トス)

(代金領收ハ別發行牛込捺印ノモノニ非レバ無効トス)

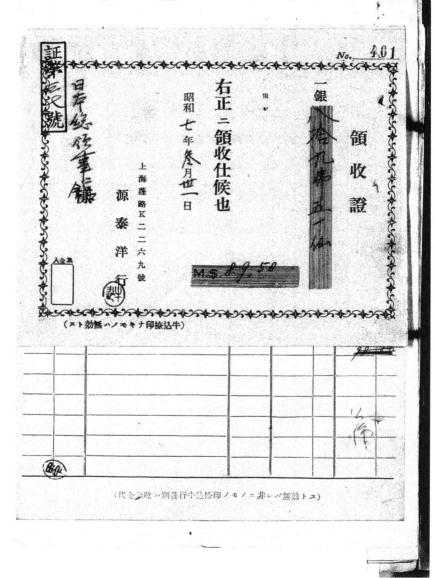

…鶴清酒
…露清酒
…ビール
甲萬醬油
…イスキー
…木炭
特約販賣店

Shanghai, 20/Mar 1932.

Mr. 重光公使様

上海…路K二三六九
源泰洋行
（電話四五一一三）

DR. to GENTAI & CO.

TEL. NORTH 5112

Wine & Spirit, Wh0le Sale & Retail

月	日	摘要	數量	入金		賣掛金	
2	25	Chateau Margaux	6	6	50	27	00
3	1	" "	6	6	50	27	00
	4	Evian water	1/s			42	00
		John W. Black	2	2	50	~~18~~ 9	00
						~~…~~ 89	50

（代金領收ハ別發行牛込捺印ノモノニ非レバ無効トス）

証第二八號

No.　　　　　　　　　　　　年　　月　　日

受領書

一、銀拾五弗也

第九師団戦殁将士遺骨ノ新嘉坡丸ニテ帰還ノ際ニ

造花ノ花輪壹個

右慥ニ受領仕候也

昭和七年三月卅日

上海虹口乍浦路四百六拾一號
株式會社　法善社
電話四一九四二番

坂上富次郎（印）

重光公使閣下

The Far Eastern Review,

24 The Bund.

Shanghai March 31, 1932

Printing a/c No.

Dr. to North-China Daily News & Herald Ltd.

PRINTERS AND PUBLISHERS

March 31,	15,000 Booklets "The Highway to Hostilities in the Far East"	Tls.1,600.00
	@71 — 8	$2,215.42

銀、貳千貳百五拾壱弗四拾貳仙
但シ臨時居留民團ニ宣傳ノタメノ
雑誌印刷代（一万五千部）
昭和七年三月一日
ノース・チャイナ・デーリー・ニユース
エンド・ヘ…

証第二九號

No. ________ Shanghai, 7 APR 1932

North-China Daily News & Herald, Ltd.

(PRINTING ACCOUNT)

Received from *The Far Eastern Review*

Taels one thousand six hundred only

Tls. *1600.00*

$ ✓

SHROFF'S SIGNATURE

R. W. DAVIS,
Secretary.

$2.253.52 @ 71

証第四号

領収証

一、銀拾貳元六角也

但シ公使館邸警備佛兵ニ支給シタル煙草代

銀立替分

内訳

銀九元六角也

但シ参月壱日ヨリ八日マデ拾六鑵、壱鑵六角宛

銀参元也

但シ参月弐拾九日ヨリ参拾壱日マデ六鑵、壱鑵五角宛

右之通リ正ニ領収仕リ候也

昭和七年三月三十一日

川上虎雄

在上海日本總領事館

會計御中

証第四一號

證第　號

領收證

一、銀貳千四百円也

右正ニ領收候也

昭和七年五月卅一日

松岡洋右

森島守人代

証第四二號

領收證

一洋參拾五元。

但

右正ニ領收候也

昭和七年三月三一日

上海海寧路十四號

蘆澤印刷所

電話四一三〇三

總領事館御中

領收者印

...IZAWA PRINTING Co.

Book-Binder, also Account Book Manufacturer.

...or. of Chapoo Road, SHANGHAI. Tel. No. 41303.

上海海寧路十四號(乍浦路角)

電話四一三〇三番

...定ハ凡テ大洋ニテ申受ケ候

Shanghai 31/3/32

...N	QUANTITY	AMOUNT $
カード	500枚	35.00

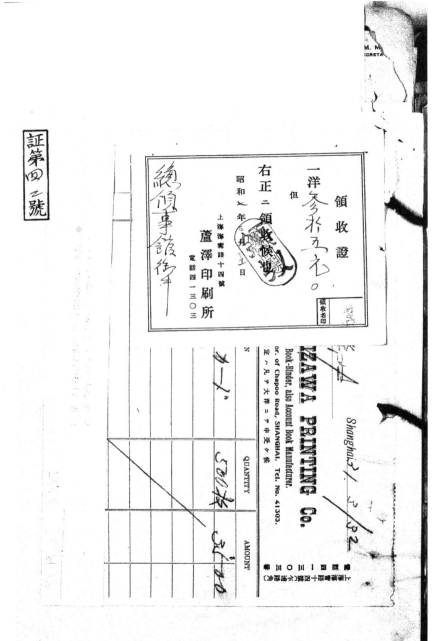

M 総領事館御中

Shanghai 31/3/32

上海海甯路十四號（乍浦路角）
電話四一三〇三番

Dr. to **ASHIZAWA PRINTING Co.**

Printer and Book-Binder, also Account Book Manufacturer.

14, Haining Road Cor. of Chapoo Road, SHANGHAI. Tel. No. 41303.

勘定ハ凡テ大洋ニテ申受ケ候

DATE		DESCRIPTION	QUANTITY	AMOUNT $	
3	16	金入招待カード	500枚	35	00
			Total $	35	00

●本請求書ノ當否御精査被下度候　御支拂ノ節領收書ハ別ニ受取人ヨリ差上可申候　尚受取人持參ノ支拂書ニ御捺印願上候

証

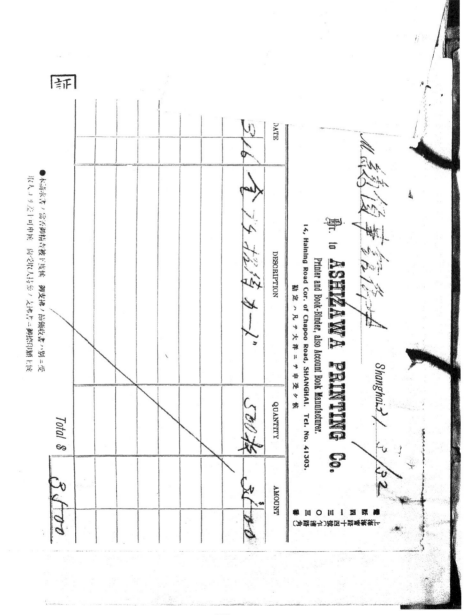

諸印刷並
各種製本
蘆澤印刷所

M. 総領事館御中

Shanghai 31/3/32

Dr. to **ASHIZAWA PRINTING Co.**

Printer and Book-Binder, also Account Book Manufacturer.

14, Haining Road Cor. of Chapoo Road, SHANGHAI. Tel. No. 41303.

勘定ハ凡テ大洋ニテ申受ケ候

上海海甯路十四號(乍浦路角)
電話四一三〇三番

DATE	DESCRIPTION	QUANTITY	AMOUNT
3/16	金ブチ招待カード	500枚	✓ 35.00
		Total $	35.00

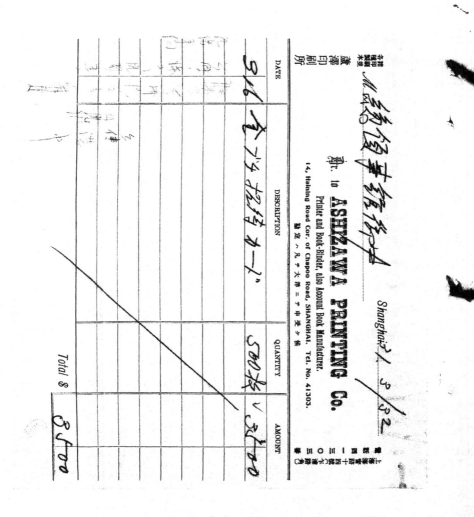

証第四三號

No.

警備兵雑費

三月四日	俸給及警備兵茶菓子	210
〃 七日	〃	210
〃 十日	〃	210
三月一日より三十一日迄	食料一ヶ月分	13530
〃	〃 パン、バタ菓子代	775
〃 十四日	茶菓子	140
〃 十八日	〃	140
〃 二十一日	〃	140
〃 二十四日	〃	140
〃 二十七日	〃	140
〃 三十一日	〃	140
		[illegible]95

銀三[illegible]七[illegible]也

上記ノ銀額正ニ領収也
三月三十一日 [illegible]

証第四四號

No. 346

CATHAY HOTELS, LTD.

Mr. K. S. Inui Shanghai, 31 MAR 1932

Received the sum of Dollars one thousand five hundred thirteen and cts 40/100 only only, in Payment of

With Thanks,

$ 1,513 40/100 C. L. Ching E. CARRARD, General-Manager

H. M. M.
SECRETA…

TELEPHONE: 11240

(INCORPORATED IN HONGKONG)
SHANGHAI
CHINA

4th April 1932.

K. S. Inui Esqr.,
Japanese Consulate.

Dear Sir,

With reference to your telephone message, please find attached your original account amounting to $1,438.40, and I shall be pleased if you will be good enough to give bearer your cheque.

Thanking you and assuring you of the best attention at all times,

Yours faithfully,

J. McCampbell
ACCOUNTS DEPARTMENT,
CATHAY HOTELS LTD.

勘定書	$	1,438.40
No. 24,770		75.00
Total		1,513.40

銀千五百拾三弗四拾仙也（料理、洗濯代千四百三拾八弗四拾仙 ボーイ心附七拾五弗）

右ハ昭和七年三月二十六日ノ夜聯盟調査員一行来着ノ際

キャセイ、ホテルニ招待ノ際

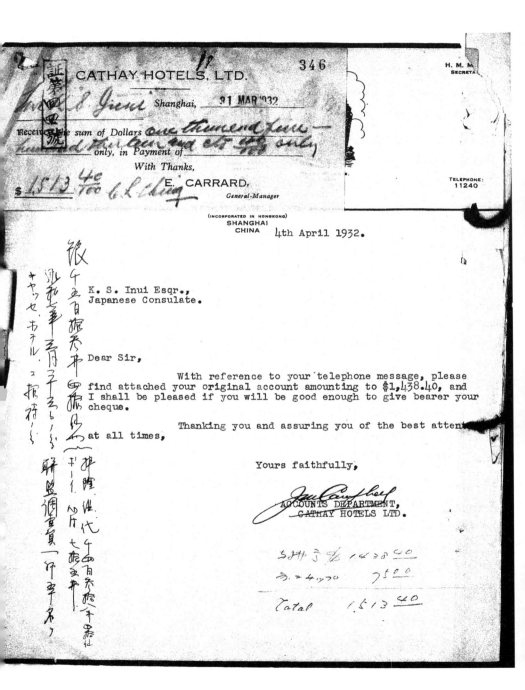

..ARD,
..ANAGER.

H. M. M..
SECRETA..

METROPOLE HOTEL, SHANGHAI.

CATHAY HOTEL, SHANGHAI.

CATHAY MANSIONS, SHANGHAI.

CABLE ADDRESS:
"CATHOTEL"

TELEPHONE:
11240

CATHAY HOTELS, LTD.
(INCORPORATED IN HONGKONG)
SHANGHAI
CHINA

4th April 1932.

K. S. Inui Esqr.,
Japanese Consulate.

Dear Sir,

With reference to your telephone message, please find attached your original account amounting to $1,438.40, and I shall be pleased if you will be good enough to give bearer your cheque.

Thanking you and assuring you of the best atten[tion] at all times,

Yours faithfully,

J. M. Campbell
ACCOUNTS DEPARTMENT,
CATHAY HOTELS LTD.

[illegible] 1,438.40
[illegible] 75.00
Total 1,513.40

銀千五百拾三弗四拾銭也
（ボーイ心付七拾五弗）
料理、酒代千四百参拾八弗四拾銭
昭和七年三月二十五日ノ分
聯盟調査員一行[illegible]ノ
キャッセ、ホテル、ニ招待ノ分

CATHAY HOTEL
SHANGHAI

March 23rd. 1932

Dr. Mr. K. S. Inui
Japanese Consulate

E. CARRARD,
MANAGER

		$
To Dinners	50 @ $12.00	600.00
Croutons		15.00
Table Decoration		35.00
George Goulet (Mag.)	6 @ $35.00	210.00
Chateau Lafite	8 @ $12.00	96.00
Berncasteler Doctor	7 @ $15.00	105.00
Harvey's Bristol Milk	3 @ $15.00	45.00
Dennis Mounie	1 @ $35.00	35.00
Bisquit Dubouche	1 @ $60.00	60.00
Evian & Vichy water	30 @ $ 1.20	36.00
Cocktails	112 @ $ 1.00	112.00
Liqueurs	9 @ $ 1.00	9.00
Cigars & Cigarettes		80.40
TOTAL:		$ 1438.40

Tips 75 — 75.00

1513.40

GL. 聯盟調査委員 一行五十人 5

$1513.40

735

CATHAY HOTELS, LTD.

SHANGHAI

29 MAR 1932 193

Dr. K. S. Inni, Esq.
Japanese Consulate General

To Signed Bills &c.	
From 26 FEB 1932	
To 25 MAR 1932	
Cathay Hotel	1438.40
Metropole Hotel	
Arrears	
Total $	1438.40

Accounts are Payable before the 10th of each month.

PLEASE make your cheque or Compradore Order payable to CATHAY HOTELS, LTD.
All cheques should be crossed.
A RECEIPT will be sent on payment of this account.

C.H.F. 1551

M.H.F.

E. CARRARD, General Manager.

EL

23rd March 193

E. CARRARD,
MANAGER.

		$ 60.00
		15.00
		35.00
		112.00
	5.00	45.00
	5.00	105.00
	2.00	96.00
	35.00	210.00
	1.20	21.60
		68.10
	35.00	35.00
	1.00	9.00
	60.00	60.00
6 Bott. Evian	@$ 1.20	7.20
Cigar & Cigarettes		12.30
Total		$1431.20
6 Bott. Evian	@$1.20	7.20
Total		$1438.40

K. S. Inni

11

CATHAY HOTEL
SHANGHAI

23rd March 1932

DR. Mr. K. S. Inui
Japanese Consulate

E. CARRARD,
MANAGER.

					$
To	50	Dinners	@$ 12.00	✓	60[illegible]
	150	Crantona		✓	150[illegible]
		Flower		✓	35.00 ✓
	112	Cocktails	@$ 1.00	✓	112.00 ✓
	3	Bots. No 68	@$ 15.00	✓	45.00 ✓
	7	〃 No 58	@$ 15.00	✓	105.00 ✓
	8	〃 No 20	@$ 12.00	✓	96.00 ✓
	6	Mag. No 4	@$ 35.00	✓	210.00 ✓
	18	qrts Evian	@$ 1.20	✓	21.60 ✓
		Cigars & cigarettes		✓	68.10 ✓
	1	Bott. No 88	@$ 35.00	✓	3[illegible]
	9	Liqueurs	@$ 1.00	✓	9.00 ✓
	1	Bott. No 90	@$ 60.00	✓	60.00 ✓
	6	Bott. Evian	@$ 1.20	✓	7.20 ✓
		Cigar & Cigarettes		✓	12.30 ✓
			~~Total~~		$1431.20
	6	Bott. Evian	@$1.20	✓	7.20 ✓
			Total		$1438.40

K. S. Inui

3. 在上海總領事館

昭和六年度 出田郵

滿洲事件勃發後排日貨報告書附商部意見書

在上海總領事館

領收証

一金五拾圓也
但上海事變戰死者ニ対スル弔慰金

右領收候也

昭和七年二月十七日
佐世保海軍人事部

$71.90 @143.80

上海總領事 村井倉松殿

証第1號

海軍

22 Feb 1932

証第乙

臨時傭人 **領 收 證**

木村覚治殿

月	日	摘	要	金	額
2	19	診察			
	22	藥價	5	2	60
		處置料	4	4	50
		注射料			
		合 計	$	7	10

◎領收印ナキモノハ無効トス◎

外科

篠崎醫院

虹口蓬路六八號 電話 四〇七四五 四一〇七七

		合 計	$	7	10

篠崎醫院

虹口蓬路六八號 電話 四〇七四五 四一〇七七

証第乃號 事件中用務繁雑ニ際シ生シタル疾病ニ対スル治療代

請求書

木村貴佐子 殿

月	日	摘	要		金	額
自	2/19	往診		回分		
至	2/22	宅診		回分		
		水薬	2	日分	1	—
		散薬		日分		
		頓服		回分		
		治療	4	回分	4	50
		含嗽薬		劑分		
		外用薬		劑分		
		注射		回分		
		洗滌		回分		
		手術		回分		
		膏薬		劑分		
		濕布	1	回分		50
		點洗		回分		
		點水		劑分		
		瓶	1	個		10
		罨法	2	劑分	1	60
		塗布		劑分		
		合	計	$	7	70

（印）科

篠崎醫院

虹口蓬路六八號 電話 {四〇七四五 / 四一〇七七}

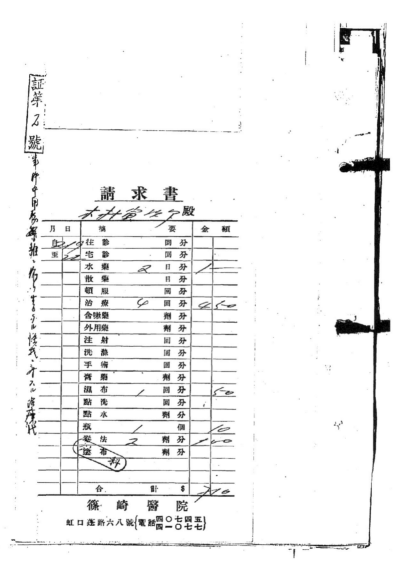

證第3號

領收證

一、銀壱百五拾圓也

支那人トノ諜報費トシテ

右正ニ領收候也

昭和七年二月廿九日

池田安苑

証第4號

No. 1845

SHINANOYA SHOTEN

TEL. 43733 . . . . No. 121—2 MINGHONG ROAD SHANGHAI

總領事館

M 會計課御中

月分請求額銀

領　收　證

銀額 $ [redacted]

上記之銀額昭和7年2月24日正ニ領收候也

集金人印

上海閔行路[illegible]番

信濃屋

電話北三三七三番

事件関係ナキ支人接客用トシテ

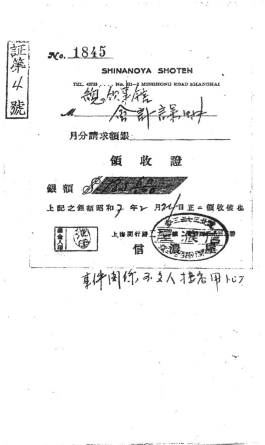

總領事館
會計課 殿

營業科目
世帶道具一式、荒物、陶器類、澤庵、罐詰、乾物、味淋、味噌、梅干、醬油、清酒、清酢、

灘銘酒

チウユウ

昭和7年2月20日

各地清酒醬油卸小賣
信濃屋商店
本店 上海閔行路{二三二號 一三三號
電話四.三七三三番

1.30	酒四合入	12本	18.00
	ウイスキー	12本	78.00
	旭ビール	1函	19.50
2.9	旭ビール	2打	9.60
	旭ビール	3函	58.50
			計183.60

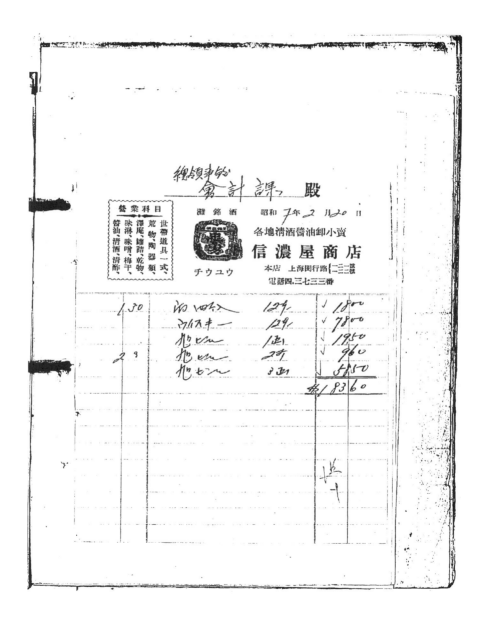

證第5號

領收證

一、銀壹百拾弗也
事件関係機密費トシテ

右正ニ領收候也

昭和2年2月廿四日

乾精末

領收證

一、銀壱百樹也

事件関係機密費トシテ交

右正ニ領收候也

昭和七年二月廿九日

領本義孝 [印]

證第6號

領收證

一、銀参百弗也

諜報費トシテ諜報者渡シ

右正ニ領收候也

昭和七年十一月廿八日

領事井口貞夫

證第7號

証

一金七円也　二月廿四日山本二勇士海軍葬花輪一対代

一金拾弐円也　二月十三日西田信次外十一勇士仝上

合計金拾九円也

此銀弐拾六弗拾弐仙

C$137.50

右正ニ受領候也

昭和七年三月弐日

呉市長佐々木英夫

總領事村井倉松殿

第8號

呉市役所

満中

領收證

11月4日 傭人 花野為吉 殿

月	日	摘	要	金	額
3	4	診察			
		藥價			
		處置料	1	1	—
		注射料			
		外科	16		
		合	計 $	1	—

◎領收印ナキモノハ無効トス

第　號

HOSPITAL SHINOZAKI 領收之印 RECEIVED PAYMENT SHANGHAI

篠崎醫院

虹口蓬路六八號 電話 四〇七四五 四一〇七七

殿

金	額
2	—
3	—
11	—
20	

四五 七七

$16.00 公費ヨリ

差引

計銀廿一弗也

内五弗支

事件中善后ノ爲メ生シタル怪我ニ對スル治療代

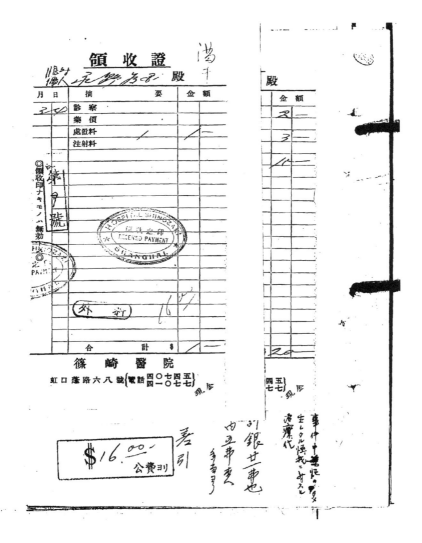

領收證

殿

月日	摘要		金額
[illegible]	診察	1	2—
	藥價		
	處置料	1	3—
	注射料		
	X光線	1	15—
	合計		$20—

◎領收印ナキモノハ無効トス◎

外科

篠崎醫院

虹口蓬路六八號{電話 四〇七四五 / 四一〇七七}

事件中暴徒ノ為メ生シタル怪我ニ対スル治療代

計銀廿弗也

内五弗支払

差引

$16.00 公費ヨリ

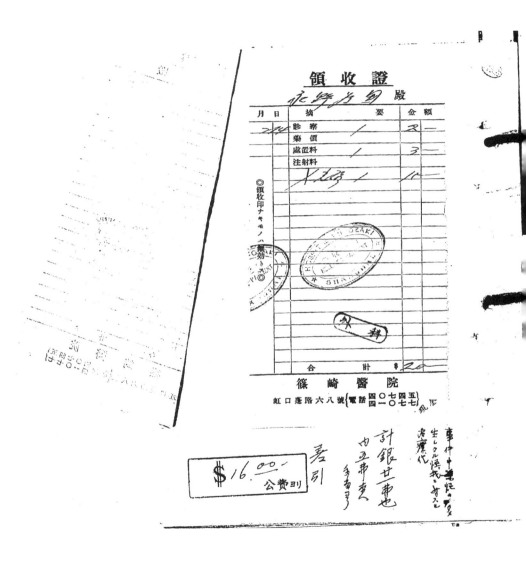

証第10號

No. 43

領收證

一、銀 九拾元五拾仙也

但シ

右正ニ領收仕候也

昭和七年三月十三日

上海蓬路K二二六九號

源泰洋行

總領事館

會計課 樣

納金人

M.$. 90.50

(牛込捺印ナキモノハ無効トス)

18.50	
72.00	
90.50	

源泰洋行
上海蓬路K二二六九

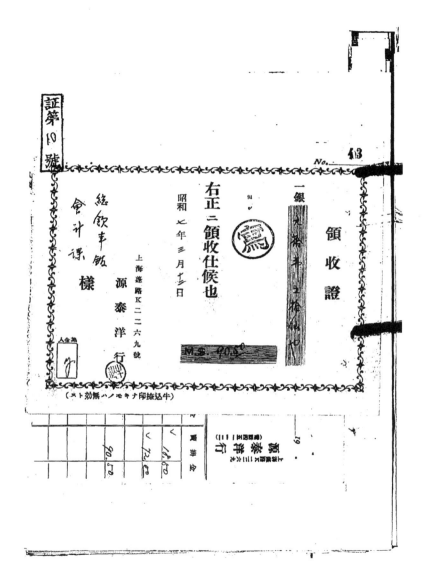

請求書

Shanghai, 20/ Feb. 19 .

総領事館会計課様

Dr. to GENTAI & CO.
TEL. NORTH 5112
Wine & Spirit, Whole Sale & Retail

源泰洋行
上海北四川路一二三六九
(電話四五一一二)

	摘要	数量	入金	賣掛金
1	カビール大瓶 四ダース	1/3		✓ 18.50
11	ジョニーウォーカーウヰスキー(黒)	1ダ		✓ 72.00
	天津関係要人接待用トシテ			90.50

証第 10

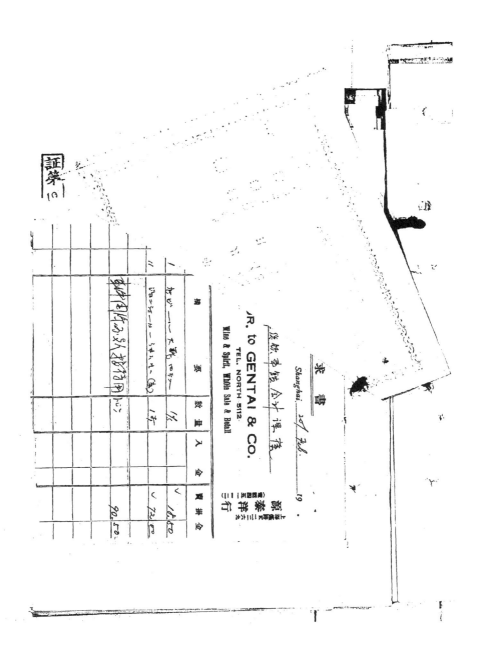

證第11號

A/C NO.

Shanghai, MAR 14 1932 193

富士花園
電話一三七九五番
Central Arcade

Flower Store
97 SZECHUEN ROAD.
TEL. 13795

村井總領事殿

Dr. to **FUJI FLOWER SHOP**

3/8		花環 一個	30.00	
		供 劉河慰靈祭		

Received Payment
Fuji Flower Shop

Shroff's Signature

証

證

No.……

一、銀貳拾元

別紙明細書之通リ

右正ニ領收仕リ候也

昭和七年三月十五日

白

上海昆山路
電話(四)三九四三

村井殿

証第 No. 號

明細書

村井 様

昭和七年三月十五日

下記之通リ相成候條御引合可被下成候也

合計金 大洋計 洋銀弐拾弗也

月	日	品名	數量	單價	金額 $
3	13	大花環	壹個		$20.00

（是レハ陸軍慰霊祭ニ中部様 [illegible]）

申込所
上海崑山路義豊里一九八號
電話（四）三九四三番
三四二四番

白蓮社

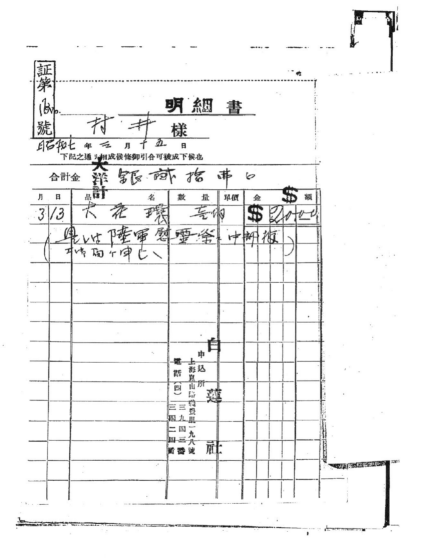

證

No.........

一、銀貳拾五弗也

別紙明細書之通リ

右正ニ領收仕リ候也

昭和七年五月十五日

自 蓮

申込所
上海昆山路義豐里一九八號
電話（四）三九四三番
三四二四番

村井 殿

証第 号

$25.00

No.

明細書

村井 様

昭和七年 三 月 十五 日

下記之通ッ相成候條御引合可被成下候也

合計金 大洋計 銀貳拾五弗也

月	日	品名	數量	單價	金額
3	12	大花環	壹個		$20.00
	〃	真茹站廟行間傭車費			5.00
					$25.00
		(右ハ陸軍 慰霊祭ニ			
		真茹站時廟行中也共)			

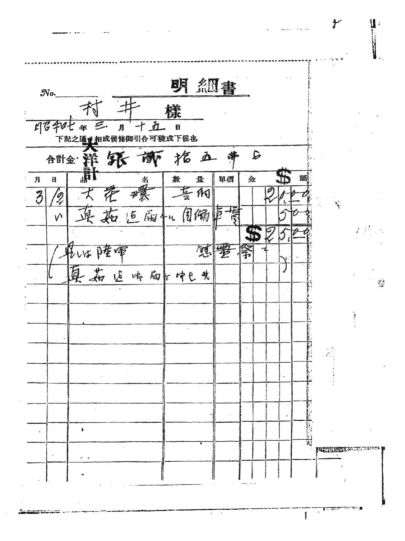

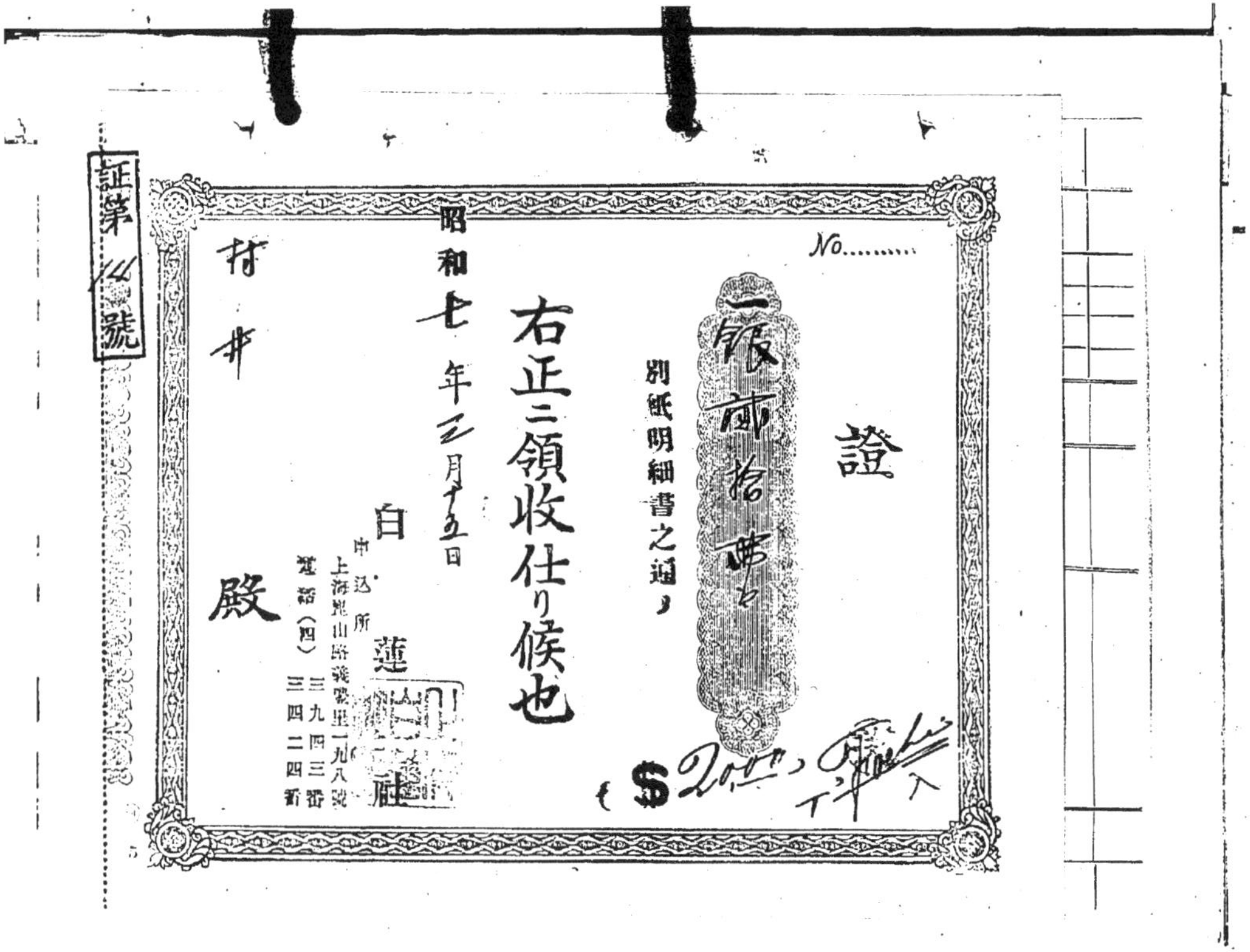

證第 14 號

No.........

證

一、銀貳拾弗也

（別紙明細書之通）

右正ニ領收仕り候也

昭和七年三月十五日

白蓮社

申込所 上海北山路義豐里一九八號

電話（四）三九四三番 三四二四番

村井 殿

（$20.00）

明細書

No.

村井 様

昭和七年三月十五日

下記之通相成候條御引合可被成下候也

合計金 大洋計 銀弐拾弗也

月	日	品名	數量	單價	金額
3	11	大花環	壱個		$20.00
		（右は陸軍歩兵第二十五聯隊慰霊祭ニ常用ト申し）			

第 号

證

No.

一、銀貳拾弗也

別紙明細書之通リ

右正ニ領收仕リ候也

昭和七年三月十六日

白蓮社

申込所 上海崑山路義豊里十九八號
電話（四）三九四三番 三四二四番

村井總領事殿

$20.00

明細書

No. ……………

村井　様

昭和七年三月十六日

下記之通リ相成候條御引合可被成下候也

合計金　大洋　銀弐拾弗也

月	日	品名	數量	單價	金額
3	16	大花環	壱個		$20.00
		（是は歩兵第七聯隊慰霊祭に捧げ			
		錦州南関外式場に届け申し）			

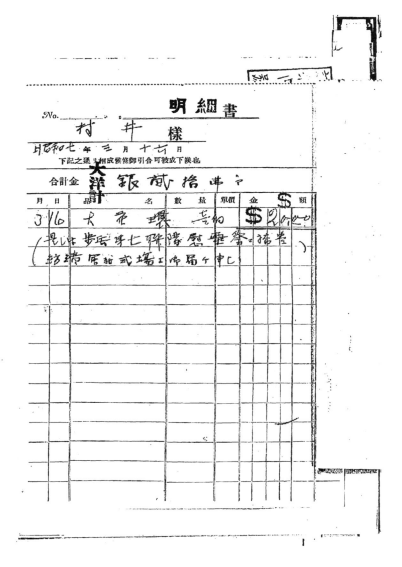

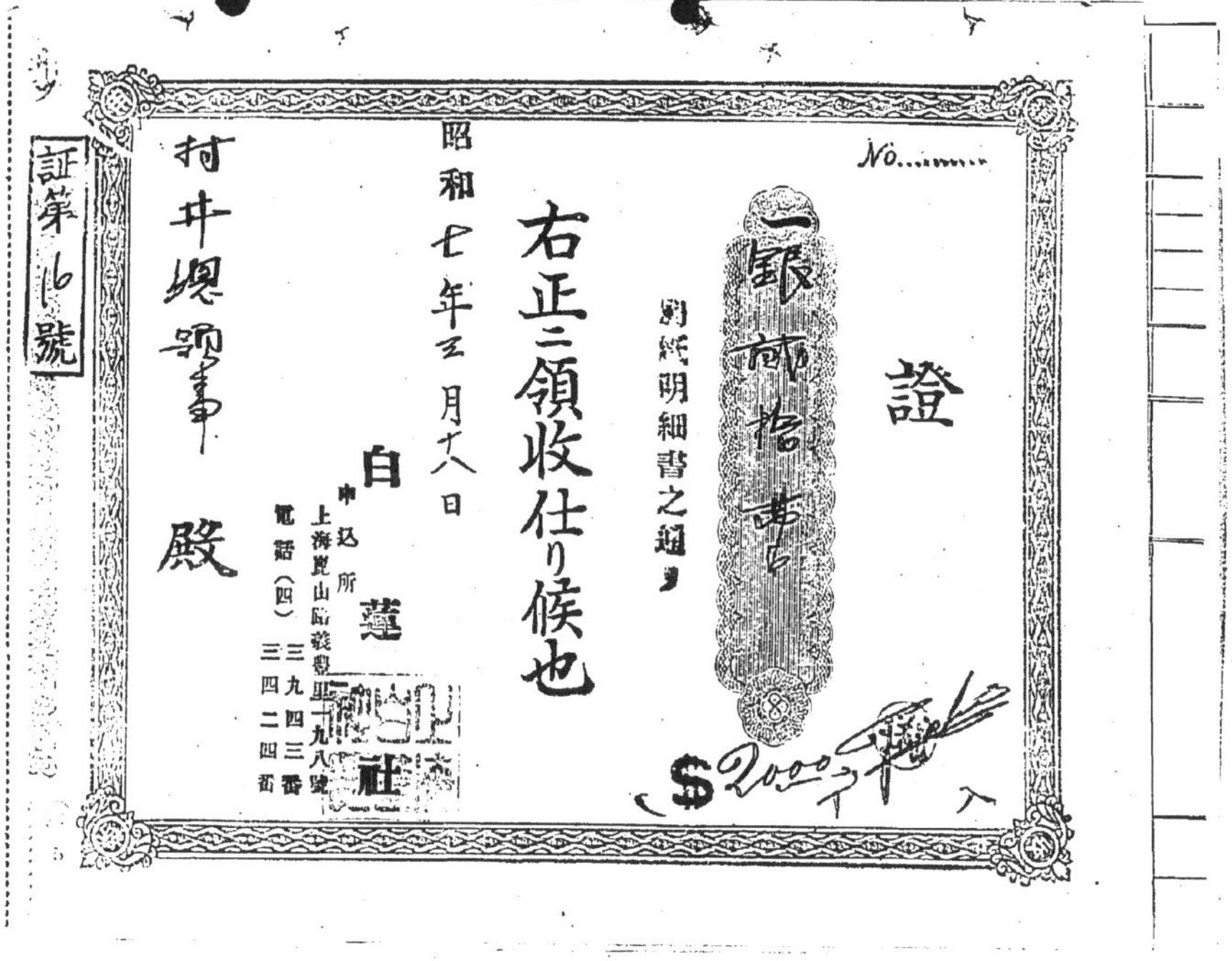

證

No.……

一銀弐拾弗

別紙明細書之通

右正ニ領收仕り候也

昭和七年五月十八日

白蓮社

申込所 上海崑山路裁豊里一九八號

電話（四）三九四三番 三四二四番

村井興頭事 殿

証第16號

$20.00

No.

明細書

村井　様

昭和七年三月十八日

下記之通リ相成候條御引合可被成下候也

合計金　大洋計　銀弐拾弗也

月	日	品名	數量	單價	金額
3	18	大花環	壹個		$20.00
是ハ海軍慰霊祭ニ新公園式場ニ供花ヲ供ハ					

白蓮社

申込所
上海崑山路餞壽里一九八號
電話(四)三九四三番
三四二四番

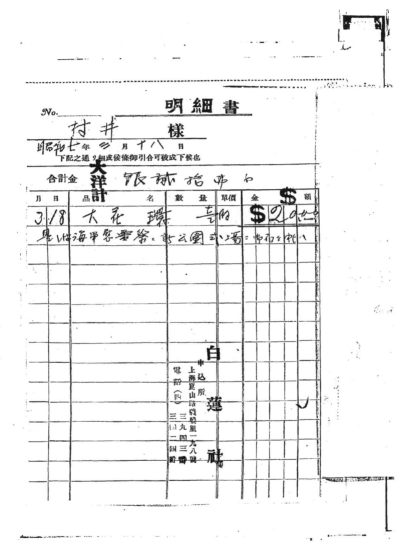

證第17號

領收證

一、銀貳百五拾弗也

スミト派諜報費トシテ

[illegible]

右正ニ領收候也

昭和七年五月十八日

井口貞夫 ㊞

領收證

一、銀拾基也

諜報ノ謝礼

右正ニ領收候也

昭和七年五月十八日

金岡章

同章收

證第18號

證第[illegible]號

領收證

一、銀壹百圓也

諜報者謝礼

右正ニ領收候也

昭和七年五月十九日

井上[illegible]夫 ㊞

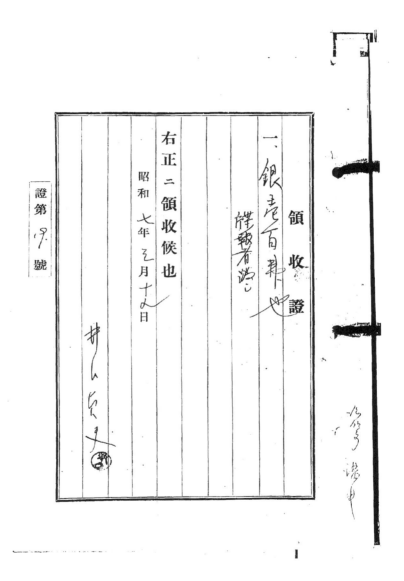

証第70号

MEMO.

JAPANESE LEGATION.

金一千弗也

右正ニ領收候也

三月二十日

H. Cooper

諜報費トシテクーパー氏ニ支給ス

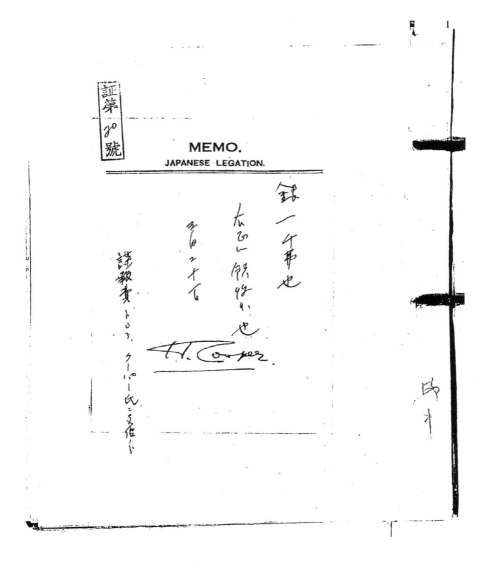

領收證

一、銀四拾弐円也
　諜報費

右正ニ領收候也

昭和七年三月廿一日

奥山秀雄 ㊞

證第21號

満州

證

No.……

一、銀弐拾弗也

別紙明細書之通リ

($20.00

右正ニ領收仕リ候也

昭和七年三月廿五日

申込所 上海崑山路瑞盛里一九八號

電話(四)三九四三番 三四二四番

白蓮社

村井總領事 殿

証第乙 號

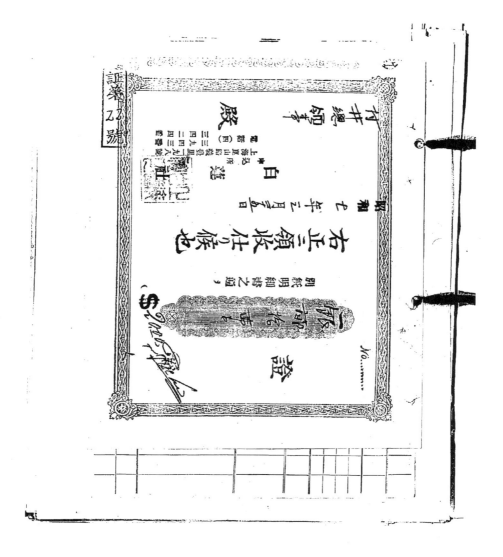

明細書

No.

村井総領事 様

昭和七年三月廿五日

下記之通り相成候條御引合可被成下候也

合計金 大洋 銀貳拾弗ウ

月	日	名	數量	單價	金額
1	花環	大花環 故水上氏	壹個		$20.00
		(是ハ日蓮宗僧侶追悼会中部板			
		式場ニ出面セシ)			

自 題 社

申込所 上海崑山路義豐里一九八號

電話(四)三三四二二三九四三四番

證第23號

Receipt No. 227
Bill No. M.A.104
Fun. Ref. No. 1671

ORIGINAL

Date March 26. 1932.
Telephone 36001

INTERNATIONAL FUNERAL DIRECTORS
71 Kiaochow Road

Received from Mr. ~~H. Yokotake.~~ K. Murai.

the sum of [redacted]

With Thanks.

[redacted]

INTERNATIONAL FUNERAL DIRECTORS
By ....
Managing Director.

銀拾八弗也
但シ故マルツリー氏ニ贈呈ノ花輪代

證第23號
昭和七年三月二十六日

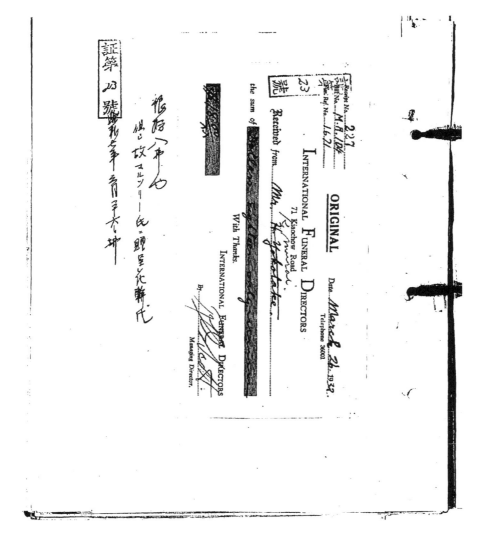

No.

証拠書類

記

一銀参拾四元七十仙

右正ニ領収仕候也

昭和七年七月廿八日

上海文路

六三亭

電話四、二九四五

村井殿

聯盟調査員一行十二名招待

三亭

四〇一三五

理十五名様

一

員一行招待

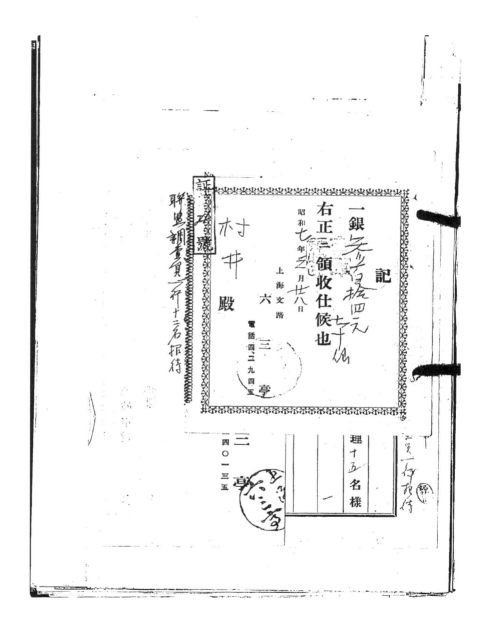

三月二十五日

記

一銀	[illegible]	御料理十五名様
一銀	[illegible]	同上 一
一銀		
一銀		
一銀	[illegible]	御酒四三本
一銀		ビール　本
一銀	[illegible]	清涼飲料水 [illegible] 本
一銀	[illegible]	御菓子
一銀	[illegible]	烟草十二個
一銀	[illegible]	洋酒 [illegible]
一銀	[illegible]	藝妓 九名
一銀	[illegible]	藝妓車賃 九名
一銀	[illegible]	遊興課金
一銀		
一銀		自動車　台
一銀	[illegible]	席祝儀
合計銀	[illegible]	

右之通候也

昭和七年三月　日

上海　六三亭

電話四〇一三五

聯盟調査員一行十二名招待

領 村井 様

領収証

一、銀百五拾弗也

昭和七年三月分 [illegible] 支那人ト連絡諜報費

右正ニ領収候也

昭和七年三月廿九日

右

池田安[illegible]（印）

證第25號

證第　號

横濱正金銀行上海支店

郷里送金領收證

No. 9538　　MAR 29 1932 年 月 日

日本金　4710

換算相場　　弗銀　[illegible]

上記《ジヤウキ》ノ金額《キンガク》正《マサ》ニ領收《リヤウシユウ》致《イタ》シマシタ就《ツイ》テハ最近便《サイキンビン》ヲ以《モツ》テ弊行本店《ヘイカウホンテン》へ回金《クワイキン》ノ上《ウヘ》更《サラ》ニ御郷里《ゴキヤウリ》へ御送金《ゴソウキン》申上《マウシア》ゲマスカラ左様《サヤウ》御承《ゴシヤウ》知下《チクダ》サイ

横濱正金銀行
上海支店

◎此領收證《コノリヤウシユウシヨウ》ハ紛失《フンシツ》セヌ様願《ヤウネガ》ヒマス。

◎此領收證番號《コノリヤウシユウシヨウバンガウ》ヲ受取人《ウケトリニン》へ必《カナラ》ズ御知ラセ下《クダ》サイ。

◎此《コ》ノ送金《ソウキン》ニ關《カン》シテ御問合《オトヒアハ》セノ節《セツ》ハ領收證番號《リヤウシユウシヨウバンガウ》明記《メイキ》ノ上受取人《ウヘウケトリニン》ヨリ直接本店《チヨクセツホンテン》ニ御照會《ゴセウクワイ》下サイ。

◎本店所在地──横濱市南仲通五丁目横濱正金銀行

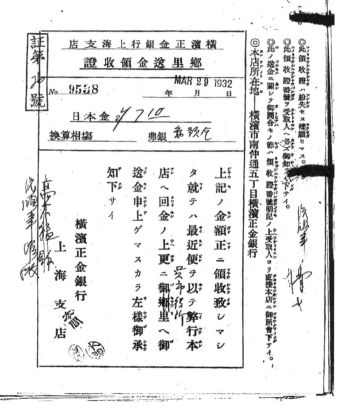

受領証

一 金弐拾圓也

上海戦死者合同葬儀十勇士ニ対スル花輪

供進代　呉市長宛送金ノ分

右正ニ領収候也

昭和七年五月廿九日

上海領事　井上貞夫

$ 10.00　@140.15

領收證

一、銀五百弗也

諜報費トシテ支那人ニ支給ノモノ

右正ニ領收候也

昭和七年五月二十日

井口貞夫 (印)

證第27號

領收證

一、銀六百弗也

ラヒト派分

諜報者

Received $600.-

Commandant

右正ニ領收候也

昭和七年五月三十日

井口貞夫

證第28號

満中

No.………

證

別紙明細書之通ヲ
右正ニ領收仕リ候也

昭和七年二月五日

白蓮

申込所
上海崑山路義豊里十九號
電話（四）三九四三
三四二四番

村井總領事 殿

証第　号

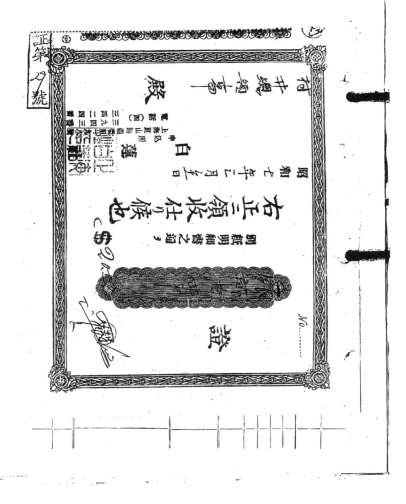

No.

書

村井總領事 様

昭和七年三月三十一日

下記之通リ相成候條御引合可被成下候也

合計金 大洋計 銀貳拾弗也

月	日	品名	數量	單價	金額 $
3	31	大花環	壹個		$20.00
		(是ハ故在郷軍人中村信一氏ノ追悼會ヘ 東本願寺別院ヘ届ケ申シ候)			

白蓮社
申込所 上海寶山路[illegible]里一九八號
電話(四)三九四三番 三[illegible]二四番

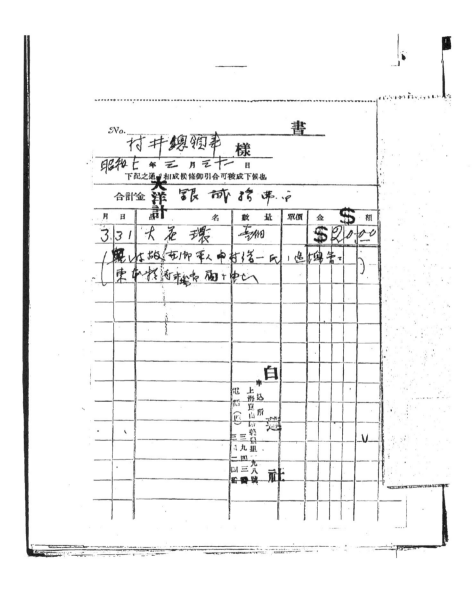

証第30號

No.

年　月　日

受領書

一、銀拾五弗也

第九師団戦死将士遺骨ノ新開丸ニテ帰還之際

造花之輪壱個

昭和七年参月廿日

上海

総領事 村井倉松 殿

上海虹口乍浦路四百二拾一號

株式會社 法善社

電話四一九四二番

坂上為次郎 (印)

證第31號

領收證

一、銀五拾八弗也

但 總領事館御設宴費（招待用茶菓代支拂） 自昭和七年一月廿九日 至同年三月廿一日

紅茶 十八元 砂糖 六元

牛乳 十九元 菓子 十五元

右正ニ領收候也

昭和七年三月三十日

高岡重徳

No. 96

領收證

一銀 [redacted]

[redacted]

但シ

右正ニ領收仕候也

昭和七年三月[illegible]日

上海蓬路K二二六九號

源泰洋行

上海

日本總領事館様

証第32號

(牛込捺印ナキモノハ無効トス)

省

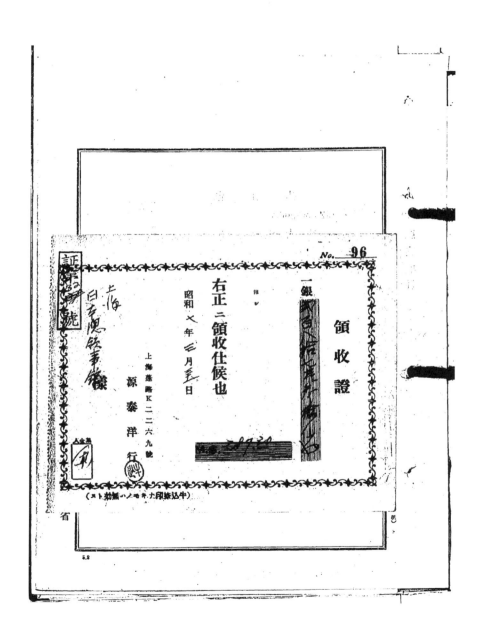

白鶴清酒
旭ビール
龜甲萬醤油
ウヰスキー
木・煉木炭

特約販賣店

請　求　書

Shanghai, MAR 20 1932　19[redacted]

Mr. 村井総領事様

源泰洋行

（電話四五二一二）

DR. to GENTAI & Co.

TEL, NORTH 5112
Wine & Spirit, Whole Sale & Retail

月	日	摘要	數量	入金		賣掛金	
1	8	ボルネーヴヰレツージ	1/5	13	00	65	70
						52[redacted]	
		外支那人等ヲ接待スルニ要セル分				済	
						mauri	

（領收書ハ別發行判込捺印ノモノヲ以テ證トス）

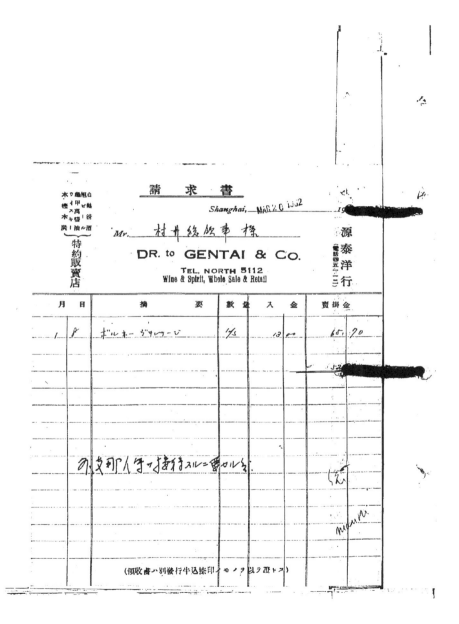

請求書

Shanghai, MAR 20 1932　　192

白鶴清酒
旭ビール
龜甲萬醤油
ウイスキー
水標水炭
特約販賣店

Mr. 総領事館 会計課 御中

源泰洋行
（電話四五一一二）

DR. to GENTAI & Co.

TEL. NORTH 5112
Wine & Spirit, Whole Sale & Retail

月	日	摘要	數量	入金	賣掛金
1	27	ビール(旭)	1/s		18.50
2	21	ビール(旭)	2/s		37.00
	23	ジョニウォーカー 黒	6	7.50	54.00
2	9	ジョニウォーカー 赤 6本入	2/s	15.00	72.00
		白鶴 一斗瓶	1/s		75.6[redacted]
				22.50	257.10
					234.60

(領收書ハ別發行ヰ込捺印ノモノヲ以テ證トス)

昭和六年度第二期分山田書記生常費払報告書

受入、

一金六百圓也

支出、

一金六百圓也

差引残額、

無

右報告ス

昭和六年　月　日

在上海日本総領事館

総領事　石射猪太郎

在上海日本總領事館

領收証

昭和七年度
第二期分

一金六百圓也

右金額正ニ領收候也

昭和七年八月十五日

山田紀三郎

上海總領事村井倉松殿

(12)

在ハルピン總領事館

昭和六年第四期臨時部滿洲事件費
機密費受拂報告書附屬証憑書

金　参阡参百貳拾四圓九拾貳錢也

証憑書表紙ヲ除キ二十四枚

領收證

一金 弍百円也

大洋銀

換算相場

今收到捐款金票貳百元正

此致

金弍百円也

哈尔賓事件傷病兵慰問ノ為

收容所基督教十字會ヘ交付シタルモノ

日本領事館

哈爾濱基督教十字会來

十二月二十二日

哈爾濱基督徒十字會之印章

第一號

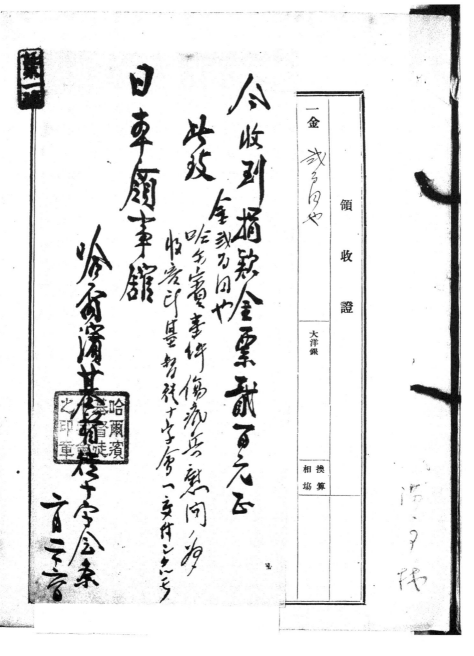

領收證

一金 弐百円也

大洋銀

換算相場

内譯

支那兵傷、病兵慰問トシテ

右領收候也

昭和七年二月二十二日

住所

氏名 哈爾賓基督教會

在哈爾賓

日本總領事館御中

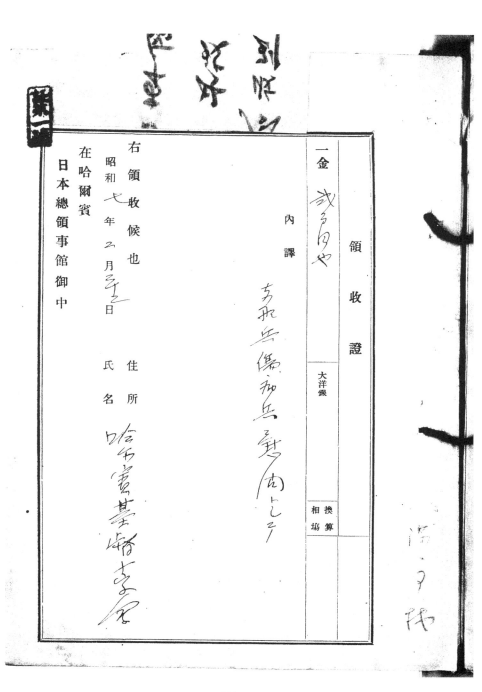

証第二號

領收證

一金壹百圓也

大洋銀

換算相場

內譯
李德浩、金鍾拜、崔賢敏、金明鎮
四人香典

右領收候也

昭和　年　月　日

住所　哈爾濱道裡水道街一九

氏名　卓[illegible]峰

在哈爾賓
日本總領事館御中

滿、[illegible]

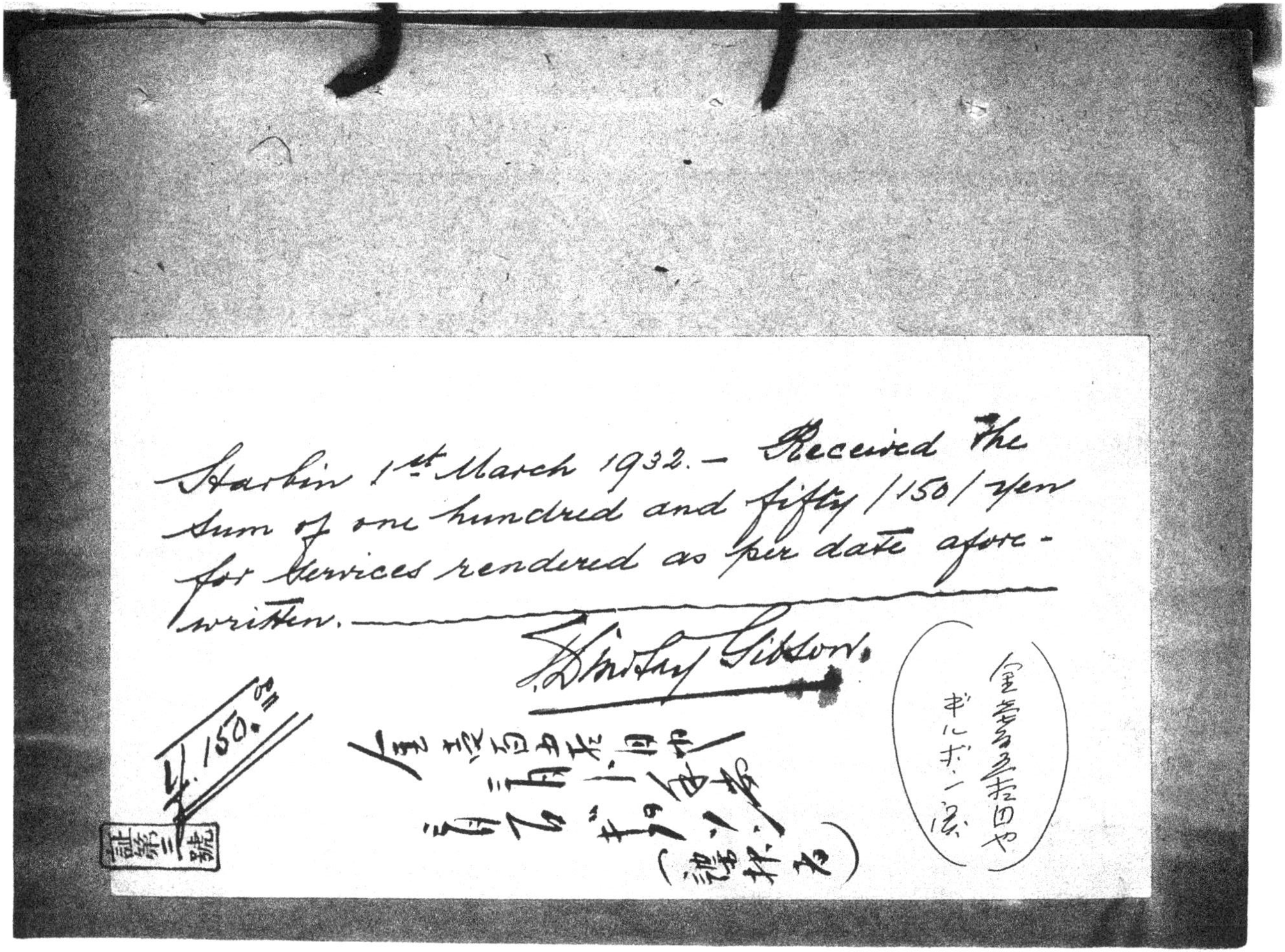
Harbin 1st March 1932.— Received the sum of one hundred and fifty /150/ yen for services rendered as per date afore-written.—

S. Hindley Gibson.

¥.150.00

金壹百五拾円也

証第三號

第四號

領収証。

一、金壹佰圓也

但シ哈爾濱義勇隊ヘ御寄附相成ル資金額

右正ニ領収候也

哈爾濱義勇隊
代理 小野[illegible]

昭和六年十二月二十八日

総領事大橋忠一殿

哈爾濱事件ニ在留民保護ノ任ニ當リシ義勇隊員慰問ノ為交付シタルモノ

済ミ。

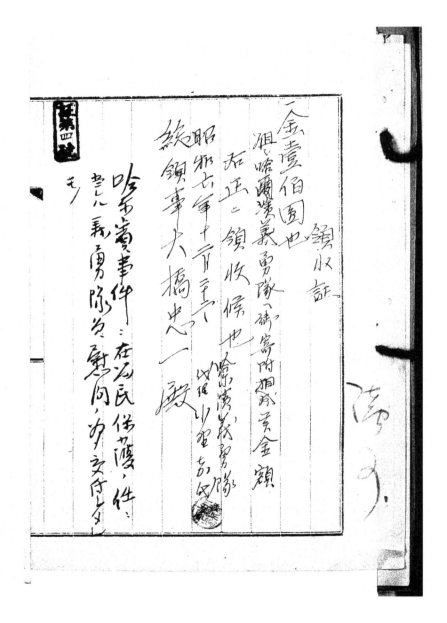

證第五號

領收證

一金弐百円也

大洋銀

換算相場

內譯

哈爾賓事件ノ為不眠不休在留民保護ノ任ニ当リシ総警察署慰労ノ為之ヲ附ス

右領收候也

昭和七年二月廿五日

住所　総警察署

氏名　荻川長治

在哈爾賓

日本總領事館御中

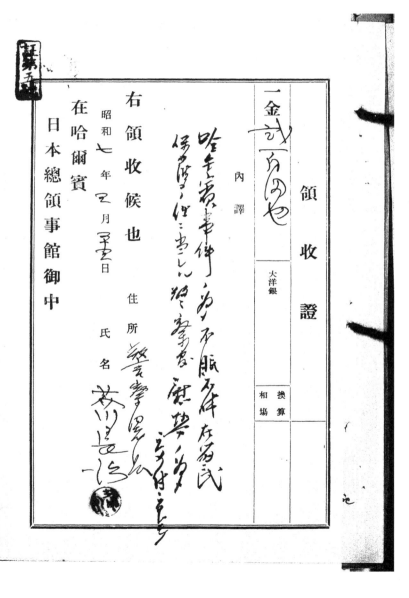

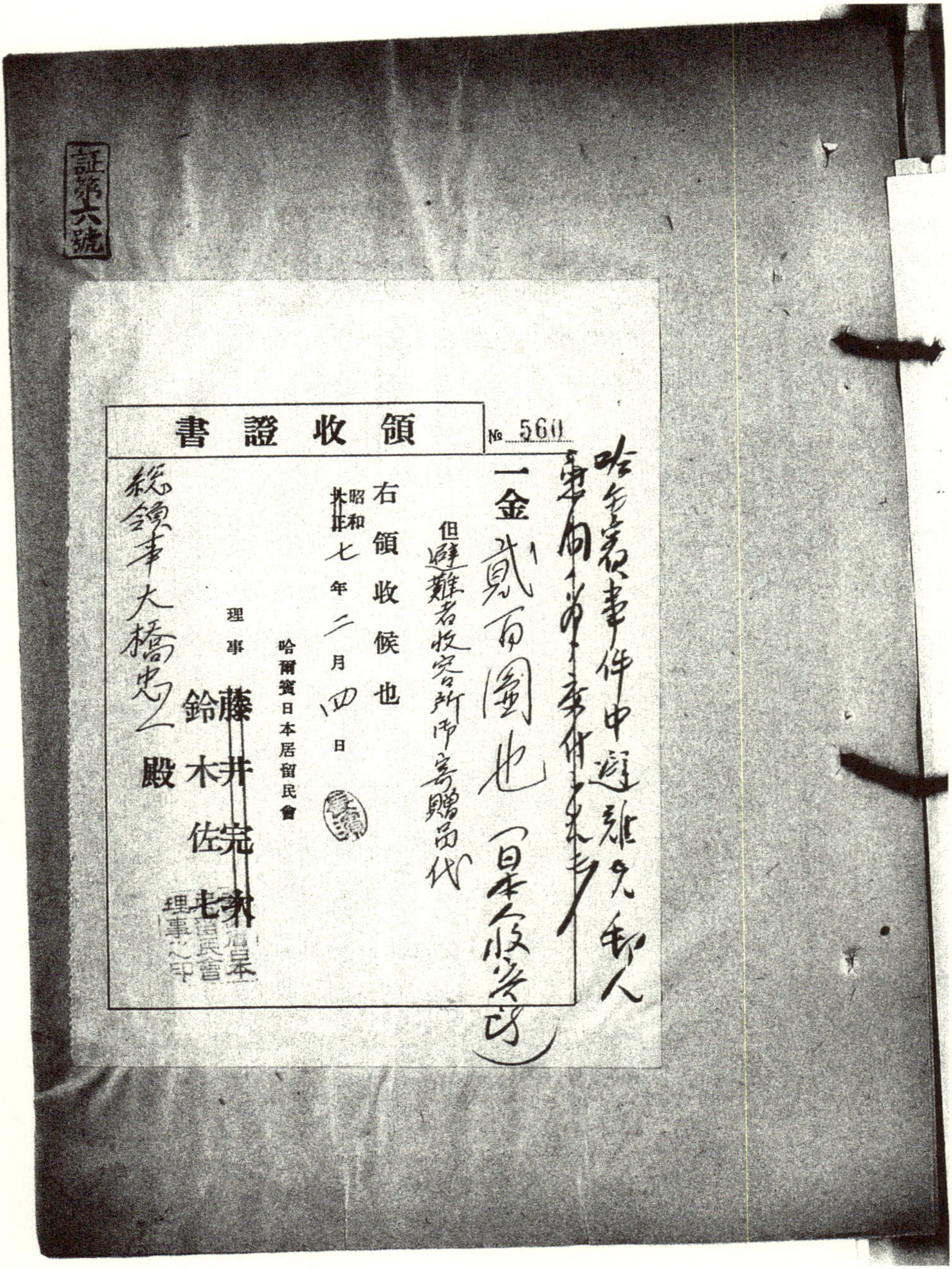
証第十六號
領收證書
№ 560
哈爾賓事件中避難先和人
一金 貳百圓也（日本人收容所）
但避難者收容所用寄贈品代
右領收候也
昭和七年二月四日
哈爾賓日本居留民會
理事 藤井完
鈴木佐七
哈爾賓日本居留民會理事之印
總領事大橋忠一殿

第七號

領受證

一、金五拾圓也

但避難民慰問金トシテ

右正ニ領受候也

昭和七年二月四日

在哈爾賓朝鮮人居留民會

會長代理 理事 洪炳奎

哈爾濱朝鮮人會理事章

在哈爾賓

總領事 大橋忠一 殿

哈爾賓事件中避難セル在哈鮮人慰問ノ為メ交付セラレタルモノ

在哈爾賓朝鮮人居留民會

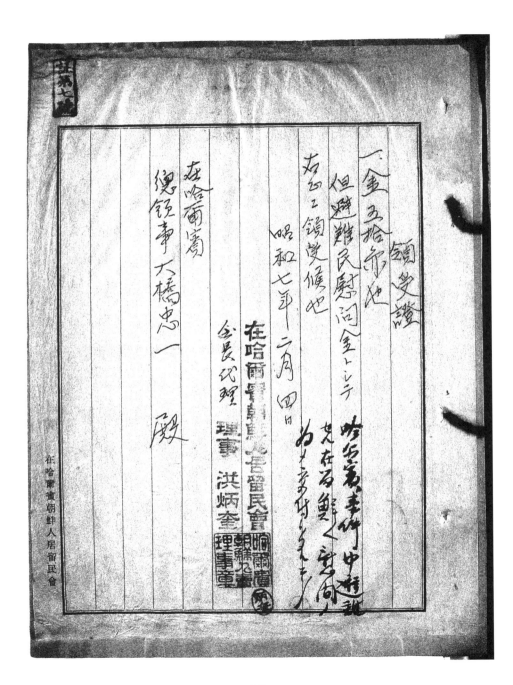

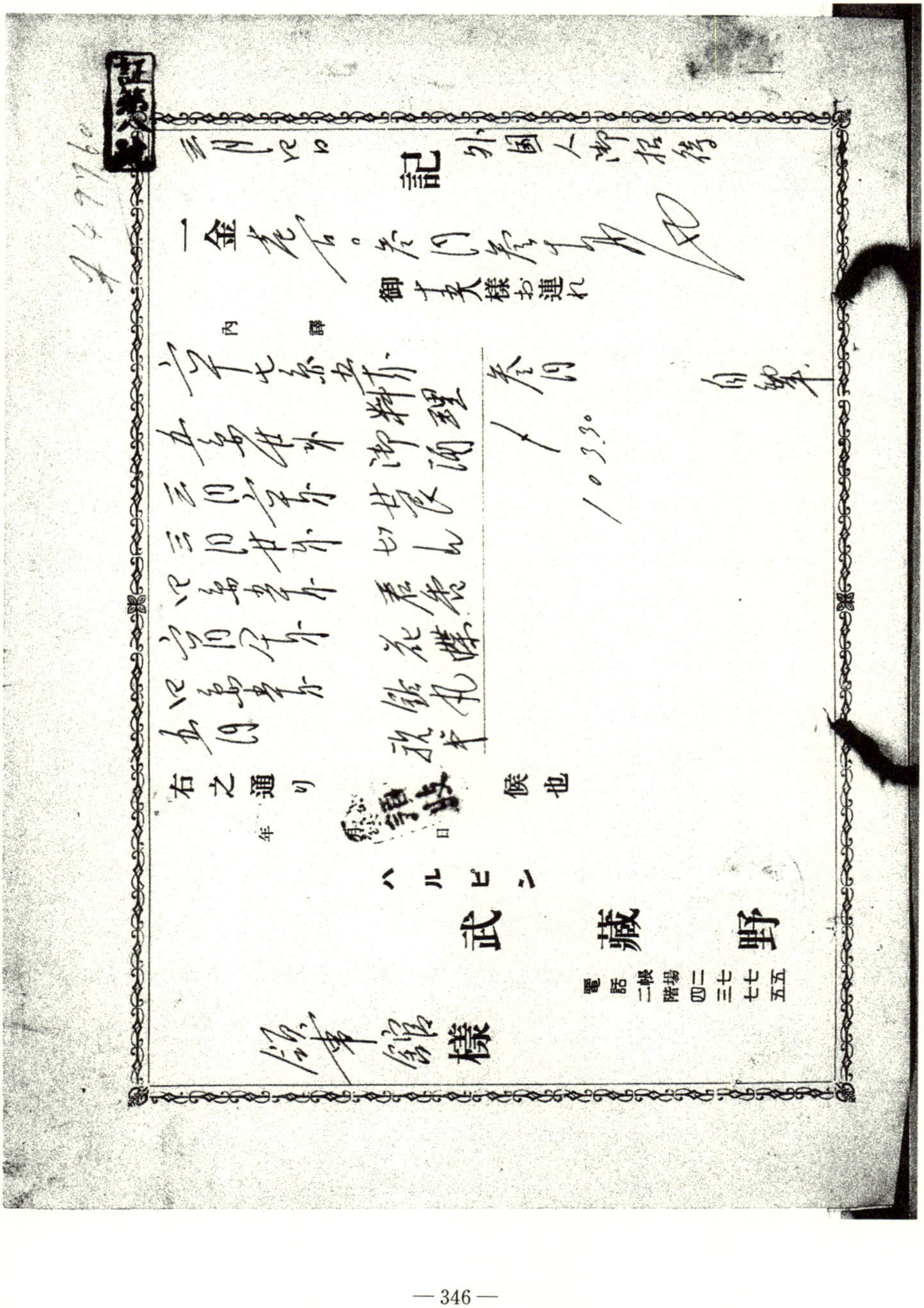

證第八號
記
一金
御 様お連れ
内譯
右之通り
年 月 日
領收候也
10330
ハルピン
武藏野
電話 二幀階場 四二三七七五
様

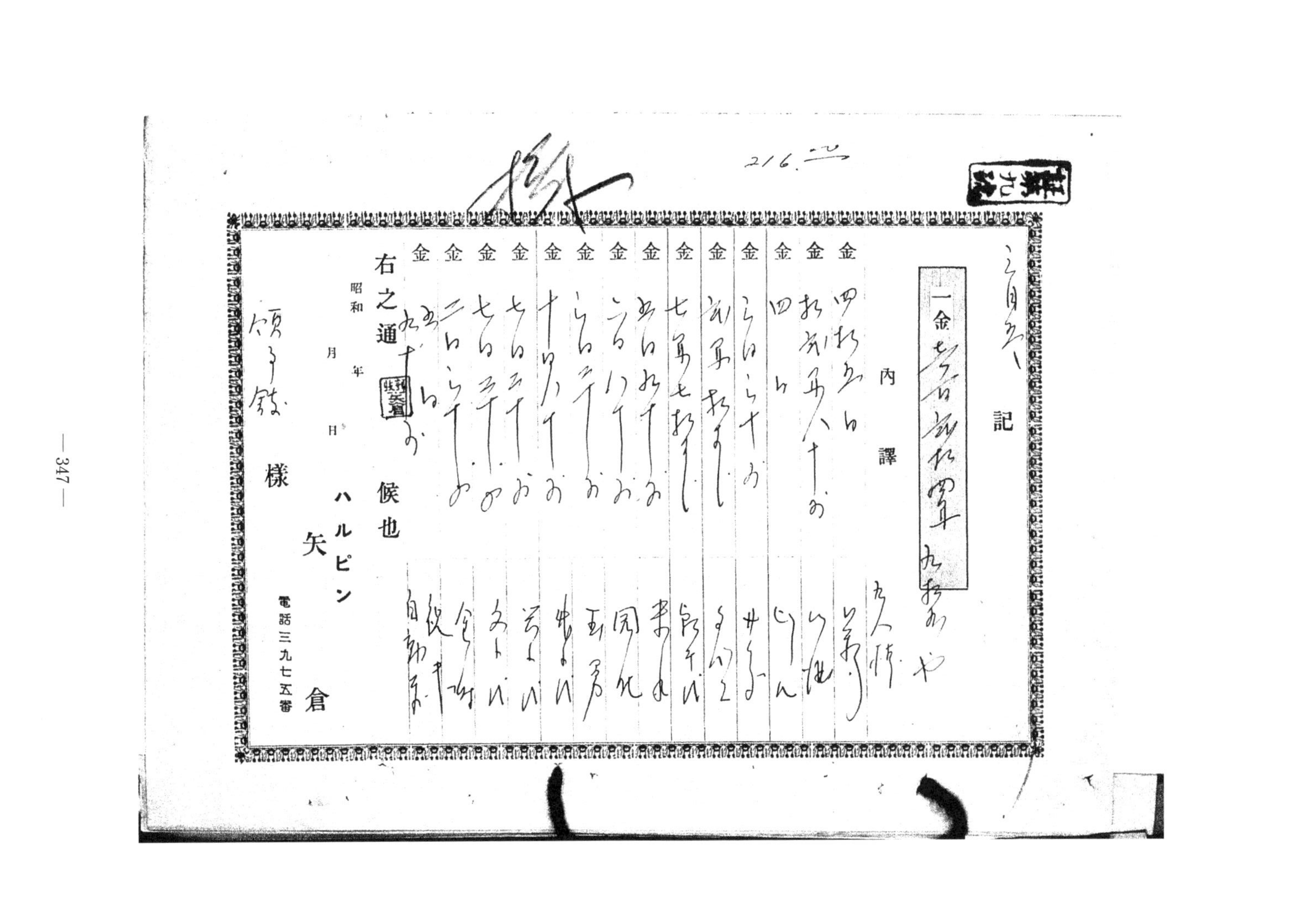

第九號

216.

記

一金

内譯

金	
金	
金	
金	
金	
金	
金	
金	
金	
金	
金	
金	
金	
金	

右之通 候也

昭和　年　月　日

ハルピン

矢倉

電話三九七五番

様

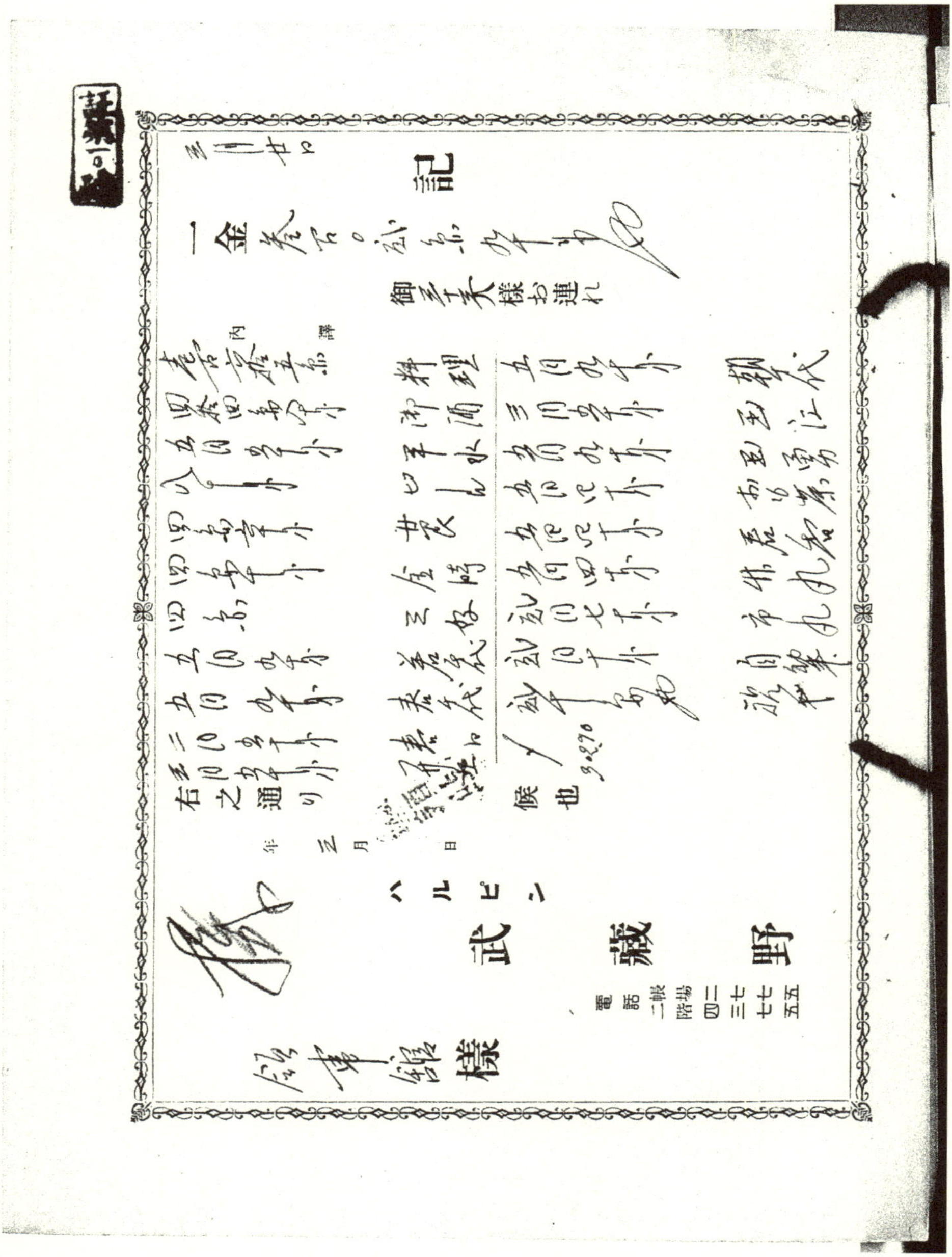
記
一金
御　様お連れ
内　譯
右之通
候也
年　月　日
ハルピン
武藏野
電話　帳場二七七五　二階四三七五
様

三月十六日

記

一金 九十一円四十銭也

御 八人様お連れ

内譯

四十銭 料理 弐円五十銭 特丸
拾円 御酒 六円 稲秋
六円四十銭 ビール
弐円四十銭 平水
弐円弐十銭 花
弐円七十銭 君香
五円四十銭 鈴丸
九円五十銭 栄龍
四円十銭 朝代

91.40

右之通り 領收 候也

年 三月 日

ハルピン

武藏野

電話 帳場二七七五 二階四三七五

錦軍館様

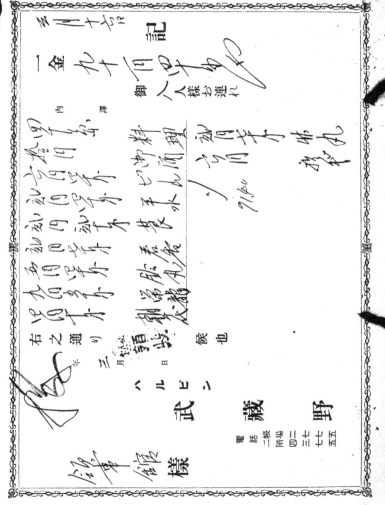

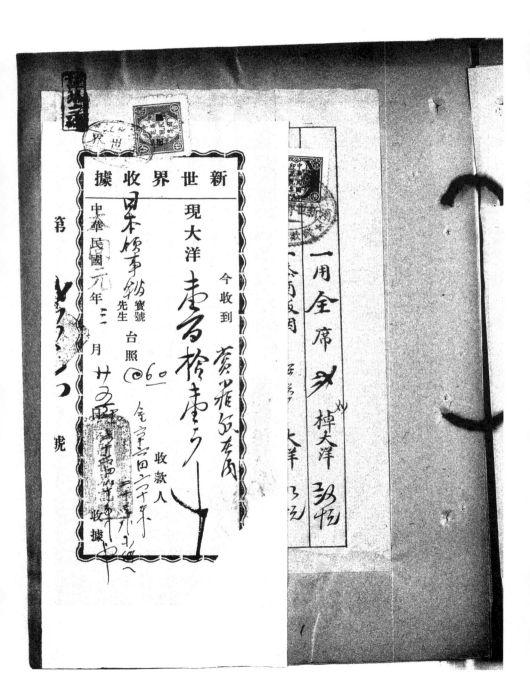

新世界收據

今收到 賓羅紙本價

現大洋 壹百拾壹元

日本領事館 寶號 先生 台照

收款人

中華民國二元年 二月 廿五日 收據

第　　號

一用全席 卓 大洋

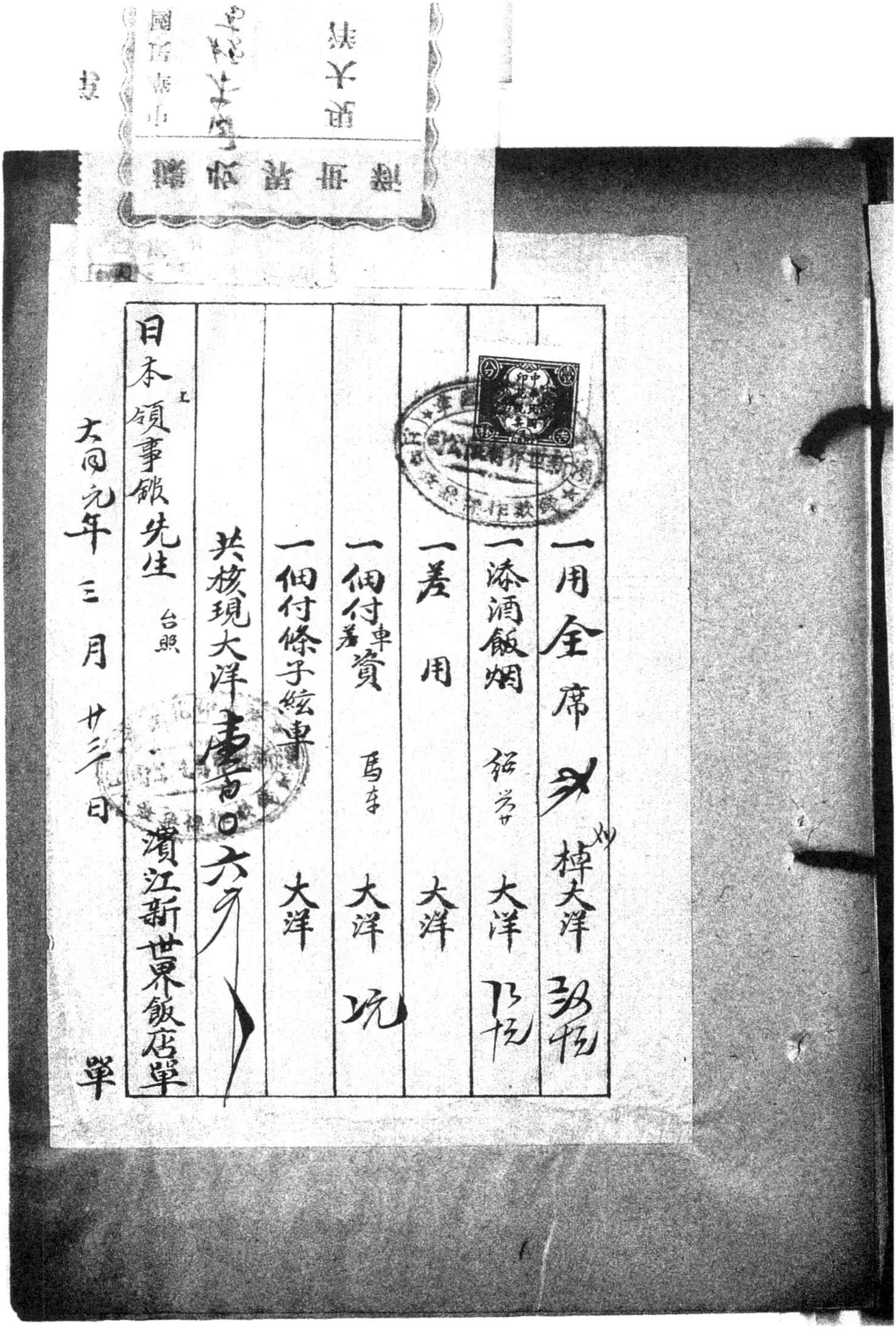
一用全席　〤棹大洋
一添酒飯烟　大洋
一差用　大洋
一佃付著車資　馬车　大洋
一佃付條子絃車　大洋
共核現大洋壹百六元
日本領事館先生台照
濱江新世界飯店單
大同元年三月廿三日　單

Harbin 25 March 1932 - For services of interpreter
received this day the sum of fourty (40) yen.------

Stanley Gibson.

金四拾円也
右正ニ領收仕候也
三月廿五日
ギブソン（漢那憲志）

金四拾円也
ギブソン

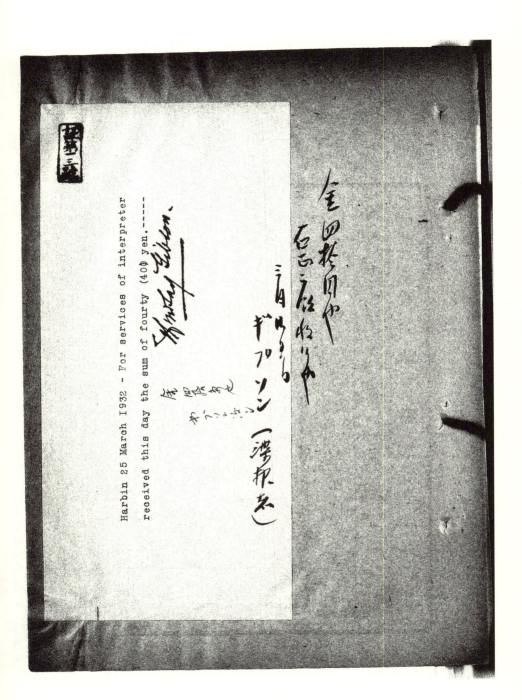

証第一四號

領收證

一金参百円也

大洋銀

換算相場

內譯

哈爾賓事件中殺害者ニ對スル
謹弔料

右領收候也

昭和七年五月卅日

住所 [illegible]

氏名 [illegible] [illegible]

在哈爾賓
日本總領事館御中

証第一五號

26-го Марта 1932 г.

СЧЕТ №

Г-ну Японскому Генер. Консульству

От Ресторана ЖЕЛСОБА

Колич.	НАИМЕНОВАНИЕ	ЦЕНА Руб.	ЦЕНА К.	СУММА Руб.	СУММА К.
	За закуски, чай, кофе, пирожное				
	и папиросы на 100 чел. по 3-50	дол.		350-	00
	За 150 коктейль по 0-75 цент			112-	50
	~~За подачу 24 бут. шампанскаго~~				
	~~по 5-00 дол.~~			~~120-~~	~~00~~
	итого м.	дол.		582-	50
	10% за услуги.......			58-	25
	Оркестр.........			50-	00
	Доставка вина и вод......			2-	25
	ВСЕГО мест.	дол.	--	693-	00
				120	00
				573	00
	г. Харбин				
	26-го Марта 1932 г.			@ 1.88	
				$333	92

ЖЕЛСОБ РЕСТОРАН К. В. Ж. Д.

大洋五百七十三元

カクテル代百十二元五角

三月二十六日 東支鉄道倶楽部

CONSULATE GENERAL OF JAPAN
HARBIN.

証第一六號

Расписка

Получено за программу данную на банкете имевшем место в Железно-дорожном собрании 26-го Марта 1932 г. 80 (восемьдесят) долл.

Получил:

А. Ильевский

19 28/III 32 г. г. Харбин.

領収証

一、哈大洋八拾元也　此金四拾八円 @60

右三月二十六日夜東支倶楽部ニ
於ケル日本総領事宴会ニ
出演セル露西亜プルクケリノ出演料也

右正ニ受領候也

一九三二年三月二十八日

イリエフスキー

Универсальные Магазины
Новый Городъ и Пристань.

ФАБРИКИ:
табачная,
папиросная и гильзовая,
колбасная, лаковъ и красокъ.

ЧАЙНАЯ РАЗВѢСНАЯ И СОРТИРОВОЧНАЯ.

РАЗЛИВЪ И ВЫДЕРЖКА ВИНОГРАДНЫХЪ ВИНЪ
въ собственныхъ подвалахъ.

ТЕХНИЧЕСКІЙ ОТДѢЛЪ.
СКЛАДЪ сельско-хозяйственныхъ машинъ и орудій.

秋林洋行

Харбинъ, Новый гор. 29-го Марта 1932 г.

Телефоны: Новый Городъ, № 38-88, 40-88 и 38-93.
Пристань № 20-88 и 37-88.

т. д. И. Я. Чуринъ и К-о I. I. Tschurin & C-o

СЧЕТЪ № 7160

01767

ЯПОНСКОМУ ГЕНЕРАЛЬНОМУ КОНСУЛЬСТВУ,

мем. 594/46 здесь.

Мѣсяцъ и число	Количество	Наименованіе предметовъ	Цѣна	Сумма
		Продано и отпущено Вам:		
1932 г. Март 25	2 ящ.	Шампанского Клико		204 –
	50 бут.	Воды Нарзан	20 –	10
		Иен		214 –
		Иен ДВЕСТИ ЧЕТЫРНАДЦАТЬ и 00/100.-		

金弐百拾四円也

右正ニ領収候也

三月二十九日

Торговый Домъ И. Я. ЧУРИНЪ и К°

Бухгалтеръ

Получил с платы

証第一八號

領收證

一金四拾五円六拾錢也

大洋銀七拾六円

換算相場　四〇六〇

内譯　晏會支那差役及運轉手心付

右領收候也

昭和七年三月廿六日

住所

氏名　領收人　鄒克謙（印）

在哈爾賓

日本總領事館御中

于處長	差役二人 運轉手一人
宋廳長	差役一人 運轉手一人
趙市長	差役二人 運轉手一人
邵處長	差役一人 運轉手一人
金總辦	仝 一人 一人
李督辦	仝 一人 一人
楊首席	仝 一人 一人
張總隊附	仝 一人 一人
李縣長	仝 一人 一人

路局 劉局長	差役一人 運轉手一人
水警 劉局長	仝 一人 一人
張副局長	仝 一人 一人
陳院長	仝 一人 一人
王處長	差役二人 運轉手一人
鮑市長	差役二人 運轉手一人
巴監督	差役一人 運轉手一人
張監事	仝 一人 一人
吳董事長	仝 一人 一人

金理事	差役一人 運轉手一人
宋參議	仝 一人 一人
魏廳長	仝 一人 一人
刘院長	仝 一人 一人
晋倉長	仝 一人 一人
湯局長	仝 一人 一人
馬總辦	仝 一人 一人
范局長	仝 一人 一人
馬検察長	仝 一人 一人
賈副處長	仝 一人 一人
姜佐理	運轉手一人
德國欽事	仝 一人
美國總領事	仝 一人
美國副領事	仝 一人
平田	仝 一人
張監事長	差役一人 運轉手一人
沈理事長	仝 一人 一人
郭副局長	仝 一人 一人

在哈爾賓日本總領事館

葡國領事運轉手一人

意國領事運轉手一人

烏參贊 差役一人
運轉手一人

差役及運轉手七十五名

外ボーイ 一名

計七十六名 一人 一名

在哈爾賓日本總領事館

26-го марта 1932 г.

СЧЕТ №

Г-ну ЯПОНСКОМУ ГЕНЕРАЛЬНОМУ КОНСУЛЬСТВУ

От Ресторана- ЖЕЛСОБА-

Колич.	НАИМЕНОВАНИЕ	ЦЕНА Руб.	ЦЕНА К.	СУММА Руб.	СУММА К.
	За подачу 24-х бутылок шампанскаго на банкете 24/III-с/г. по 5-00 м. дол.			120	00
				72	
	Итого м. дол.			120	00
				72	
				30	
	г. Харбин				
				102	

Арендатор ресторана при Харбинском Железнодорожном Собрании
Сюй-тян-хва

大洋壱百弐元也
右正ニ領収候也
三月二十六日
東支俱楽部

@55
¥56.10

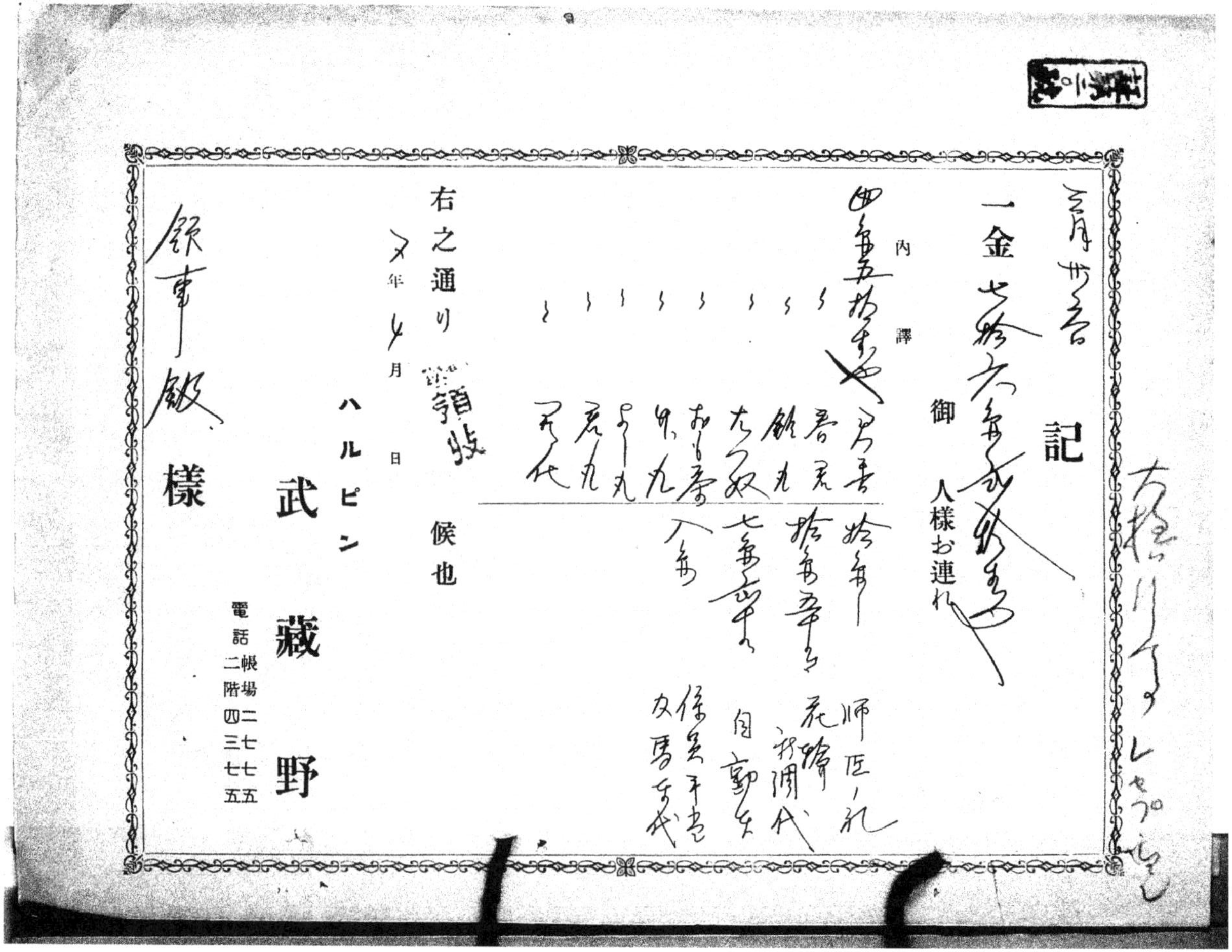
証第二號

三月廿二日

記

一金

御　人様お連れ

内譯

右之通り
年　月　日
領收候也

ハルビン
武藏野
電話 帳場 二七七五
二階 四三七五

領事館 様

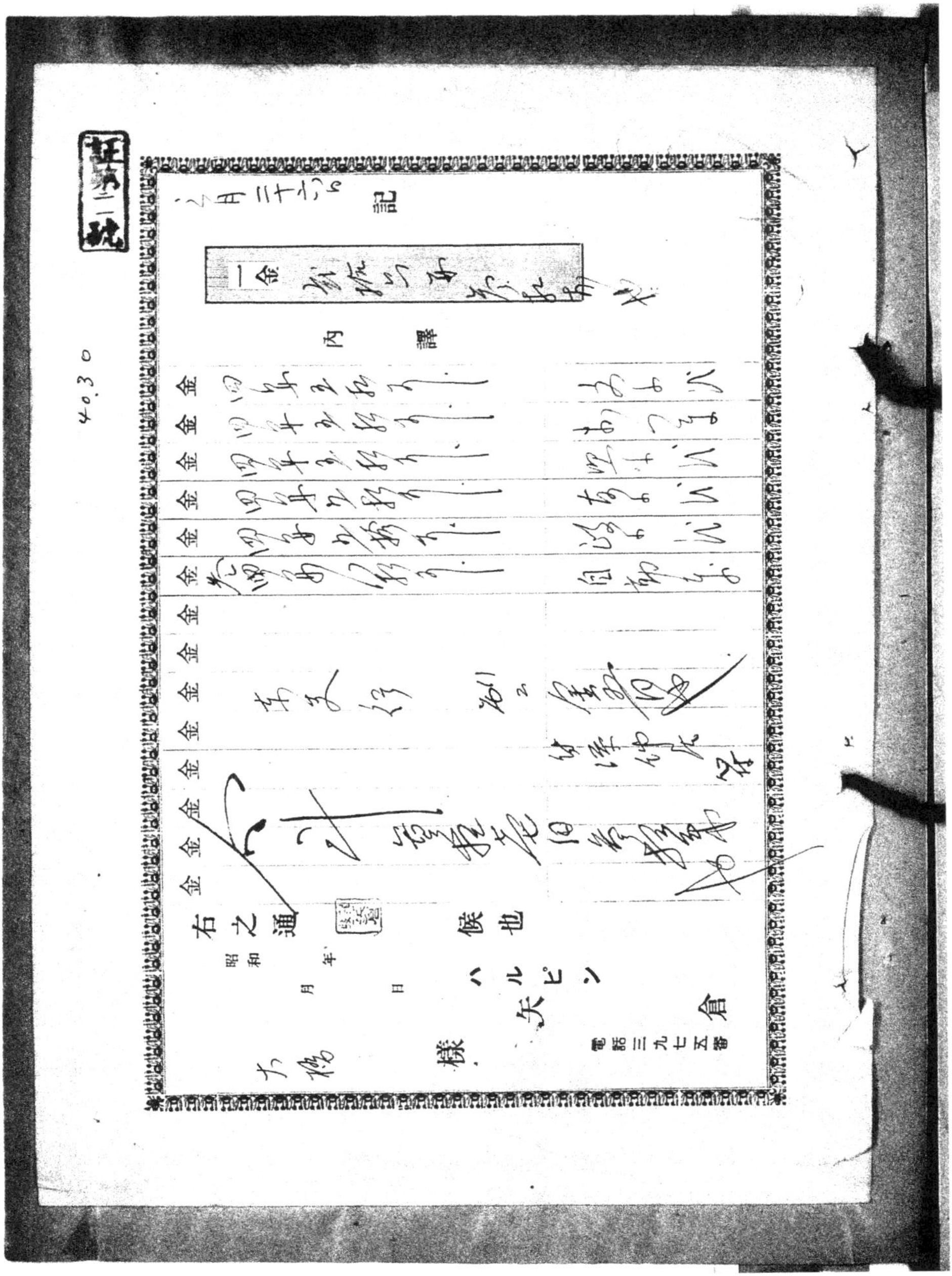
4030
記
一金
内譯
金
金
金
金
金
金
金
金
金
金
金
金
金
金
右之通
候也
昭和　年　月　日
ハルピン
矢倉
電話三九七五番
様

金参百八拾円也

三月三十一日迄

右ハ三月分給料トシテ

三月三十一日 ギブソン（署名）

Harbin 3I March I932 - For services rendered received the sum of three hundred and eighty (380) yen as per detailed account annexed.---

Hanbury Gibson.

証第二二號

T.Lindsay Gibson, salary	¥ 300.-
Typist, 24 days @ 2.50	- 60.-
Rent of typewriter, 2 months	- 20.-
In all	¥ 380.-

第　　號

領収證

一　金五拾七円五拾銭也

¥57.50

右正ニ領収候也

昭和七年三月三十日

哈爾濱埠頭區

哈爾濱生果共同荷受組合

電話三八〇九番

日本領事館殿

哈爾濱 生果共同荷受組合

書

円五拾銭也

蜜柑六梱

苹果五箱

@550　@500

¥57.50

候也

月三十日

賓埠頭區

哈爾賓生果共同荷受組合

館殿

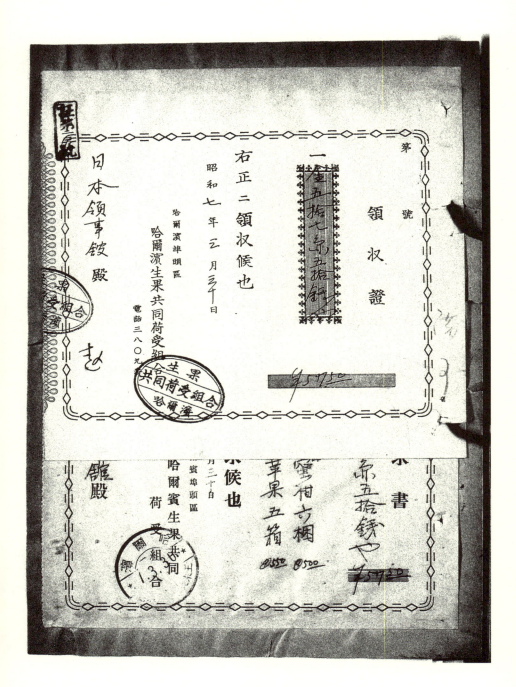

第

一金五

右正

昭和

日本

請求書

一金五拾七圓五拾銭也

~~¥57.50~~

内譯

蜜柑六梱 @500

苹果五箱 @550

右之通請求候也

昭和七年三月三十日

哈爾賓埠頭區

哈爾賓生果共同組合

荷受

日本領事館殿

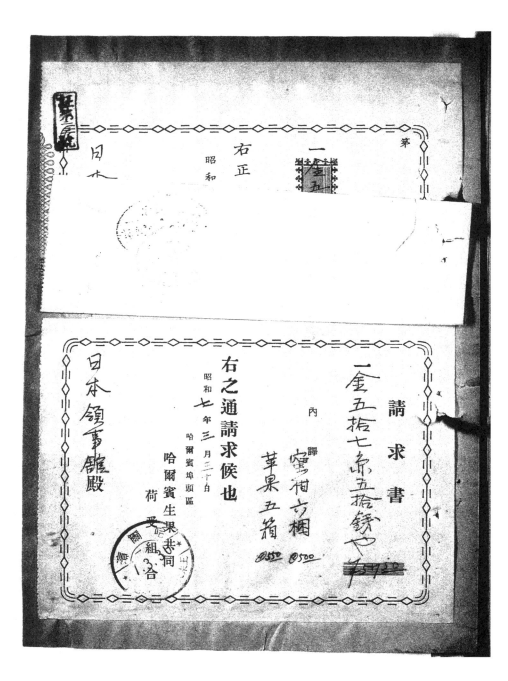

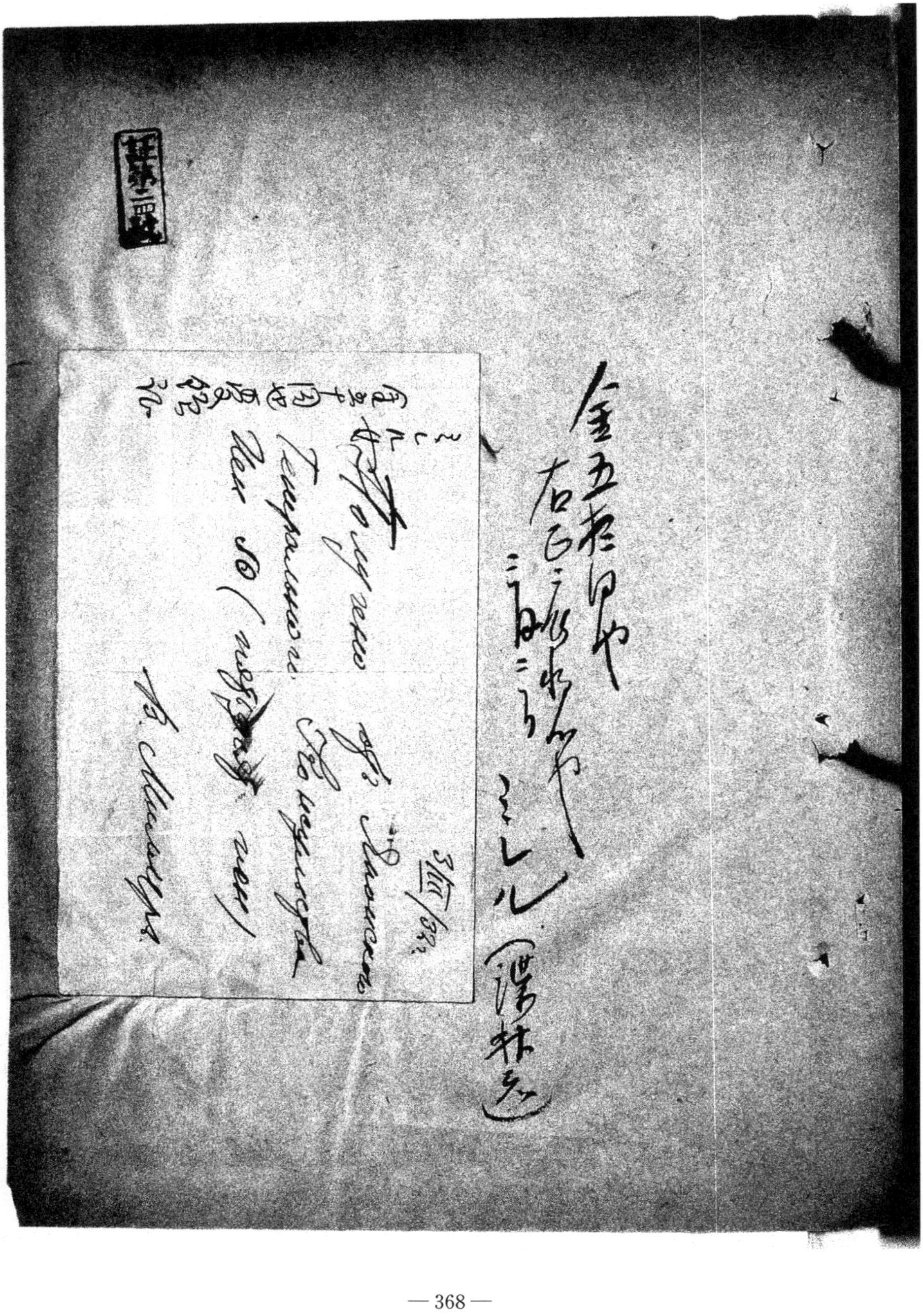
金五拾円也
右正ニ領収候也
ミレル
3/III/932
Получено от Японского
Генерального Консульства
Иен 50 (пятьдесят иен)
В. Миллер

卅、

任農安分館

昭和六年度第二期分満洲事件費、検疫費

受払報告書附属證憑書

全壹冊九拾八頁参拾枚也

證書紙数　自状第四号　至状第三八号　参拾五枚

保存年限　但シ、保

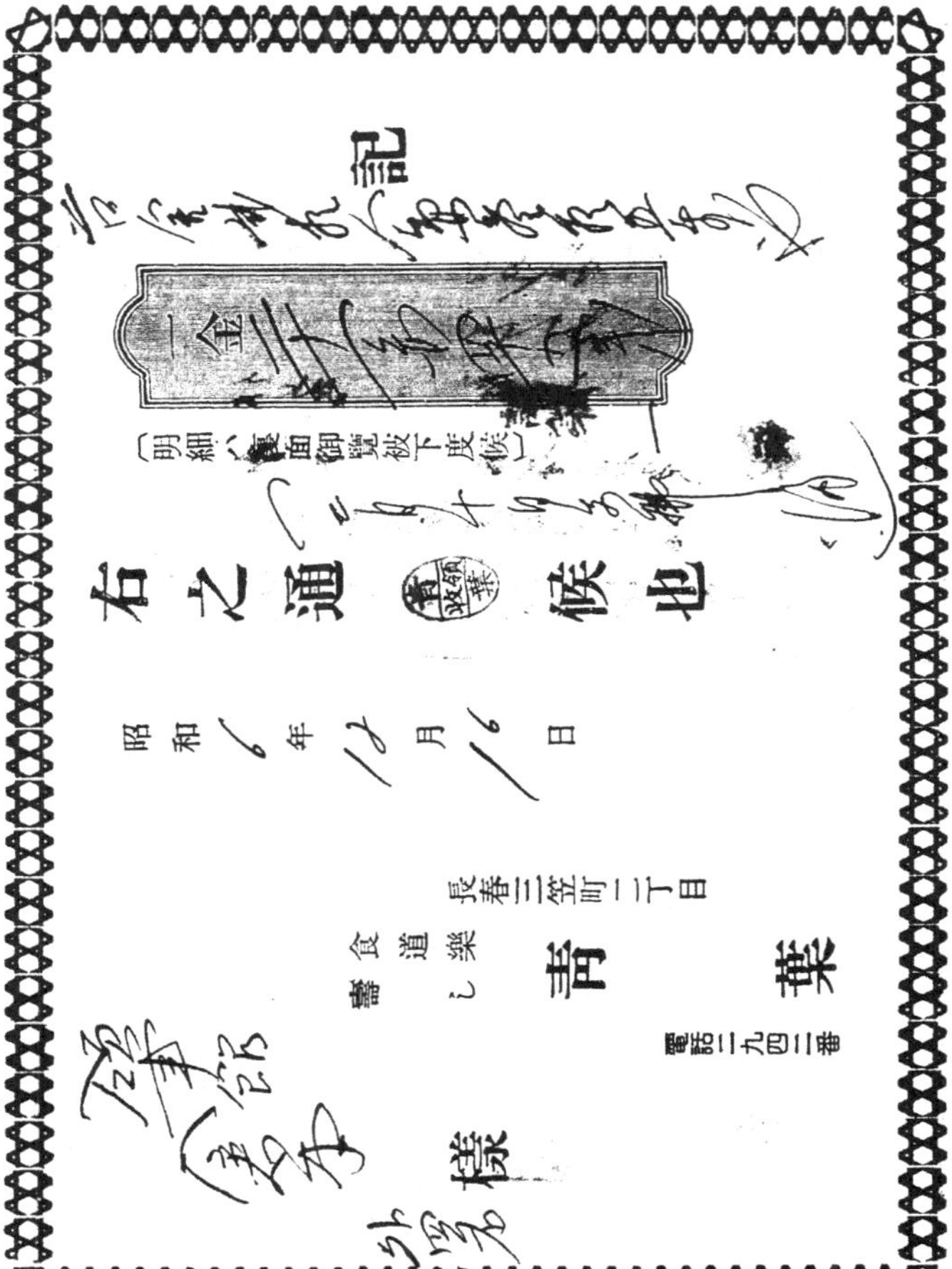
記
一金
〔明細ハ裏面御覧被下度候〕
右之通（領収印 青葉）候也
昭和6年12月16日
長春三笠町二丁目
食道樂 壽し
青葉
電話二九四二番
様

内譯書

一金 十二銭五厘	御料理	五人
一金 七銭七十厘	御酒	三本
一金	ビール	本
一金 三十五厘	サイダー	一本
一金	鍋	人
一金	鰻	人
一金	御飯	人
一金 九十厘	煙草	四ツ
一金	壽し	
一金 [illegible]		
一金 井上[illegible]		
一金 [illegible]		
一金 [illegible]		
一金 [illegible]		
一金 [illegible]		
一金	遊興税	
一金	車代	
一金	御立替	

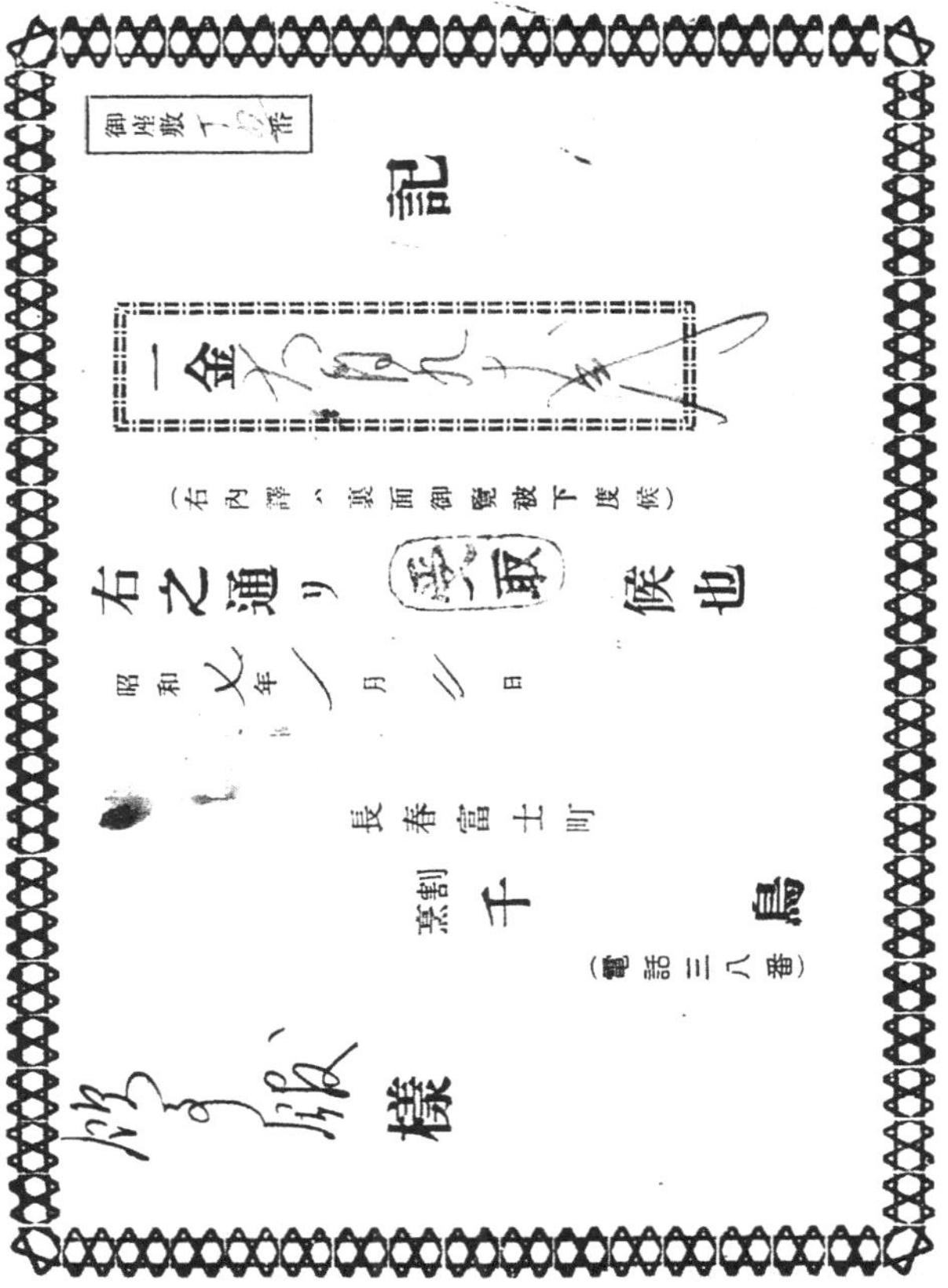

御座敷　番

記

一金

（右内譯ハ裏面御覧被下度候）

右之通り受取候也

昭和　年　月　日

長春富士町

割烹　千鳥

（電話三八番）

様

内譯書

一金　御料理
一金　御酒
一金　ビール
一金　飲料水
一金　鰻
一金　御飯
一金　煙草
一金　藝妓
一金
一金
一金
一金
一金
一金
一金

No.……………

記

一金弐百四拾[illegible]也

但内譯ハ裏面ノ通リニ御座候

¥2[illegible]

右之通[illegible]候也

昭和七年二月十六日

長春

八千代館

Yachiyo
Chang Chun

電話局 四六番
電話 一一九七番
振替大連三三五〇番
電略ヤ(又ハ)ャ

御座敷 広間

田代領事 様

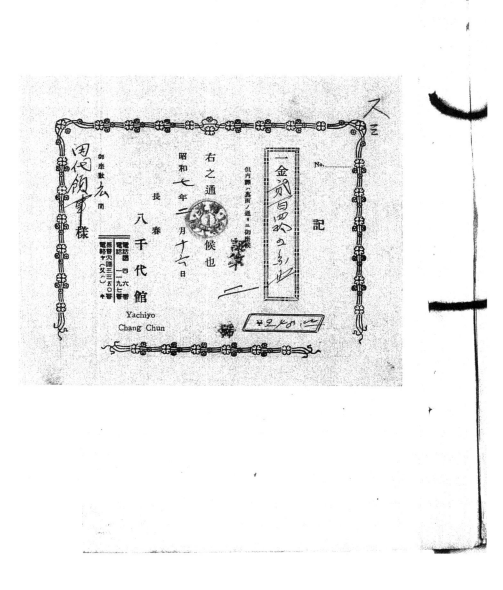

3

内訳

月	日	品目	員數	單位	金額		摘要
1	16	御宴會	33	人	291	00	
		別誂料理		人			
		御料理		人			
		御酒		本			
		ビール		本			
		飲料水		本			
		御水物		鉢			
		御菓子		鉢			
		御煙草		個			
		車馬		台			
		藝妓		人			
		遊興税					
		御祝儀			14	00	
合計金					240	00	

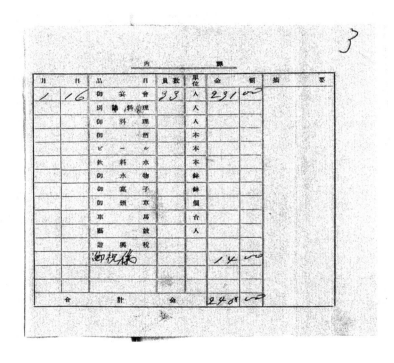

時局ノ為招宴（於八千代館　二月一六日）

來客側
（長春）

警視　武波　善治	警部補　本田　善治
警部　春木淺治郎	〃　本田　榮喜
〃　井上　定弘	〃　三澤　了一
〃　三上　芳彦	〃　吉成　尊胤
〃　田畑　文	巡査部長　赤木　又一
〃　中川　義治	〃　豊增　彦吉
囑託　三橋　康豊	警部補　堀内　幸治
通譯生　石田　二郎	囑託　高橋　博
〃　廣重時次郎	巡査部長　空閑　俊範
警部補　村谷　慶次	〃　安本美喜三
〃　齋藤　要助	〃　山口　銀三

在長春日本領事館

5

巡査部長　島田　郁平

（四平街）

警視　瀧　慶藏

警部補　品川　博隆

（公主嶺）

警部　齋藤　直友

部長　本郷　信雄

主人側

田代　領事

藏本書記生

原田書記生

佐藤書記生

岡谷書記生

大島書記生

在長春日本領事館

D

6

奴婢傭ニ旅費其他満鉄総裁満鉄総裁事務員六名

一金五百二十五円也

右（満鉄医院病棟ノ陸中）

六月三日

上原

領事館殿

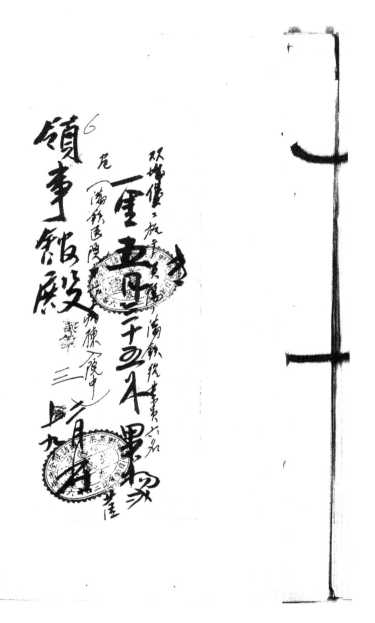

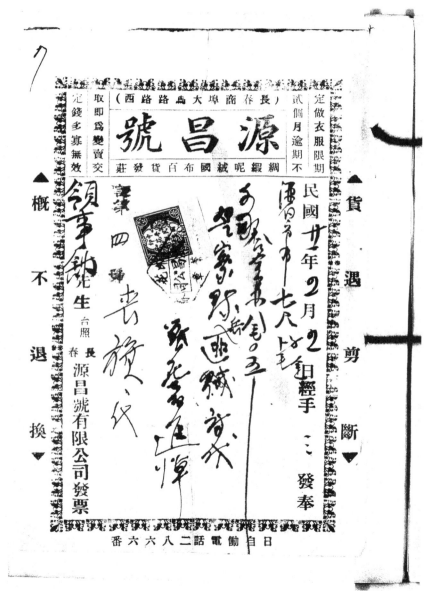

▲貨遇剪斷▼

定做衣服限期貳個月逾期不取即爲變賣交定錢多寡無效

（長春商埠大馬路西）

源昌號

綢緞呢絨國布百貨發莊

民國廿一年2月2日經手　　發奉

七尺

領事館先生 台照

長春 源昌號有限公司發票

▲概不退換▼

日自働電話二八六六番

Jan 28th 1932.

領事館御中

Dr. to South Manchuria Hotel Co. Yamato Hotel.

Telegraphic Address: "YAMATO."

一月分御勘定	30	80
Total G. Yen	¥30	80

Received Payment

THE SOUTH MANCHURIA RAILWAY CO. YAMATO HOTEL
CHANG CHUN
長 7. 1. 28 春
RECEIVED PAYMENT

Cashier.

長春関東軍特務機関經濟[illegible]總務處所有招待費業已報銷

Name [illegible] 25/1 1932

Room No.

14	Dinner @ 1.50	21	00
14	Bot Beers	7	00
	Tip (1割)	2	80
	Total.	~~28~~ 30	~~00~~ 80

You are requested particularly to sign your surname, not initials only.

（松浦印刷所納）

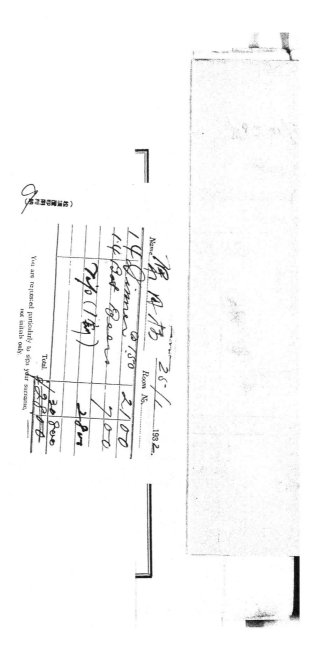

経済総動員会委員

熊本県内務部長、橋岡地方事務官も

俊彦、地方事務官、勧業課長、永原商工会議所会頭

石田副会頭、大垣同書記長、

（家事女学校長）、中山三井物産主任、

ある支店綿花主任、佐藤大阪洋工廠主、

或は某長、島樹局長、同代餘名

其内各々も、大阪市長代理

（日時）一日午前一、

（場所）やまとホテル

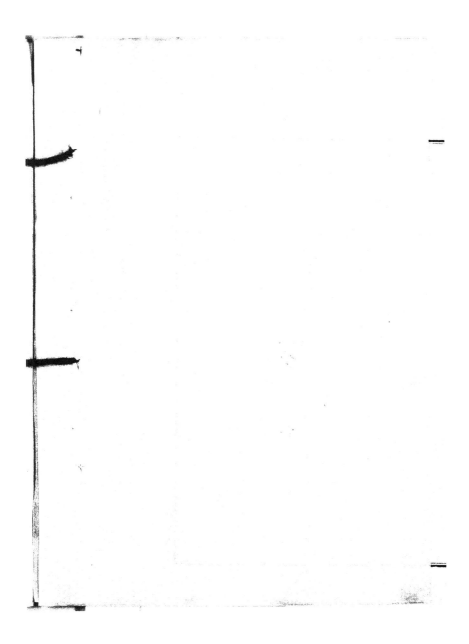

長春商工會議所

領収証

一金五拾圓也

但二月二十二日日本商工會議所主催ノ満蒙経済視察團来長歓迎會費補助額

右領収候也

昭和八年二月二十四日

長春商工會議所

在長春
日本領事館 御中

12

計算書

月日	品名	替金額
2月　日	花環一対 但シ飛行隊故清水大佐慰霊祭ヘ 御供ヘノ花環代	拾参円也

合計金　拾参円也

右之通り[illegible]候也

昭和七年二月廿四日

長春祝町二丁目（高野[illegible]）
尚華堂造花店
北満禮装社
電話三四五三番

長春領事
田代重徳　殿

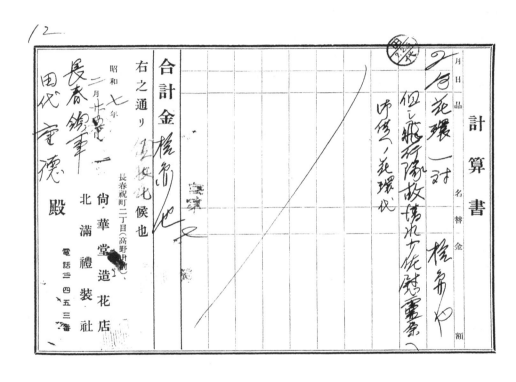

13

計算書

月日	品名	替金額
2/19	花環一対 但シ吉田聯隊死戰將士ノ三七日ノ法要 當ノ御供花	拾圓也

合計金 拾圓也

右之通リ領收訖候也

長春祝町二丁目(高野山前)

尚華堂造花店

北滿禮裝社

電話一四五三番

昭和七年二月廿五日

長春領事
田代重德 殿

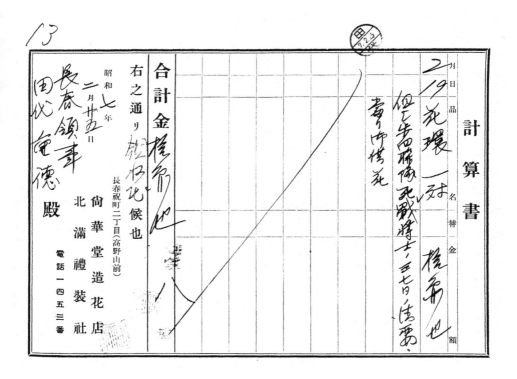

DAIREN

（乙）　　　　　　　　　　　　　　　　No.

YAMATO HOTEL & DINING CAR

S. M. H.

Mr.　領事館殿

金額 G, ¥　20 50 円
Amount

for the　2　月分勘定
account

上記ノ金額正ニ受領仕候也
Received Payment

193

受領者印
Signed by

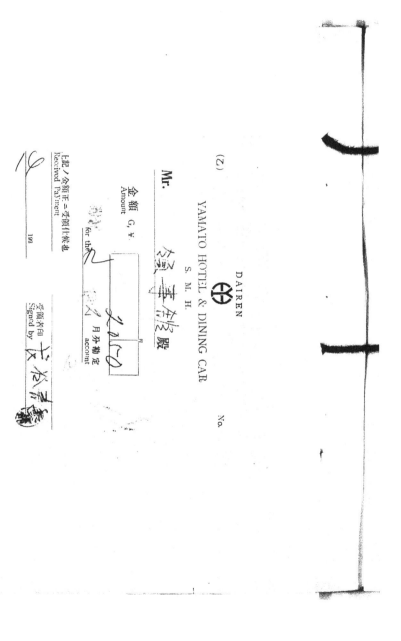

SOUTH MANCHURIA RAILWAY

YAMATO HOTEL

CHANGCHUN.

18/2 192

Name

Room No.

		20.50	

Total. 20.50

You are requested particularly to sign your surname, not initials only.

DAIREN

（乙）　　　　No.

YAMATO HOTEL & DINING CAR

S. M. H.

Mr.　領事館殿

金額 G, ¥.
Amount　　65.15

月分勘定
for the　　account

上記ノ金額正ニ受領仕候也
Received Payment

192

受領者印
Signed by

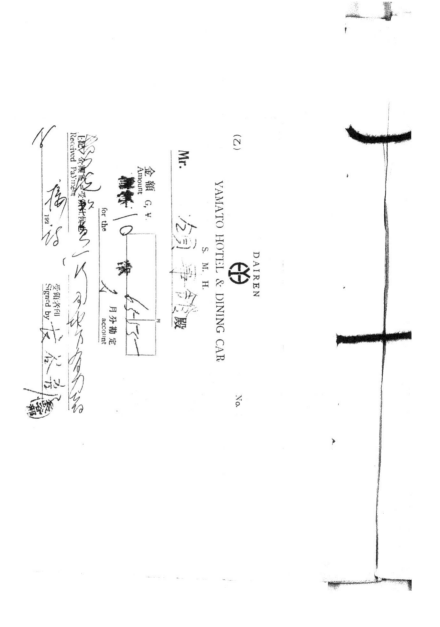

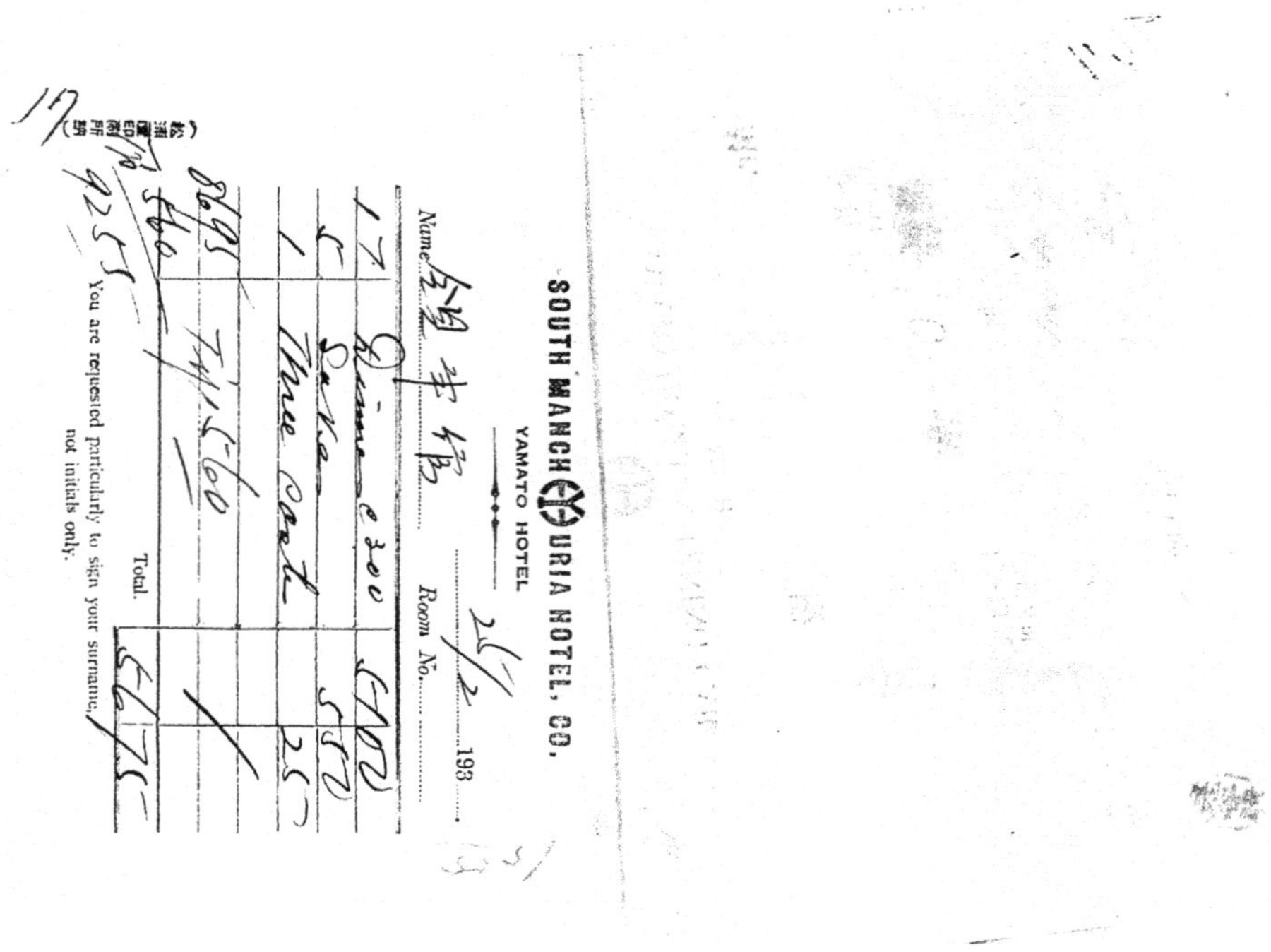

SOUTH MANCHURIA HOTEL, CO.

YAMATO HOTEL

Name................................... 26/2................193.

Room No..................

17	Diner e 3.00	5.00
1	Soda	5.50
1	Three crest	2.50

Total.

You are requested particularly to sign your surname, not initials only.

SOUTH MANCHURIA HOTEL, CO.

YAMATO HOTEL

Name 領事館御中 25/2 1932

Room No.

4	Bot Beer	2.00
3	" cider	90
1	" Tansan	30
	Total	3.20

You are requested particularly to sign your surname, not initials only.

（松濱堂印刷所納）

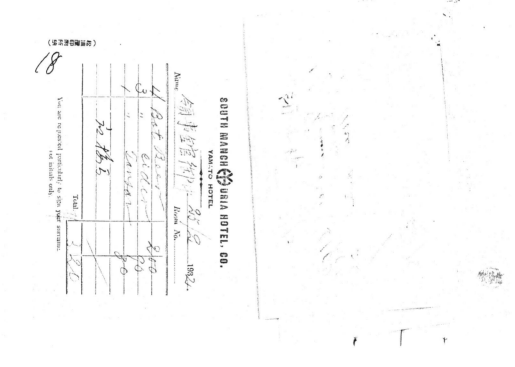

19

貴族院議員ヲ主賓トスル此ノ催ニ
臨席出席者氏名

来賓側
貴族院議員陸軍中将　坂西氏
〃　海軍中将男爵　花房氏
随行　小山氏
（地方有力者）
（特産）鈴木氏
（〃）石井氏
（三井）中山氏
（坂下新聞）南大平氏
（地方事務所長）横関氏
（地方事務所勧業係主任）阿部氏
（特産商）佐倉氏
（地区警察署長）武藤氏
（郵便局長）島関氏

夫人側

岡代伯子
四方田書記生
佐藤書記生
岡谷書記生
大嶋書記生

20

領收證

一金 五百円

但 [illegible] 分廣告料

[illegible]

右之金員正ニ領收仕候也

昭和七年二月一日

奉天住吉町七番地

奉天日日新聞社

電話（二三五・四一九）番

領事館

田代 殿

検印

21

領收證

一金 貳拾圓也

但 満洲国建国祝賀記念號

右正ニ領收候也 第 一二 號

昭和 七 年 三月十二日

満洲長春 北満日報社

會計 針谷卯一郎

田代重徳 殿

22

受領證

一金貳拾円也

但シ 自三月十日 至三月十日 回 行 建國祝賀廣告料

右正ニ領收候也

昭和七年三月十二日

實業新聞 長

取扱者印

田代重徳 殿

(取扱者ノ認印ナキモノハ無効トス)

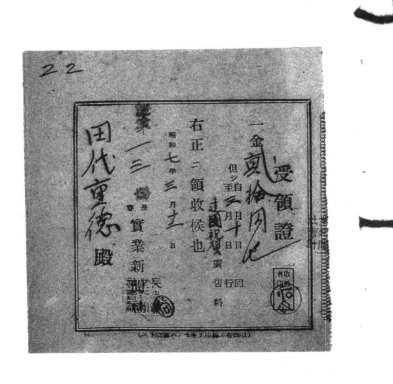

2-3

No.

廣告料金領收證

一金 五銭也

內譯 月分月極

金額	掲載月日	回數	行數	摘要
五一	11/3			速調紀念号

右正ニ領收候也

昭和七年三月一八日

大連市飛驒町六七番地
株式會社 大連新聞社
（電話五五三三六番）

田代重德殿

扱者

（契印及取扱者ノ印ナキモノハ無効トス）

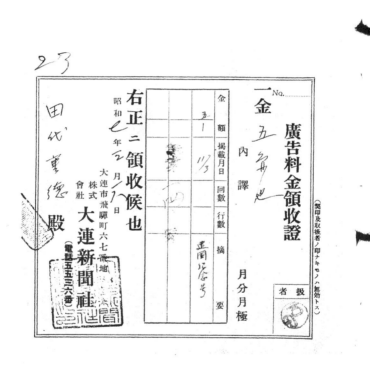

No.

受領証

一金弐拾円也（古谷）

但祝建国記念号

田代領事及領事館員一同広告料金

右之金額正ニ受領候也

昭和七年一二月八日

証第一五

長春商況日報社

（長春商況日報社印）

長春領事館御中

古谷用箋

記

一金拾参円四拾銭也

（明細ハ裏面御覧被下度候）

右之通（領収 青葉）候也

昭和7年3月14日

長春三笠町二丁目

食道楽 青葉
壽し

電話二九四二番

佐藤様

内譯書

一金 九円也　御料理　二人
一金 壱円四拾銭　御酒　四本
一金　ビール　本
一金　サイダー　本
一金　鍋　人
一金　鰻　人
一金　御飯　人
一金　煙草　ツ
一金　壽し
一金　藝妓
一金
一金
一金
一金
一金
一金　遊興税
一金　車代
一金　御立替

（　　　番）

記

一金

但シ内譯裏面之通

右之通　受　候也

昭和　年　月　日

長春新市街

南　海

電話二四七五番

樣

26—1

内譯書

一金	御菓子	
一金	御酒	本
一金	ビール	本
一金	御料理	
一金	シトロン サイダー	本
一金	水物	
一金	煙草	個
一金 17+9	丼	めん類
一金	御すし	
一金	食事	人
一金	洋食	
一金	舞子	人 本
一金 三円五十	藝妓 乙	人 本
一金		
一金 壱円五十		
一金		
一金		

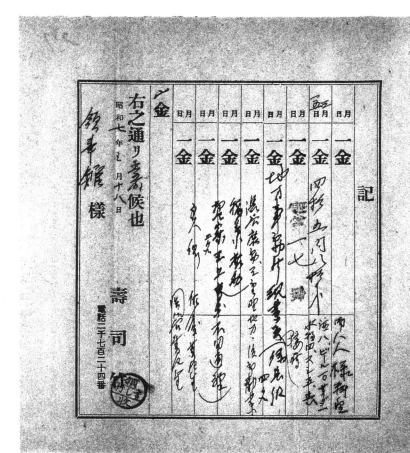

記

一金　月　日

一金　月　日

一金　月　日

一金　月　日

一金　月　日

一金　月　日

一金　月　日

一金　月　日

一金

右之通リ領收候也

昭和七年三月十八日

様

壽司

電話二千七百二十四番

領収証

一、金壱百円也

但シ情報機密費

右領収候也

昭和七年三月廿五日

在長春帝国領事館警察署

高等係主任書記 岡田烱 ㊞

在長春

領事 田代重徳 殿

証第一八号

在長春日本帝國領事館

28

在長春日本帝國領事館

(長春濱木印行)

第八冊

御座敷 [illegible] 番

記

一金 [illegible]

（右内譯ハ裏面御覧被下度候）

右之通リ　　　候也

昭和7年3月19日

長春富士町

割烹　千　鳥

（電話二一〇三八番）

[illegible] 様

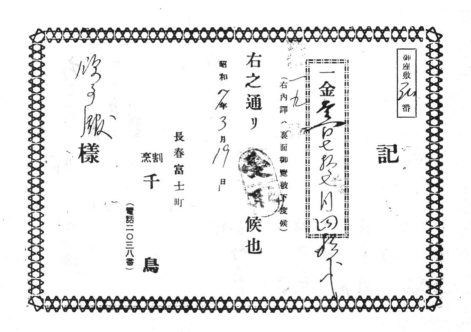

権屋町長魏宗蓮、長春市長金璧東、長春市長趙[illegible]、
[illegible]秘書、市政府副秘書長、田代[illegible]、[illegible]、[illegible]

内譯書

一金　六拾[illegible]円　御料理　八人様
一金　弐拾八円　御酒　八十本
一金　拾弐円八拾銭　ビール　二十八本
一金　四円　飲料水　十
一金　　鰻
一金　弐円五拾銭　御飯
一金　弐円八拾銭　煙草
一金　四拾五円　藝妓　照枝
一金　　小政丸
一金　　小丸
一金　　はなき
一金　　政子代
一金　　[illegible]め
一金　　[illegible]丸
一金　　花代[illegible]
一金
一金　弐円四拾[illegible]　遊興税　ノ[illegible]
一金　　車代

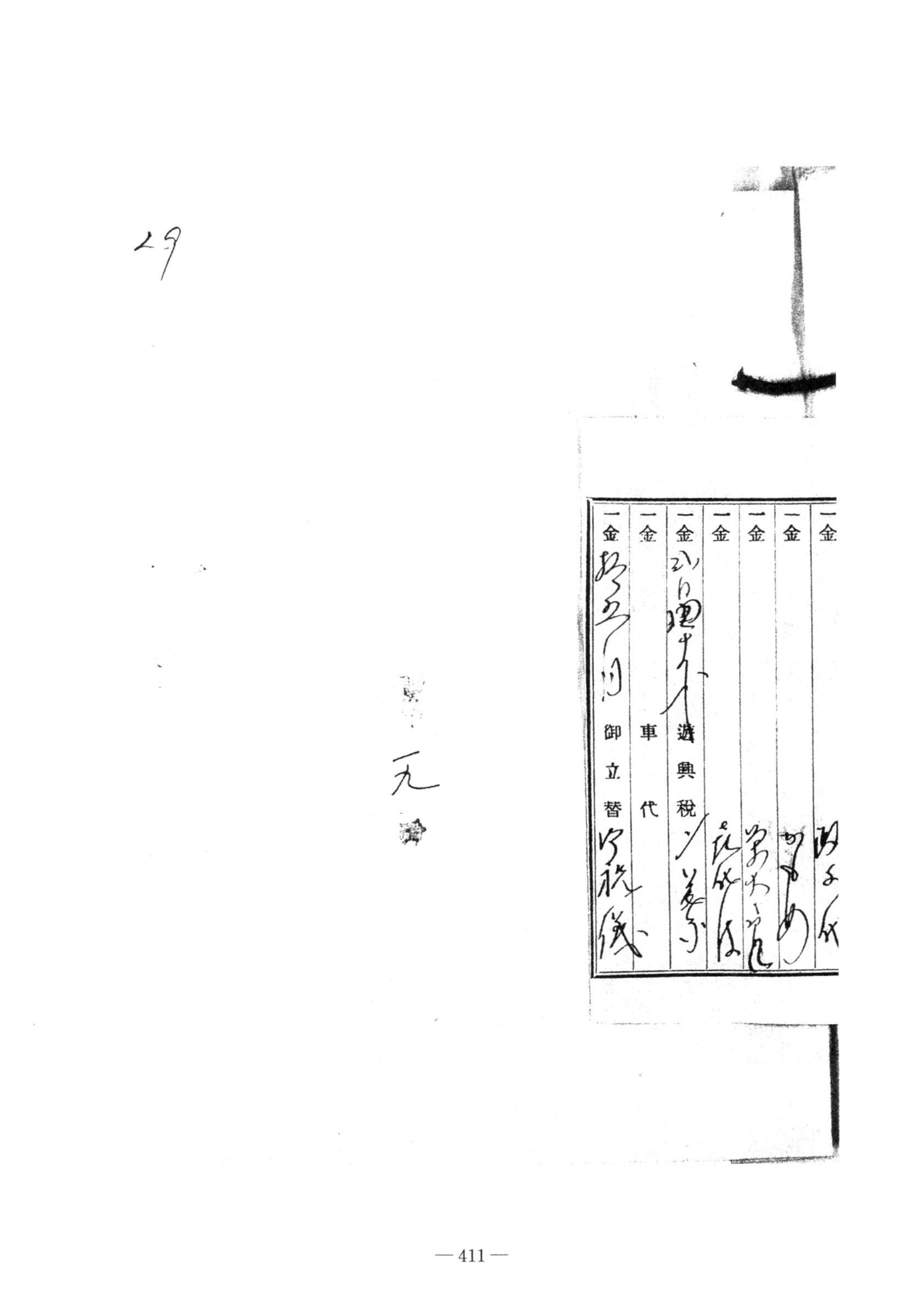

49

一九

一金

一金

一金

一金

一金　遊興税

一金　車代

一金　御立替

記
No.
一金
右之通領收候也
昭和　年　月　日
様
八千代館
Yachiyo

No.

記

一金 百拾五円五拾銭也

¥115.50

但内譯ハ裏面ノ通リニ御座候

右之通 候也

昭和七年三月二十六日

長春

八千代館

電話 園二〇四六番
電話 三一九七番
赤帽(内)建三三五〇番
電略(ヤ)又ハ(タキ)

Yachiyo
Chang Chun

御座敷 間

領事館様

31

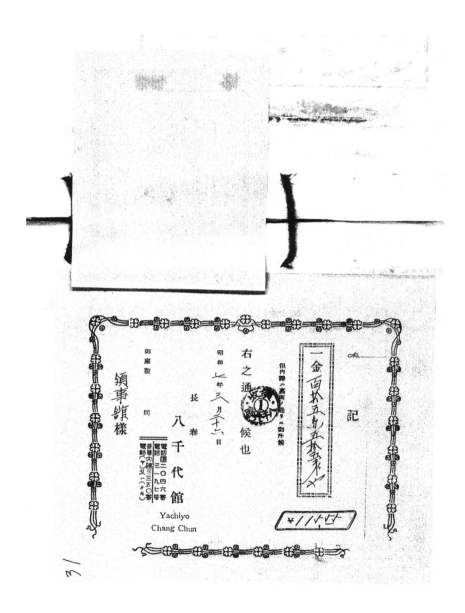

記

No.

一金九拾九円也

但内譯ハ裏面ノ通リニ御座候

右之通領収候也

昭和七年三月七日

長春 八千代館

電話園二〇四六番
電話三一九七番

Yachiyo
Chang Chun

御座敷 六間

領事館様

¥99.00

月	日	品目	員數	單位	金額	摘要
		御宴會		人		
		別誂料理		人		
		御料理	14	人	63.00	
		御酒	41	本	14.35	
		ビール		本		
		飲料水		本		
		御水物		鉢		
		御菓子		鉢		
		御煙草	6	個	1.30	
		車馬		台		
		藝妓	6	人	25.60	
		遊興税			1.30	
		女中祝儀			10.00	
					1	
合計金					111.55	

32

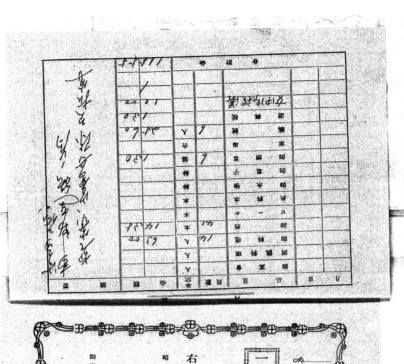

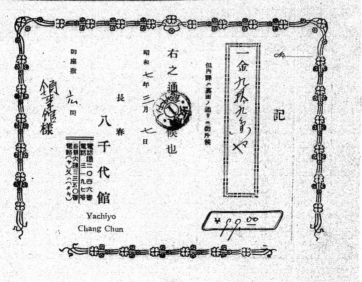

御料理		人
御酒		本
ビール		本
飲料水		本
御水物		鉢
御菓子		鉢
御煙草		個
車馬		台
藝妓		人
遊興税		
女中ご祝儀		9 00
合計金		99 00

御煙草			
車馬		台	
藝妓	6	人	25 60
遊興税			1 30
女中ご祝儀			10 00
合計金			115 15

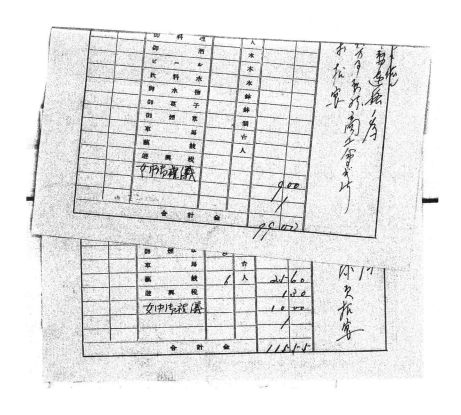

23

列席人名（抜萃）

警察側（高等係）　憲兵隊　主人側

三上警部　行平班長　萬東書記生

本田警部補　井上（軍曹）　佐藤書記生

石田翻訳生　高木（〃）　岡崎書記生

広重 仝　[illegible]

赤峰巡査部長

廣田 〃

池田巡査

滝戸 〃

公信案

AII

34

公信案

相客人員（九名）

（地方事務所）　（商工会議所）　（警察）　（主人側）

渡部勧業係長　大垣書記長　池田巡査（特高係）　大島書記生

富岡〃員　峰村書記

久山〃　内海〃

三吉〃

AII

計算書

月日	品名	替金額
3 22	花環一対 故仁林少将尉霊前[illegible]（寄付大佐）	[illegible]円也

合計金 [illegible]円也

右之通リ領收候也

昭和7年3月31日

長春祝町二丁目（高野山前）
尚華堂造花店
北満禮装社
電話一四五三番

長春領事館[illegible]殿

35

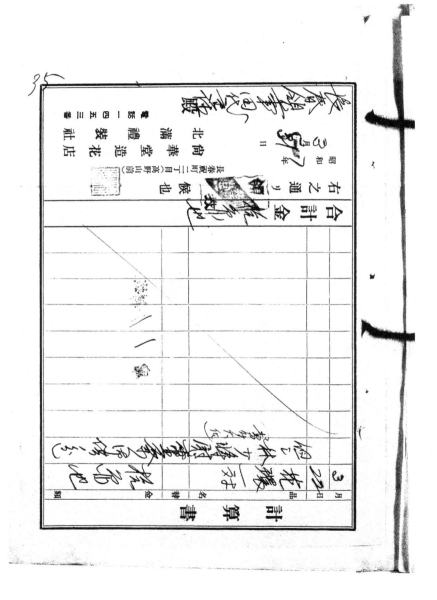

解説・満州事変と在中国日本公館——外交機密費史料の分析を中心に

小山俊樹

目次

一、近代日本の外交機密費について

今回刊行された『近代機密費史料集成Ⅰ　外交機密費編』（以下、本史料集）は、残存する戦前の機密費関係史料を写真版で公刊することで、これまで重要性を指摘されながらも、実証的に確認されることがほとんど皆無であった「外交機密費」の運用実態を、詳細に検討する手がかりを提供するものである。本解説の目的は、本史料集の内容に基づいて、戦前日本外交の情報活動の一端を紹介するとともに、戦前における外交機密費の使用実態および特徴について、若干の考察を加えることにある。

「外交機密費」（戦後においては、外務省報償費と呼ばれる）に関しては、二〇〇一年に発覚した約七億円の私的流用事件を契機に、首相官邸への上納、会計監査院の接待などが明らかとなり、近年注目を集めてきた(1)。同年の情報公開法制定、およびその後の報償費の内部監査実施の決定などによって、外交機密費の私的流用防止策は講じられた。だが円滑な行政運営に支障が出ることを理由に、機密費監査の実態は外部に公表されておらず、さらに関係文書の保存も五年に限られたことにより、外部から実態を把握することはほとんど不可能となった。

「外交機密費」の使途が、外部に対して例外的に秘匿される理由とは、本来であれば各方面にわたる情報活動の源泉として該資金が利用されており、現今の外交・行政活動に支障を来すおそれがあるからに他ならない。ただし多くの国で機密文書の一定年限後の開示が定められており、情報活動といえども歴史的検証を妨げる理由は乏しい。とりわけ戦前期まで遡った検証であるならば、現今の行政運営に支障を与えるおそれは少ないはずである。外交公電や通信情報の源泉となる、各種の外交情報活動の実態を史料的に示すものとして、機密費使途を詳細に記した本史料集の分析は、一定の意義を有するであろう。

他方で、歴史学分野における戦前期の機密費研究は、これまで伊藤隆氏、檜山幸夫氏らによる陸軍機密費史料の紹介や、佐々木隆氏らによるメディアとの関連性の指摘、前田英昭氏による議会議事の研究、大前信也氏の昭和期陸軍を対象とした予算編成の研究などを中心に、その解明が進められてきた。[2] 筆者も戦前の内閣機密費史料を紹介して、その特徴を明らかにしたことがある。[3] だが史料的な制約は未だに大きく、より多くの実証例が必要とされている。特に機密費を用いた戦前外交官の具体的な情報活動については、その実態はほとんど明らかになっていない。

もちろん戦前外務省の場合に限らず、日本において機密費の使途が明らかになることはそれほど多くない。機密費の詳細を公的な記録上から確認できる場合さえも稀である。しかし、すでに公開されている史料を検討することによって、いくつかの点を明らかにすることはできる。そのひとつは、各年度予算に計上された年額の推移である。

外務省所管予算内の「機密費」費目は、基本的に年次につれて増額する傾向にあるが、その予算額の変化からも、いくつかの特徴を読み取ることができる。予算を査定する議会が発足した明治二三（一八九〇）年当時、外務省機密費の総額は四万円であった。初期議会における政府と民党の衝突のなかで機密費は中心議題の一つとなり、明治二六年度に年額三万円へと削減されるが、その後再び増額に転じた。外交機密費が大幅に増額されたのは大正九～一〇年のパリ講和会議に向けた折りのことで、年額三〇〇万円にまで膨張する。その後は次第に削減されるが、満州事変後に再び増加に転じて、昭和一六年度には二〇〇万円に近づく（表1）。後述するように、満州事変後の機密費は本省の一般会計予算から「臨時事件費」「臨時軍事費特別会計」に財源を移していくため、各年度の予算は必ずしも実態を表わす数字ではないが、国内外の政治外交の状勢変化とともに、機密費の増減も規定されてきたことがわかる。

それでは、外務省機密費の使途は、どのようなものであったか。予算書において、外務省の機密費項目は明治四二年度予算まで「在外公館」に含まれている。これは明治期の外務省における外務省機密費が、原則として国外の外交官による情報活動に使用すると位置づけられていたことを表している。だが、機密費の使途は「交際費」とほとんど区別のつかないものが多く、また時代が下るにつれて、在外公館のみならず本省にも機密費が配分されるようになっていく。

この点について、政治評論家の山浦貫一は、次のように記している。

表1　外務省機密費各年度予算額推移

予算年度	機密費予算額	予算年度	機密費予算額
明治23年度	40,000	大正６年度	340,000
明治24年度	40,000	大正７年度	410,000
明治25年度	40,000	大正８年度	410,000
明治26年度	30,000	大正９年度	410,000
明治27年度	30,000	大正10年度	3,000,000
明治28年度	30,000	大正11年度	3,000,000
明治29年度	60,000	大正12年度	2,500,000
明治30年度	80,000	大正13年度	2,500,000
明治31年度	130,000	大正14年度	1,586,457
明治32年度	200,000	大正15年度	1,586,457
明治33年度	200,000	昭和２年度	1,586,457
明治34年度	200,000	昭和３年度	1,586,457
明治35年度	200,000	昭和４年度	1,450,000
明治36年度	200,000	昭和５年度	1,450,000
明治37年度	200,000	昭和６年度	1,154,500
明治38年度	200,000	昭和７年度	1,154,500
明治39年度	200,000	昭和８年度	1,529,500
明治40年度	300,000	昭和９年度	1,439,068
明治41年度	300,000	昭和10年度	1,501,374
明治42年度	400,000	昭和11年度	1,501,374
明治43年度	400,000	昭和12年度	1,482,460
明治44年度	400,000	昭和13年度	1,508,824
明治45年度	400,000	昭和14年度	1,647,438
大正２年度	400,000	昭和15年度	1,882,233
大正３年度	400,000	昭和16年度	1,935,479
大正４年度	400,000	昭和17年度	1,458,442
大正５年度	340,000	昭和18年度	930,021

『明治大正財政史』『帝国歳入歳出予算』より作成
（昭和19年度以降は予算科目消滅）

〔外務省の〕機密費は、海外駐在の大公使、領事などに分けられること、外務大臣が二十萬圓、情報部が約二十萬圓貰ふ。大公使たちは、これを交際費に使ふ。尤もその交際たるや…夜會をやつたり、舞踊會を催したり、兎に角利目のあることを目標として、併も出鱈目に使ふのである。外務大臣用の二十萬圓これは多く次官委せである。…多くは接待費に使はれる。…何しろ交際官廳のことだから、いろ〳〵と使ひ道があることは想像外である。(4)

山浦は、田中義一内閣の外務政務次官として知られる森恪の秘書官を勤めた経験を持ち、外交機密費の支出について知るところが多かった。その言によれば、外務省の機密費は在外公館の大公使・領事のほか、外務大臣・本省情報部などに配布され、その中心となる使途は接待費であるという。もちろん接待という業務のなかに、情報蒐集という面があることは否定できない。直接の資金配布よりも、交際（宴会）を通じて情報を得るという外交官の意識は、現在においても同様の面がある。(5)

だが、外交官の接待の場所はどこで、相手は誰であったのか。また接待費以外の用途、例えば対外情報活動には、本当に使用されなかったのか。このような疑問に応えるだけの検証は、具体的な史料に基づかない評論家の言辞だけでは不可能である。

そこで本史料集は、外務省外交史料館に所蔵されながら、従来ほとんど利用されなかった戦前期の外交機密費史料である「満洲事件費関係雑纂」(6)を公刊することで、機密費を用いた情報活動の実態を探るとともに、戦前在外公館における機密費運用を実証的に考察する基礎を築くことを試みたものである。わずかに残された領収書と、それに伴う往復電信が、困難な機密費分析の手がかりを与えるものになったのである。

表2　機密費関係消失文書

分類番号	簿冊名
8.4.5	『宴会費関係雑纂』『天長節祝宴関係雑纂』『御大礼祝宴費関係雑纂』
8.4.6	『機密金関係雑纂』『海外機密金支出命令書』『本省機密金増額方請求一件』『別途機密金書類　附支出回議領収証』『英国人「カライアット」並「マクドナルド」清国内情探偵費給与ニ関スル交渉一件』『歳出計常部外務省所管機密費書類』『機密金毎月報告書　附二七年度朝鮮事件費』『韓国ニ於ケル本邦兇漢取調ノ為機密費支出関係雑纂』『欧州列国機密的行動探偵ノ為機密費支給方在伊帝国公使ヨリ稟申一件』『奉天居留民会寄附金トシテ機密金支出一件』『倉知参事官統監府書記官兼任中預リタル機密金関係雑纂』『清国革命動乱ニ関シ機密費支出一件』『各国機密費関係雑纂』
8.8.5	『機密費支出回議書 大正九年度臨時部』『同 経常部』『同 大正十年臨時部』『同 経常部』
A.1.0.0	『秘密諜報買収関係雑纂』『諜報者及補助金支給嘱託者関係雑件 本邦人ノ部』『同 外国人ノ部』
O.4.5.0	『宴会費関係雑纂 在欧各館』『同 在米各館』『同 在亜細亜、南洋各館』『同　在満支各館』
O.4.6.0	『機密費関係雑纂 在欧各館』『同 在米各館』『同 在亜細亜、南洋各館』『同　在満支各館』
O.4.9.0	『〔居留民取締費関係雑件〕機密費関係』『同 在外本邦人調査費関係』
O.6.2.0	『〔満州事件費関係雑纂〕機密費関係 在欧各館』『同 在米各館』『同 在亜細亜、南洋各館』『北支事件費関係雑纂 機密費関係』

『外務省外交史料館所蔵外務省記録総目録　戦前期　別巻』より作成

二、外務省外交史料館蔵「満洲事件費関係雑纂」について

本史料集に収録した外交機密費史料とは、外務省外交史料館が所蔵する「満洲事件費関係雑纂」内の機密費関係文書である。戦前外務省では他の部局と同様に、機密費支出に関する文書は部外には開示しないが、部内では使途確認のために保存されていた。機密費といえども支出責任者は交付先から領収書を取り、本省に送付報告する義務が課されていたのである。しかし機密費の性質上に起因するものと推測できるが、ほとんどの記録類は敗戦を機に失われたと考えられる。外務省の消失文書リストには、機密費およびそれに関係すると推測される文書名が掲載されている（表2）。これによれば、外務省の関係した宴会費、海外での活動費、諜報者・情報提供者への支出、世界各地の在外公館の機密費支出などの記録が作成され、

表３　満洲事件費各官庁別予算推移（単位＝千円）

	昭和六年度	昭和七年度	昭和八年度	昭和九年度	昭和一〇年度	昭和一一年度	昭和一二年度
外務省	5,119	13,117	6,560	4,412	4,179	3,675	2,860
大蔵省	—	—	—	1,415	607	568	—
陸軍省	48,485	185,989	168,059	141,569	168,892	188,510	252,057
海軍省	22,729	79,030	21,602	11,652	9,937	14,392	11,607
逓信省	—	74	50	—	—	—	—
関東局	691	3,125	3,753	3,309	2,983	3,210	2,110
朝鮮総督府	134	787	1,335	1,026	840	908	—
総計	77,160	282,124	201,361	163,384	187,440	211,267	268,635

『昭和財政史』『歳入歳出総決算』より作成
（千円未満切捨のため総計は各年度の合計値と異なる）

そのほとんどが消失したことが分かる。

この中で唯一、残存が確認された機密費関係の文書群が、「満洲事件費関係雑纂　機密費関係　在満支各館」（O.6.2.0.1-1-4）に分類される、二四点の簿冊である。内訳は、事件関連費用についての往復電信などを綴じた文書綴（以下「本冊」）が一点、および在中国の日本公館が本省に送った機密費受払報告書（受払簿・領収書など）の綴（以下「別冊」）が、昭和六年度が一点、昭和七年度が五点、昭和八年度が八点、昭和九年度が六点、昭和一〇年度が二点、昭和一一年度が一点である。残念ながら全在中国公館について、満洲事変期の全ての期間分が完全に揃うわけではないが、外交機密費に関してこれだけまとまった形で残された史料群は、他に例を見ない。

一九三一（昭和六）年九月一八日の柳条湖事件を契機として、満州事変が勃発した。それにともない、陸・海・外などの各省庁には巨額の「満洲事件費」が交付された。本史料群は、この「満洲事件費」に含まれる外務省機密費の使途を記録したものである。「満洲事件費」は先に紹介した各年度予算の機密費額には含まれない、「臨時事件費」による支出である[7]。当初は局地的事件として考えられた満洲事変について、政府は第二予備金で対応する方針であったが、戦火の拡大によって経費は増大し、犬養毅内閣は三度の緊急勅令を発して約七千万円の追加予算を計上した。このとき審査した枢密院議長の倉富勇三郎は、追加予算の機密費が占める割合が高いことについて「兎に角、機密費と云ふことかいやなものなり」と懸念を示し、荒木貞夫陸相に「全体か機密費と云ふことも、兎角疑惑を生し易きことなり」と苦言を呈したほどであった(8)。「満洲事件費」の予算額は（表3）の通りである。昭和七年度には二億八千万円を超える経費が計上され、それ以降も関東軍の満州駐留費などを賄うために予算が組まれ、昭和十三年度以降に満州の兵備強化費用に限定されて、ようやく急減する(9)。外務省については、昭和七年度に約一三〇〇万円の予算があり、そのうち機密費の額は六三〇万円であった(10)。本史料集によって使途が判明した機密費予算は、この費目から支出されたものである。満州事変という非常事態のなかで、当時の在外公館が情報活動をいかに考え、どのように機密費を使用したかが分かる点で、きわめて貴重な史料である。

そこで本史料集では、「満洲事件費関係雑纂」のうち、以下のものを写真版で収録した。①二三点の「別冊」に編綴された、在中国公館より本国に送付された機密費受払報告書のうち、支出先・日付・金額をリストアップした「受払簿」の全て。②「本冊」に編綴された、本省と在中国公館の往復電信のうち、満州事変直後の様相などを伝えるものを中心とした未公刊の史料。③機密費受払報告書に、証憑として添付された領収書原本のうち、昭和六年度の日本公使館および上海・ハルピン・長春（のち新京）各公館のもの(11)。①は第1～6巻に、②・③は別巻に収めた。

本史料集にて使用が確認された機密費の金額を、在外公館および時期毎にまとめたものが（表4）である。以下では、特に満州・上海の在外公館における本史料集の内容を取り上げて、従来知られていなかった外交官の情報活動と、その資金面からの具体的な検討を行いたい。

昭和九年度				昭和一〇年度				昭和一一年度			
一期	二期	三期	四期	一期	二期	三期	四期	一期	二期	三期	四期
—	—	—	—	—	0.00	—	—	—	—	—	—
5,251.80	6,790.85	8,920.87	4,521.76	4,799.51	6,027.23	10,512.76	—	—	—	—	—
—	—	—	—	—	—	—	—	—	—	—	—
(銀替)	1,308.00	225.62	(銀替)	(銀替)	(銀替)	—	96.59	—	—	—	—
—	—	—	—	—	—	—	—	—	—	—	—
—	—	—	—	2,400.00	2,400.00	—	2,400.00	—	—	—	—
—	2,888.49	(宴会費・雑費)		1,571.79	1,568.78	388.58	781.15	—	—	—	—
3,920.34	432.86	837.67	1,279.36	1,390.77	—	1,009.40	656.44	—	—	—	—
—	—	—	—	—	—	—	—	—	—	—	—
503.63	442.19	1,016.62	—	0.00	392.40	—	—	—	—	—	—
907.43	—	—	—	—	—	—	—	—	—	—	—
—	—	—	—	—	—	—	—	—	—	—	—
0.00	0.00	0.00	0.00	0.00	0.00	0.00	0.00	—	—	—	—
—	—	—	—	—	—	—	—	—	—	—	—
568.20	—	616.56	286.10	—	—	—	—	—	—	—	—
43.00	—	—	—	—	—	—	—	—	—	—	—
—	—	—	—	—	—	—	—	—	—	—	—
900.00	900.00	900.00	900.00	—	—	—	—	—	—	—	—
30.00	32.00	500.00	127.52	228.00	214.40	470.36	—	221.88	623.20	940.23	603.10
1,683.89	2,562.60	1,487.41	491.71	54.00	—	—	23.68	—	—	—	—
1,050.00	1,080.00	1,050.00	150.00	—	—	—	—	—	—	—	—
571.21	413.04	300.00	15.75	573.32	573.29	148.29	105.10	1,215.12	953.80	197.38	763.70
983.65	689.08	525.09	709.52	299.60	163.20	—	—	396.91	907.05	—	—
—	—	—	—	—	—	—	—	1,480.00	—	—	—
—	—	—	—	—	—	—	—	—	—	—	—
—	—	—	—	—	—	—	—	—	—	—	—
—	—	—	—	—	—	—	—	—	—	—	—
—	—	—	—	—	—	—	—	—	—	—	—
95.00	260.00	200.00	180.00	180.00	95.00	—	—	—	—	—	—
185.65	535.71	552.36	250.68	—	—	—	—	—	—	—	—
—	—	—	—	—	—	—	—	—	—	—	—
—	—	—	—	—	—	—	—	—	—	—	—
—	—	—	—	—	—	—	—	—	—	—	—
—	—	—	—	—	—	—	—	—	—	—	—
1,791.78	1,080.59	1,066.18	1,341.37	558.56	238.43	—	255.08	—	—	—	—
—	—	—	—	—	—	—	—	—	—	—	—
—	—	—	—	—	—	—	—	—	—	—	—
160.80	212.50	186.90	339.80	10.00	10.00	61.00	50.00	—	—	—	—
—	—	—	—	282.00	285.90	318.70	273.55	—	—	—	—
264.29	399.18	99.08	23.00	133.95	59.50	79.90	180.08	—	—	—	—
—	—	—	—	—	—	—	—	—	—	—	—
195.00	—	—	—	—	—	—	—	—	—	—	—
—	—	—	—	—	—	—	—	—	—	—	—
—	—	—	—	—	—	—	—	—	—	—	—
121.00	129.00	125.00	125.00	—	—	—	—	—	—	—	—
—	—	—	—	—	473.65	325.85	75.90	—	—	—	—
—	—	—	—	—	—	—	—	—	—	—	—
—	—	—	—	—	—	—	—	—	—	—	—
180.00	180.00	180.00	180.00	—	—	—	—	—	—	—	—

表 4　満州事件費外交機密費支出額（公館・期間別）

在外公館名	貨幣	昭和六年度	昭和七年度				昭和八年度			
		四期	一期	二期	三期	四期	一期	二期	三期	四期
満洲国大使館	金円	—	7,817.26				—	—	—	—
民国公使館（銀弗）	銀弗	14,192.42	6,580.11	4,356.47	3,669.58	4,348.55	4,661.57	2,903.32	—	1,170.86
民国公使館（特別弗）	銀弗	—	—	—	14,765.00	2,766.00	9,900.00	7,320.00	21,293.15	13,787.13
民国公使館（金円）	金円	13,076.10	500.00	1,000.00	360.00	520.00	8,000.00	（銀替）	（銀替）	（銀替）
民国公使館（特別円）	金円	—	—	—	—	1,700.00	（銀替）	（銀替）	—	—
民国公使館（情報施設機関）	銀弗	—	—	—	4,901.88	22,461.04	21,657.12	21,699.90	25,082.04	21,642.25
民国公使館（他）	銀弗	—	—	—	3,739.80	2,329.05	2,122.27	520.30	3,445.53	1,249.63
上海総領事館	銀弗	4,583.22	2,783.80	2,851.97	3,476.65	—	2,989.37	198.08	2,690.07	672.30
	金円	—	—	3,100.00	—	—	（銀替）	—	—	—
天津総領事館	銀弗	—	4,352.69				1,461.84	2,548.65	2,125.47	2,595.54
福州総領事館	銀弗	—	1,693.98				100.00	1,100.46	1,219.98	607.22
	金円	—	50.00	320.00	35.00	105.00	105.00	105.00	105.00	140.00
漢口総領事館	銀弗	406.00	2,033.40	1,601.19	323.05	516.36	0.00	0.00	0.00	225.00
広東総領事館	香弗	1,801.70	1,220.00	775.00	—	—	—	—	—	—
済南総領事館	銀元	600.00	300.00	1,330.00	1,147.95	—	645.00	1,075.00	1,199.50	770.00
	金円	—	—	—	—	—	—	—	—	—
青島総領事館	金円	656.90	2,832.85				—	—	—	—
青島総領事館（情報部機密金）	銀弗	1,800.00	900.00				900.00	900.00	600.00	1,200.00
新京総領事館	金円	1,098.30*	2,324.82	1,355.52	2,042.46	413.45	631.23	205.00	80.00	60.00
ハルピン総領事館	金円	3,324.92	4,131.50	950.68	1,476.02	—	1,865.12	3,302.76	1,616.41	1,763.85
奉天総領事館	金円	990.00	—	5,070.70	3,001.26	—	1,791.16	1,618.15	800.00	600.00
吉林総領事館	金円	345.09	—	—	2,885.34	—	1,345.08	1,475.50	667.32	—
間島総領事館	金円	—	—	—	—	—	1,029.17	513.98	1,675.46	821.36
南京総領事館	銀弗	2,181.52	—	—	—	—	—	791.55	945.84	—
芝罘領事館	金円	—	—	—	—	—	280.10	66.83	—	—
厦門領事館	銀弗	2,419.67	—	—	—	—	916.00	1,483.35	1,604.80	3,690.00
	金円	—	—	—	—	—	100.00	0.00	100.00	235.51
蘇州領事館	銀弗	—	—	—	—	—	50.00	—	—	—
汕頭領事館	金円	20.00	—	—	—	—	129.85	216.00	285.00	595.79
営口領事館	金円	—	—	—	—	—	—	—	0.00	574.99
安東領事館	金円	400.00	867.71				—	—	—	—
鉄嶺領事館	金円	655.00	510.00	715.00	720.53	167.29	—	—	—	—
遼陽領事館	金円	—	682.00	160.00	242.90	144.80	400.00	—	—	—
チチハル領事館	金円	409.25	546.78	240.62	1,198.33	523.10	75.75	—	—	—
満洲里領事館	金円	217.10	219.12	—	—	533.90	734.47	277.37	130.21	733.71
張家口領事館	銀弗	—	455.75				191.45			
	金円	—	115.00				—	—	—	—
鄭家屯領事館	金円	958.03	221.21	70.09	112.10	137.74	0.00	204.44	0.00	—
錦州領事館	金円	—	2,639.64				388.65	490.70	676.20	606.40
新民府分館	金円	1,183.45	393.30	197.00	180.50	343.69	225.00	396.10	—	—
局子街分館	金円	292.43	1,274.70				244.21	181.00	108.00	146.95
頭道溝分館	金円	—	516.45	—	250.00	—	—	—	—	—
琿春分館	金円	—	165.00	58.00	120.00	157.00	—	—	—	—
農安分館	金円	52.80	142.24	0.00	0.00	0.00	—	—	—	—
掏鹿分館	金円	420.00	305.00	75.00	—	—	—	—	—	—
延吉分館	金円	—	—	—	—	—	—	—	—	—
海龍分館	金円	332.00	170.00	279.50	220.68	—	—	—	—	—
百草溝分館	金円	205.60	223.40	56.00	167.10	0.00	—	124.75	64.60	10.65
敦化分館	金円	—	—	—	—	—	—	—	—	—

＊昭和 6 年度は長春領事館

（注）貨幣単位は（円—銭）または（弗—仙）

（注）一～四期は、各年度 4 月～翌年 3 月の期間を 3 ヶ月毎に区分した期間

（注）—は史料欠落あるいは機密費未使用等の理由で不明

（注）（銀替）は支出金が全て銀に両替されたことを示す

三、満州事変期の外交機密費I―在満州公館の場合

（一）ハルピン総領事大橋忠一の機密費要求

満州事変勃発後、第二次若槻礼次郎内閣の不拡大方針にも拘わらず、事変は拡大を続けた。昭和七年三月には溥儀を執政とした「満洲国」が成立し、東三省（奉天・吉林・黒龍江の各省）は日本の主導により、国民政府から独立した。だが事変の経過を見れば、関東軍が圧倒的な軍事的優勢を保っていたように思われがちであるが、日本の勢力下に入った経験のない北部満州地域などでは各地で反乱が勃発し、居留民などに被害が発生していた。そのためロシアの勢力圏と近接するハルピン（哈爾賓）では、総領事大橋忠一が本国に向けて、情報関係費用として「機密費」の増額を求める電信をたびたび発していた。

九月二七日、大橋は本国に向けて、警察事務補助の名目で十名の雇用を申請し[12]、十月八日には再度の督促も行なっている[13]。このとき大橋は、警備によって人心も落ち着きつつあるが、もし事態が切迫すれば「武装警察官」の派遣はむしろ中国側を刺激して危険のため、その場合には「万難ヲ排シ派兵アル様」と出兵を強く求めている。それとともに、領事館警察は義勇隊と協力して「事件発生以来日夜警備ニ当リ疲労甚シキ」ため、警官補充の件を「至急御詮議」願うと述べている[14]。これに対して、幣原外相は一〇月九日に「差當リ一ヶ月間」の条件で雇用を許可し、費用は「在外國居留民臨時保護取締費」より送金して、予備費が出た後に「振替整理」するように指示している[15]。

こうしたなかで一〇月一五日、大橋の要望は情報活動に及び始める。大橋は、中国およびロシア側の内偵を進めるために「有力ナル諜報網ニヨリ之ヲ補足スルノ外途ナキ状況」であるが、そのためには「相當報酬ヲ與フルニアラサ

レハ有力ナル諜者ヲ求メ難キ事情」があるとして、状況の安定を見るまで「臨時警察諜報費」月額三〇〇円の増額を要求した[16]。

さらに一〇月二一日、大橋の電信が幣原喜重郎外相に宛てて届けられた。

最近北満地方ハ満洲時局ノ中心トナリ状勢益々複雑化シ、從來支給セラレ居ル機密費ニテハ情報蒐集等ニ差支アルノミナラス、事件後北滿事情調査ニ來往スル内外人頻繁ニテ應接ニ暇ナキ有様ナルニ付、時局安定迄一ヶ月三百圓ノ高、一般情報機密費トシテ至急御支出相成タシ[17]。

大橋は、時局安定に至るまでという限定付で、中露側を内偵する人員を雇う「諜報費」を要求していたが、ハルピンへの来訪者を応接するための費用を欠くことに思い至り、一ヶ月につき三〇〇円の機密費支出を要求したのである。情報蒐集のみならず、国内外の来訪者に対する応接費用としての外交機密費の性格の一端が見える。

ところが、機密費支出の要望を受けたはずの幣原喜重郎外相は、この電信を黙殺したようである。機密費は一旦交付された場合、残額を翌年度に繰越すことが可能であり、その運用は報告のみで基本的には自由である。ただし各公館に配布された機密費の残額が無くなれば使用できず、機密費の新規交付には外務大臣（次官）の承認が必要であった。そして理由は不明であるが、大橋の機密費支出の要望は、幣原外相に認められなかったのである。

しかし事変から三ヵ月後、第二次若槻内閣は協力内閣運動による閣内不一致で総辞職し、一二月一三日に犬養毅内閣（外相は犬養首相兼摂、のち芳澤謙吉）が成立した。そこで大橋は二三日、再度機密費の増額を申請する。

十月十五日附機密第一一五七號ヲ以テ申進シ置キタル時局用警察用機密費ニ付テハ、未タ御考慮ヲ得居ラサルモ、現在ノ時局ニ鑑ミ日支警察機關ノ密接ナル聯絡ハ在留民保護取締上至大ノ影響アルノミナラス、今後一層警察事務ノ煩雑ヲ豫想セラルルニ際シ執行ノ目的達成上支那側機關ノ懐柔ハ最其必要ヲ感セラルル處ニシテ、從來機會アル毎ニ利用シ極メテ圓滿ニ接觸ヲ保チツツアル處、現下政情漸ク安定シ新政權ノ施政其緒ニ就カントシ、我方亦新政策ノ實施ニ着手セントスル重要時期ニ於テ、一層警察機關ノ聯絡及懷柔ニ努メ度。就テハ特別御詮議ノ上、今回ニ限リ金三百圓ノ高、警察用一般機密費トシテ至急御電送ヲ請フ。[18]

大橋は幣原への要望と同様に、機密費を満州の現地警察との円満な連絡・懐柔に使用すると強調した。さらに大橋は翌二四日付の後便にて、ハルピンが「赤露ノ赤化運動竝中國共產黨北滿特委等ノ策源地」となっている旨を報告し、内偵のための情報員を「一人月額四十圓トシテ」六名採用することも要求した。[19] この要求に対して、犬養外相は一二月二八日付返電で「機密費ノ支出ハ詮議出來兼ヌルモ」、本来は二ヶ月分六〇〇円の警察増員の費用を九〇〇円とし、これを「滿洲事件費ノ款項渡切費ノ目ヨリ電送」するので、適当に措弁せよと通達した。[20] そこで早速、ハルピン領事館は六名の情報員（日本人一名、朝鮮人二名・中国人二名・ロシア人一名）を雇用し、諜報活動に従事させた。[21] 内地における政権交代と政策転換によって、在外公館はようやく情報活動のための機密費支出を認められたのである。

大橋は昭和七年二月に総領事を離任し、三月に成立した満洲国の外交部次長となった。[22] ここで大橋は、ハルピン総領事館の部下であった杉原千畝らを招いて、新国家の外交活動を開始した。昭和七年一〇月五日、同領事館の機密費に「杉原千畝渡調査費」として二〇〇円の支出が確認されるのは、こうした経緯が関係していると思われる。[23] 杉原は満洲国高等官として在籍するが、昭和一〇年七月に日本外務省へ復帰している。

事変勃発時に奉天領事（昭和六年一二月に総領事正式就任）であった森島守人は、大橋の事変に対する姿勢について「事件發生當初から、北滿出兵論の急先鋒で、いろいろ外務省とのあいだに摩擦を起していた」としている。[24] 大橋と幣原の対応方針は乖離しており、両者の信頼関係の厚薄も、あるいは機密費支出の是非と関連したのかもしれない。また、大橋の人物像について、森島は「人情味に富んだ男氣の性格で、理窟よりは、人情や義理に動かされることが多く、霞ヶ關には稀な存在であった」と述べている。[25] しかし事変期の在満州公館のなかで、大橋のようなタイプは珍しかったようだが、機密費を重視していた外交官は大橋だけではなかった。満洲国へ転出した大橋よりも長期にわたって日本公館にあり、積極的に機密費を督促・活用して、情報外交に意を用いた外交官も存在したのである。それは大橋を「人情味に富んだ」と評した、森島自身であった。

（二）奉天総領事森島守人の機密費要求

柳条湖事件の発生時、駆けつけた森島領事が特務機関の花谷正少佐に軍刀を抜いて威嚇されたことは、事変史の一齣としてよく知られたエピソードである。また奉天総領事であった林久治郎も、事変と関東軍の行動に対して度々中止を要請していた。[26] だが両名が事変に伴う外交機密費の支出に消極的であったかといえば、そうではない。むしろ事変の拡大を前に、関東軍に批判的な態度をとればこそ、機密費を使用する必要があったのである。そのことを示す史料のひとつが、林総領事の名義で送られた、ハルピン領事館への機密費交付を懇請する次の電信である。

事變後特別ノ御配慮ニ依リ當館ニ對シテハ特ニ機密費御送付アリタルモ、他ノ在滿各館ニ於テモ軍部滿鐵等トノ接觸又ハ情報ノ蒐集等、時局ニ關聯シ特別經費ノ必要アリト存セラルル處、特ニ哈爾賓ハ時局ノ發展ニ伴ヒ今後益々重要ノ度ヲ加ヘツツアリ。最近同地ヨリ歸來セル「アーベンド」ノ談ニ依レハ、同地ハ土地柄支那側ノ宣傳猛烈ヲ極メ、比較的正鵠ナル情報ハ獨リ日本領事館ヨリ入手シ得ルカ如キ事態ナル趣ニテ…之カ經費等ニ關シテ本省ニ於テモ特ニ御配慮ヲ加ヘラルルコト肝要ト思考ス[27]

この電信は、奉天総領事館が本省より機密費交付を受けたことを踏まえて、ハルピン総領事館に対しても機密費を送付するよう要望するものであった。ハルピンにおいて軍部・満鉄との接触が必要なこと、中国側の宣伝活動が激しさを増していることが、その理由として挙げられている。陸軍との接触に関しては後述に譲るとして、中国側の宣伝活動は、実際に幣原外相も「政府ノ代表者迄カ殆ト常識上考ヘラレザル捏造説ヲ平然流布シ居」ると認識するほどの状況であった。[28] 現地の公館は機密費の存在を、中国の情報活動に対抗するための原資として必要不可欠と認識していたのである。

　ところで同電はハルピンへも転送されていることから、この要請が大橋ハルピン総領事と連携した動きであったことを窺わせる。さらに発信された一一月一三日は、林に替わって森島が総領事代理に就任した日である。あるいは、同電は森島の主導のもと作成された文書である可能性も高い。後述するが、その理由は、森島が機密費の使途に対して積極的な方針をもち、満州における外務省の情報活動をリードしていたことを示す史料の存在にある。

　事変当時、奉天領事館は在満公館の中心的役割を担っていた。そして機密費運用の面から見れば、奉天領事館は所持する機密費を在満各公館に配布する機能を持っていた。たとえば昭和七年一月二二日、森島は「國民府員檢擧ニ關シ機密費金二千圓ノ高」を本省より受領した。ただしこの二〇〇〇円は、本来「全部之ヲ通化分館分ニ充當スヘキ」ものであったが、逮捕には海龍分館も関わっていたため、森島は二〇〇〇円の内から三〇〇円を同館に分配し、その措置の追認を芳澤謙吉外相に求めている[29]（二月一三日付で追認）[30]。また昭和七年八月二六日、新民府分館より本省に宛てた電信では、同館は本省から受領した機密費八〇〇円の他に、「在奉天森島領事ヨリ金壹百五拾圓也、新聞記者繰《ママ》縦費トシテ轉交付ヲ受ケ」たとある。それでも同館の土屋波平主任は、金額を清算した際の総額が莫大にのぼり、「之レヲ自辨スルハ小官ノ堪ヘ難キ次第」として追加交付を懇願している。[31] さらには、昭和八年二月九日、錦州領事館発の電信には、前年六月一三日に「在奉天森島總領事代理経由、本件費用御支出方稟請致置タルモ、其後何レヨリモ何等御囬示ニ接セサル次第」として、機密費の交付がない現状を、直接に本省へ問い合わせる内容のものもあった。[32]

このように、事変期の在満州公館のなかでも、他の公館・分館に不足しがちな機密費を充填し、これを本省に要求する中心的役割を果たしたのは、森島奉天総領事であったことは確かであろう。

それでは、森島は外交機密費の支出について、どのように考えていたのか。昭和七年一二月に、奉天からハルピン総領事に異動した森島は、昭和八年一一月六日、本省に一万円の機密費交付を要請した。同電のなかで、森島は機密費の使途を詳細に綴っている。長文であるが貴重な史料であるので、一部を引用する。

事件機密費支出方稟請ニ關スル件

…北滿ノ中心都市タル當地ノ實情ハ左記ノ通リナルニ付…更ニ金壹萬圓至急御送付相成度、此段稟請ス

一、宴會招待關係費

從來…宴會費ハ月額百圓ニ過キス、右ノ如キハ所要宴會招待費ニ對シ、九牛ノ一毛ト云フモ過言ニ非ス

（1）對滿關係　…從來ニ於テハ交渉ノ相手ハ大体外交部特派員ノミニ局限セラレ居タルモ、事變後ノ現在ニ於テハ右以外、警察廳、特別區長官公署、北滿鐵道（「ソ」聯並滿側ノ双方）、市公署等各種ノ機關ト直接々衝スルノ要アル關係上、滿人關係宴會費モ從來ノ幾層倍ニ增加セリ

（2）對軍關係　…當館並當館警察トシテハ、治安問題ニ關シ軍側ト密接ナル連絡ヲ持スルノ必要アルハ當然ノ處、憲兵ト警察トハ權限上兎角對立的關係ヲ生シ、延キテ一般館務ニ累ヲ成スノ懸念アルヲ看取シタルヲ以テ、憲警下級者ノ常例的會見ヲ設クル等ノ方法ニ依リ、感情ノ融和ヲ計ルニ努メタルカ多大ノ効果アリタリ…

（3）旅行視察者關係　…來訪視察者ニ對シテハ、夫夫地位身分ニ應シ當館ニ於テ滿人側要人等トノ會見ノ機會ヲ設クルコトハ、我對滿政策上有形無形ノ利益鮮少ナラサルモノアリ。殊ニ外務省外ノ邦人有力者ニ對シ此種ノ機

會ヲ與フルコトハ、間接ニ外務省ニ對スル理解ヲ進ムル上ニ效果アル處…

（4）領事團其他外人關係　當地ニハ十五ヶ國ノ外國領事駐在シ…滿洲國ノ現情ニ鑑ミ常ニ啓發宣傳等ノ實蹟ヲ擧ケントセハ、平素外國人側トノ交歡ノ機ヲ多クシ、當館員トノ間ニ感情ノ融和ヲ計リ、以テ意思ノ疏通ニ資シ置クコト肝要ナル處…

（5）滿洲國側ト外國側ノ連結關係　…外國領事トシテハ、實際上ノ問題ニ關シ當地方滿洲國官憲ニ折衝スルノ必要多キニモ不拘、兎角直接折衝ヲ避ケ…機會アル毎ニ兩者ノ接近ニ直接間接努メツツアル次第ナリ

二、諜報關係費

（イ）諜報事務　哈爾賓ハ…諜報宣傳戰ノ戰場タルカ如キ觀アリ…蘇聯總領事館ノ諜報費ノ莫大ナルハ勿論、米國總領事館ノ如キモ年額二萬弗以上ノ諜報費ヲ以テ…

（ロ）新聞關係　…當地方ニ於ケル十數種ノ英露字新聞ニ對シテモ常時接觸ヲ保チ、之カ善導ニ努ムルコト肝要ナリ。更ニ當地ノ邦字紙ハ未タ田舍新聞ノ域ヲ脱セサルニ…當館トシテモ、邦字紙ノ指導ニ多大ノ努力ヲ要スル次第ナリ

三、慈善教育宗教關係方面寄附金〔略〕

四、本邦側新規事業ノ進出〔略〕(33)

森島の意見書において、機密費の使途は二つに大別されている。第一は、宴会・接待費用への充当である。満洲国・関東軍・旅行視察者・領事団などの外国人、また満洲国と他国の接点となる宴会など、ここでは対外・対内を問わない接待の必要性が強調されている。すなわち、外国人に対しては既成事実としての満洲国の成立を認めさせるため、

そして「省外」の日本人には「外務省ニ對スル理解ヲ進ムル」ために、機密費による接待は重要であった。

注目すべきは、森島が特に関東軍との融和に気を遣っている点である。外務省警察と憲兵の関係が「兎角對立的關係ヲ生シ」るため、在外公館の日常業務にも差し障ることも懸念されていた状況で、両者の融和をもたらす役割を担ったのが、機密費による官官接待であった。「多大ノ効果アリ」とされているから、軍人に対する接待の効用は体得済みであったのだろう。だがこれだけの宴会を主催するには、月額一〇〇円の宴会費では足りるものではなく、やはり機密費からの支出が不可欠であった。当時の実情を物語るものであろう。

第二に、諜報宣伝活動の費用としての活用である。日本の情報発信力は貧弱で、特にハルピンにおける情報活動では、ソ連はおろか、アメリカに対しても日本は劣勢だと森島は判断していた。このとき森島が一万円の機密費を請求したことも、在外公館としては思い切った額であったが、アメリカの諜報活動費ですら年額二万弗以上という現状を前に、彼我の格差を埋めたいとする意思があったのである。

在外公館が機密費を準備することによって、情報活動に従事する人員のスカウトが可能になった。たとえば昭和七年一月八日、張家口領事館は一名の情報員A（史料中に実名あり）を雇用する機密費三〇〇円を申請している[34]。Aは元憲兵の居留民で電気療養院を営んでいたが、事変発生によって失業し生計が途絶した。だがAの内縁の妻が中国人で省政府の要人とも接点があり、その情報は「他ヨリ入手シ難キモノ少カラス」と認められたため、警察事務補助という形式で雇用したという。金銭に困窮する有用な人材を、報酬によって継続的な情報協力者にできるという面で、機密費は情報活動にとって不可欠の要素でもあった。

さらに地元メディアの中心である新聞について、森島によれば日本字新聞は「田舎新聞ノ域ヲ脱セサル」ものであり、その育成は大きな課題であった。また他字新聞との接触も重要であった。反日的記事を執筆する新聞に対しては、直接的に圧力をかけるよりも、日常的な接点を保つことによって関係を深め、記者の理解を得るとともに反論の機会を持つことが有益である。あるいは、新聞買収の機会が訪れた際に、供給される資金源としても機密費は必要とされていた。

こうした情報活動がどのような成果を生んだかという、費用対効果については判断が難しいが、森島自身が挙げている事例として、「奉天總領事館ではハンソン〔米総領事〕が調査旅行中に打った電信全部の寫をあるチャンネルから入手していた」といったものがあった。(35) アメリカの在満公館は諜報活動の対象となっており、他にもハルピン米領事館から陸軍が盗聴、諜報その他の活動で情報を入手していたことは、いくつかの史料から窺うことができる。(36) 機密費の直接的成果であるかは定かではないが、情報活動の成果はある程度は上がっていたとも考えられるだろうか。

森島の人物像について、上海で情報活動に従事していた岩井英一書記官は、「森島は身体は小柄だったが中々度胸があり親分肌のところもあった。ただどこかに秀才が鼻にかかる点があり損をしていた。…酔うと必ず、岩井を使いこなせるのは外務省、人多しと雖も自分をおいて他にあるまいというのが口癖で中々の自信家でもあった」と述べている。(37) 大橋を「人情味に富んだ男氣の性格」と評した森島であったが、彼自身も「度胸」と「親分肌」の性格を持ち、かつ機密費を使用した情報活動を重視するという点で、当時の外交官としては希少な特性のある人物であったようである。

（三）機密費使途の具体例について

満州事変勃発以降の緊迫した情勢のなかで、在満州公館では相次ぐ反乱と軍事衝突、および居留民の保護や朝鮮農民の流入など、さまざまな事態に対応を迫られていた。昭和六・七年度の機密費は、警官への報酬のほか、関東軍へ

表5　昭和六年度ハルピン総領事館機密費支出（単位＝金円－銭）

年月日	金額	使途
070222	200.00	哈爾賓事件傷病兵慰問トシテ〔哈爾賓基督徒十字会〕
070301	100.00	哈爾賓事件鮮人被害者へ見舞トシテ〔四人香奠〕
070301	150.00	ギルボン渡シ諜報手当
061222	100.00	哈爾賓義勇隊へ事件慰労金トシテ〔在留民保護ニ当レル〕
070323	200.00	警察官慰労金トシテ〔不眠不休在留民保護ノ任ニ当レル〕
070204	200.00	日本民会渡シ避難民慰問金トシテ
070204	50.00	鮮人民会渡シ避難民慰問金トシテ
070325	103.30	ハンソン米国総領事饗応〔ハルピン武蔵野〕
070325	124.90	長岡〔春一〕大使及外国人側饗応〔ハルピン矢倉〕
070325	302.90	特務機関及軍部側饗応〔ハルピン武蔵野〕
070325	91.40	満洲国側要人饗応〔濱江新世界飯店〕
070325	66.80	警備員饗応
070325	40.00	ギプ〔ブ〕ソン諜報手当
070330	300.00	芥川署長渡シ〔哈爾賓事件中警察署ニ要シタル諜報費〕
070326	336.92	大橋総領事、外人及支那側饗応〔東支鉄道倶楽部〕
070326	48.00	同、余興費〔宴会上露西亜プログラム出演料〕
070326	214.00	同、シャンパン代〔秋林洋行〕
070326	45.60	同、随行員心付
070330	56.10	同、シャンパ〔ン〕其ノ他代
070401	76.20	同、余興代〔芸妓九人　ハルピン武蔵野〕
070401	31.30	同〔芸妓五人、車代　ハルピン矢倉〕
070326	380.00	ギブソン渡シ　三月分諜報手当
070330	57.50	傷病兵慰問ノタメ〔果物〕
070330	50.00	ミレル渡シ諜報費
合計　3324円92銭		

表6　昭和七年度奉天総領事館機密費支出（単位＝金円－銭）

年月日	金額	使途
070705	19.98	四月二十六日　野口民会長外九名招待
070705	42.92	五月二十六日　奉天商工会議所議員招待
070705	108.05	宴会用洋酒其他代
070705	29.50	仝
070705	5.50	六月十二日　守備隊戦死者追悼会供物代
070705	5.00	六月二十六日　日満合同慰霊祭ニ対スル花輪代
070705	20.00	諜報費
070707	300.00	海龍鮮人救済関係
070707	300.00	通化事件費
070707	45.30	六月二十四日　奉天独立守備隊長招待
070705	52.60	七月一日　奉天駐剳隊員招待
070705	100.00	諜報費
070705	162.80	六月五日　連盟関係員招待
070705	51.90	六月十二日　満鉄公所員招待
070715	70.00	諜報費
070725	200.00	満鮮人隣保事業費
070806	77.40	五月二十一日　駐剳隊守備隊等招待
070806	48.60	五月三十日　満洲国興安局長招待
070806	38.30	六月二日　奉天省公署科長招待
070806	70.40	六月十一日　小林海軍少将招待
070806	31.00	六月二十日　満洲国軍事顧問堀口少佐招待
070806	29.40	七月二十一日　満洲国島崎水運司長等招待
070806	35.40	七月十日　坂谷満洲国総務庁長招待
070806	18.80	六月六日　満鉄山西理事招待
070806	24.10	六月二十七日　谷亜細亜局長招待
070806	47.50	七月十三日　朝鮮総督府田中保安課長招待
070806	90.10	五月十三日　関東庁桜井逓信局長招待
070806	77.80	五月十五日　英国総領事等招待
070806	67.40	五月十八日　露国総領事招待
070806	74.00	六月二十五日　臧式毅外招待
070806	83.30	六月二十九日　奉天省公署曹秘書等招待
070806	107.55	七月三日　関東軍参謀連招待
070813	50.00	諜報費　坂井警部補渡
070813	170.00	山城子方面ニ要シタル諜報費
070813	135.38	八月十日　八田満鉄副総裁招待
070825	83.70	七月三十日　山崎満鉄総務次長招待
070825	61.78	七月二十四日　領事団招待芸妓花代

070825	8.72	八月五日　ロシア総領事招待芸妓花代
070825	82.00	七月二十一日　松岡代議士招待
070825	6.06	七月三十一日　松岡代議士招待芸妓花代
070825	49.15	七月十六日　関東軍顧問斎藤博士招待
070827	150.00	武藤全権入満ニ関連諜報費
070905	5.00	八月十二日　故橋口満鉄殉職社員ニ対スル花輪代
070905	11.00	七月三十一日　満州事変戦死者慰霊祭供物代及八月十七日故山中上等兵慰霊祭供物代
070905	9.86	故山中上等兵慰霊祭執行費用分担
070905	1200.00	満鮮日報七年度補助金
070813	413.45	通化事件機密費
070824	200.00	武藤全権入満ニ関連諜報費
071005	5.00	九月二十日　大塚飛行士葬式花輪代
071005	5.50	九月十八日　慰霊祭供物代
071005	55.68	宴会用雑品代
071005	287.80	仝　　　洋酒代
071005	104.90	九月五日　武藤全権及外交団招待料理代
071005	46.10	九月二十六日　米国新聞記者招待
071005	76.00	九月二十一日　全権部員及館員招待
071005	55.00	仝上
071005	13.00	仝上　　すし代
071005	3.60	仝上　　おでん代
071013	36.05	八月四日　満洲国実業部松島司長招待
071013	84.05	八月十二日　関東軍竹下第二課長送別宴
071013	58.40	八月二十七日　大橋外交次長招待
071013	86.25	八月二十八日　八田満鉄副総裁招待
071014	20.00	撫順野本巡査殉職死亡ニ付香典
071015	15.00	仝上　　花環代
071010	80.00	諜報費
071109	200.00	鮮人関係費
071120	20.00	五月十一日　通化事件警察官負傷者四名見舞花
071126	53.82	在満鮮人代表（百万人）ヨリ寿府「ドラモニ〔ン〕ド」宛意見書電文ノ電信料
071128	15.00	東北軍へ売掛代金問題ニ関シ協議室借料及茶菓代
071205	5.00	十一月七日　故三兵士（渡辺・北島・高橋）慰霊祭花輪代
071205	10.00	仝上　　費用負担額
071203	35.00	于沖漢葬儀花環代
071214	95.65	九月二十五日　軍司令部第三課員招待
071214	10.45	九月二十五日　警備司令部山本主計招待　昼

071214	10.45	九月四日　省政府曹秘査長招待
071214	39.50	十一月二十一日　天野旅団長等招待
071214	65.50	七月十日　軍司令部第四課員招待
071214	79.90	七月二十日　憲兵隊幹部招待
071214	66.60	七月九日　石田武亥、大野篤雅、三谷末次郎、奉天町内会幹部招待
071221	50.00	機密費
071228	15.00	十一月二十九日　奥地戦死者軍隊合葬花輪代
071228	5.00	十二月十六日　航空会社葬儀花輪代
071228	1.60	宴会用雑品代
071228	62.35	十二月十三日　坂根総領事招待
071228	66.88	十二月二十一日　売掛代金ニ関スル満洲国検査官招待
071228	24.16	宴会用雑品代
071228	5.90	仝　盛花代
071228	2.70	九月二十一日　宴会ノ際出花代
071228	214.95	十二月十二日　吉田大使招待
071228	102.45	十二月一日　海軍側招待
071228	10.87	ナフキン、卓子掛等洗濯代
071228	240.30	十二月二十三日　新聞記者招待
071228	425.70	十二月十日　森島総領事在留民招待
071228	34.20	十二月四日　総督府派遣員招待
合計　8,071円96銭		

の慰問・居留民や兵士への弔意金としての支出が目立っている。

表5は、ハルピン総領事館における昭和六年度（昭和七年一～三月分）の機密費使途である（第一巻六二一―六四頁）。目を引くものとしては接待費があるが、接待の対象として関東軍（特務含む）関係者・満洲国関係者・ハンソン米総領事など外国人関係者の饗応が目を引く。別巻収録の領収書によれば、接待場所として使用されたのは、「武蔵野」「矢倉」などの芸妓付き料亭であることがわかる（別巻三四六―三四九頁）。また「課報費」と明記された項目では、「ギブソン」「ミレル」等の情報提供者名も確認できる。

表6は、奉天総領事館における昭和七年度第二・三期（同年七～一二月分）の機密費使途である（第二巻八〇―九一頁）。奉天では、ハルピン同様に接待・課報・報道関係などに資金が交付され、満洲国・関東軍関係者のほか、満鉄・関東庁・英露総

領事なども対象となっている。昭和七年六月五日には、国際連盟関係者が招待されており（一六二一・八〇円／七月五日支出）、七月二一・三一日には松岡洋右（八八・〇六円／八月二五日支出）、八月二七日には大橋忠一（五八・四〇円／一〇月一三日支出）が接待され、その費用も確認できる。詳細は本史料集を参照されたいが、両公館ともに外交機密費の使途としては、弔慰（慰労）金・接待（レセプション関係）費、諜報費などに大別されることが裏付けられるのである。

四、満州事変期の外交機密費Ⅱ―在上海公館の場合

（一）上海事変後における日本公使館・上海総領事館の機密費支出

昭和七年一月二八日、上海総領事村井倉松による期限付要求に上海市政府から回答があり、同地における日中衝突は回避されるかに思われた。だが上海陸戦隊は同日深夜に十九路軍の警備線に突入し、ここに第一次上海事変が勃発した。上海事変は三月三日に停戦となるが、満洲国の成立と国際世論の硬化のなかで、和平交渉の進展は困難を見せた。

このような状況下で「満洲事件費」の支出が決定され、昭和七～一一年にかけて、上海の在外公館に機密費が交付された。昭和七年度の日本公使館・上海総領事館の機密費支出を見ると、両館がそれぞれ諜報者を用いて情報蒐集に当っていたことが分かる。交付先としては「ラント」「呉蒼」などの外国人のほか、国民党にパイプをもつ山田純三郎をはじめ、井上謙吉、清水温生、坂本義孝らの名前も見られる。

事変後の機密費支出で注目すべきは、松岡洋右に対して多額の費用が与えられていることである。このときの松岡について、駐華公使重光葵は次のように述べている。

表7　松岡洋右関係機密費支出

公館	年月日	金額	貨幣	使途
上海公使館	070313	2000.00	銀弗	松岡氏渡　堀内書記官扱
上海公使館	070318	1000.00	銀弗	松岡洋右氏渡
上海公使館	070331	2000.00	銀弗	松岡洋右氏渡　重光公使扱
上海公使館	070331	3000.00	金円	松岡洋右代　重光氏
上海公使館	070408	500.00	金円	松岡洋右代　田場盛義
新京総領事館	070823	40.00	金円	八月十日　松岡洋右招待
奉天総領事館	070825	82.00	金円	七月二十一日　松岡代議士招待
奉天総領事館	070825	6.06	金円	七月三十一日　松岡代議士招待芸妓花代
新京総領事館	070826	199.65	金円	八月三日　松岡代議士及満州国司長以上ノ官吏招待

松岡君は多年外務省におった人で…犬養首相、芳沢外相の個人代表という形で私を援助するために上海に来て、当時ずっと南京路のカセイ・ホテルに泊まっていた。…非常な弁舌家で、松岡君に会って話をする人は、おそらく松岡君の十分の一も話す機会を与えられない。…その松岡君が上海に来て一週間ほどはほとんど口をきかない。ただ日本商社の代表とか、主だった一般人とかを招致して毎日毎日各方面の意見を黙って聞いておった。…奇蹟のようなものであった。…松岡君は非常な熱心さで、日本側は無論のこと、その当時上海に権益をもっていた大国、すなわち英、米、仏、伊の公使の間を奔走して活躍をした。…困難な停戦交渉の成立についても非常な貢献をした(38)。

松岡は内閣特使として上海に来航、停戦協定の成立に尽力していた。表7にあるように、松岡への交付は計四回、総額は銀五〇〇〇弗に加えて、金三五〇〇円となっている（当時の為替レートは時期によるが、およそ金一円＝銀一・五五弗程度）。なお昭和七年四月八日に代理として機密費を受け取っている田場盛義は沖縄出身の外交官で、このとき松岡の秘書を務めていた(39)（別巻二〇〇頁）。上海事変後の緊迫した時期に、重光公使は松岡の停戦調停活動を支える役割を担っていたが、それは重光を介した外交機密費の交付という形でも行われていたのである。

在外公館の独自の動きとして、国外関係者との宴会などを通して宣伝活動を行う様子も確認できる。昭和七年三月九日、公使館は外国人記者二〇名を「キヤセホテル」に招待し、カクテル・食事・酒・煙草・チップ代（二九〇・四弗）を支出している（第一巻二二頁、別巻二一六―二一九頁）。また三月一四日に上海を訪れたリットン調査団に対して、三月二八日に総領事館主催で一二名（三二四・七弗、第一巻三〇頁）、三月三一日に公使館主催で五〇名（一五一三・四弗、第一巻二四頁）の団員を相手に、接待の場が設けられている（表8）。前者の宴会場となった六三亭の領収書によれば、「聯盟調査員一行十二名招待」の内訳として、酒四三本・煙草一二個などのほか、芸妓および車賃九名分・遊興課金が計上されている（別巻三一九―三二〇頁）。六三亭・月廼屋・三幸などは日本人に愛用されていた上海の高級料亭であり、外交機密費による接待場所として本史料集に頻出する。

時期は後に下がるが、接待の様子に関しては、先に言及した公使館情報部員の岩井英一が、料亭三幸に日中の新聞記者を招いたある宴会について、次のように回想している。

出席者は日中双方の記者二十名位ずつに、私と影佐〔禎昭〕、沖野〔亦男〕の三人、総勢四十四、五名だった。（余談だが、この宴会の費用は、飲み放題、食べ放題の大盤振舞で心付けも含めて五百数十円ですんだ。当時としては大金だった。…）…芸者こそ呼ばなかったが、三幸の大勢の女中の中から選りすぐった美しい女中のサービスで宴会は大いに盛り上った。途中私は得意の裸踊りを披露したが、これは中国人記者に、これからも裸で付合うとの意思表示の積りであったが、この私の気持通じたかどうか。翌日の小報に早速この宴会のニュースがのり、岩井が少し許りの酒に酔って裸踊りをしたと冷かし半分の記事だったが、別に悪意もなさそうで安心した。[40]

もちろん全てがこのような形の宴会では無かったはずで、主催する外交官や接待の相手にも依るのであろうが、五〇〇円程度の高級料亭での宴会がどの様なものかを、推し量る一助にはなるであろう。

表８　国際連盟リットン調査団関係機密費支出

公館	年月日	金額	貨幣	使途
上海総領事館	070328	314.70	銀弗	連盟調査員一行招待　六三亭〔十二名料理・酒四三本・煙草十二個・芸妓九名（車賃付）・遊興課金など〕
上海公使館	070331	1513.40	銀弗	連盟調査員一行五十名招待
南京総領事館	070331	474.52	銀弗	国際連盟調査団日本側参与一行　及在泊帝国軍艦乗組員招待宴会費〔接待用洋酒・ウイスキー及麦酒代を含む〕
天津総領事館	070418	33.30	銀弗	天津事変ニ関シ連盟調査団ヘ報告材料提供謝礼　小林陽之助へ
新京総領事館	070419	94.67	金円	国際連盟調査員ニ提供シタル見本外貨代　長春取引所払
天津総領事館	070430	1.50	銀弗	排日写真代（連盟へ報告）
錦州領事館	070430	40.00	金円	四月十五日連盟支那調査委員一行接待関係者五名招待
チチハル領事館	070509	43.45	金円	国際連盟委員接待煙草代
ハルピン総領事館	070514	210.51	金円	国際連盟調査団会見用シャンペン代
ハルピン総領事館	070514	316.95	金円	国際連盟日本側饗応費
ハルピン総領事館	070525	87.20	金円	国際連盟日本参事員饗応費
ハルピン総領事館	070525	74.40	金円	国際連盟日本参事員饗応費
ハルピン総領事館	070525	89.80	金円	国際連盟日本参事員八木嘱託饗応費
新京総領事館	070531	61.90	金円	連盟調査委員来館ノ際接待　ヤマトホテル払
天津総領事館	070610	60.26	銀弗	渡少将（連盟調査団）招待　敷島
新京総領事館	070622	48.00	金円	連盟調査員警戒警察官吏慰労ノタメ　寿司竹払
ハルピン総領事館	070625	40.00	金円	国際連盟日本側随員饗応費
ハルピン総領事館	070628	130.41	金円	連盟調査団饗応費
天津総領事館	070630	31.11	銀弗	写真代（連盟調査団へ提供材料）
奉天総領事館	070705	162.80	金円	六月五日連盟関係員招待
上海総領事館	070802	26.30	銀弗	連盟調査員ゴルフマン氏招待
天津総領事館	070928	5.76	銀弗	連盟調査団へ提供シタル天津事変ノ材料写真焼増代
青島総領事館	071221	120.000	金円	熱河問題及連盟問題ニ付主トシテ漢字新聞記事制禦ノタメ
上海総領事館	071228	7.00	銀弗	長沢写真館払　連盟調査員へ交付ノ写真代

表9　松本重治関係機密費支出（単位＝銀弗―仙）

年月日	金額	使途
080405	195.50	松本重治渡　上海ニ於ケル対外宣伝ノタメ特別連絡費三月分
080504	203.80	松本重治　上海ニ於ケル対外宣伝ノタメ特別連絡費四月分
080615	198.20	松本重治渡　上海ニ於ケル対外宣伝ノタメ北支上海特別連絡費
080728	203.50	松本重治渡　上海ニ於ケル対外宣伝北支上海間特別連絡費
080822	195.80	松本重治渡　上海ニ於ケル対外宣伝北支上海特別連絡費
080920	198.50	松本重治渡　上海ニ於ケル対外宣伝北支上海特別連絡費
081027	201.50	松本重治渡　上海ニ於ケル対外宣伝ノタメ北支上海連絡費九月分
081204	198.30	松本重治渡　上海ニ於ケル対外宣伝ノタメ北支上海特別連絡費

海外の外交官・報道関係者などに対して、宣伝物を配布する費用も機密費から支出された。昭和七年三月三一日、「欧米各国送リ宣伝雑誌印刷代」として「チャイナ・デリーニュース」一五〇〇〇部の代金（二二五三・五二弗）が支払われた（第一巻二四頁、別巻二六九―二七〇頁）。七月四日には「チャイナーダイヂスト」二〇〇〇部を「欧米各国に送附」する費用として一〇〇〇弗が使われ（第一巻二三九頁）、昭和八年一月五日には同紙に、情報施設機関（後述）より五〇〇弗の補助金が払われている（第一巻三五一頁）。他にも、メディアに向けた機密費の支出は幾つか見られ、たとえば上海地元紙「スペクテーター」（史料中では「スベクテーター」）などには、恒常的に金銭的支援が行われていた。

同盟通信「プレスユニオン」紙への補助が機密費から定期的に支出されていることも、本史料のメディア関連支出のなかで注目される事実である。同紙は上海特派員の松本重治が関与していたが、松本は後述する公使館情報部の構成員として情報提供を行っていた。「プレスユニオン」について、松本は次のような話を残している。

昭和九年九月、満州旅行を終えて上海に帰着した河相〔達夫〕さんは、私〔松本〕を招いて…「…プレス・ユニオンを財政的に強化して、専務理事としての君の交際費に余裕をもたせるということには、賛成してくれませんか」という。…「…情報部長としての私は、プレス・ユニオンの理事長でしょう。第一次上

表10　山田純三郎関係機密費支出

年月日	金額	貨幣	使途
070815	600.00	金円	山田〔純三郎〕手当〔総領事館扱〕
080201	1000.00	銀弗	山田純三郎渡　孫祥夫　戴棋生　呉堅　旧正謝礼
080222	100.00	銀弗	山田純三郎渡　張鳴ヘノ　同〔諜報費〕
080316	900.00	銀弗	山田純三郎　伏鑑明へ情報謝礼　月銀一五〇弗宛六ヶ月分
080320	500.00	銀弗	山田純三郎渡　同〔諜報費〕
080426	4500.00	銀弗	江南正報山田純三郎払　廃刊ニ伴フ社員退職手当
080426	8000.00	金円	江南正報社援助費　昭和八年一、二、三、四月分〔須磨弥吉郎扱〕
080530	39.42	銀弗	同〔月廼家払〕　陳中孚、山田純三郎招待
080531	300.00	銀弗	山田純三郎渡　五月分　諜報費　〔特別弗〕
080629	300.00	銀弗	山田純三郎渡　六月分　諜報費　〔特別弗〕
080910	600.00	銀弗	山田純三郎渡　七、八月分　補助金　〔特別弗〕
090131	156.66	銀弗	月廼家払　一月一日　上田参事官、王長春、山田純三郎、鈴木中将、佐藤大佐　招待費
090208	41.40	銀弗	三幸払　十二月八日　守島課長、日高総領事、山田純三郎等招待費

海事変に際してのプレス・ユニオンの創立当時は、満鉄上海事務所長の伊沢（道雄）君が民間側の中心だったが…民間商社の支店長たちは…あまり弘《ママ》報活動には興味をもたなくなりました。で、私はプレス・ユニオンのじり貧の財政状態に活を入れるため、満鉄本社で話をつけてきたのです。この寄附は一時金であり、額もわずか二千円だが…」という。私はしばらく考えたが、「では、プレス・ユニオンの専務理事としてお預かりしましょう。つかい方は、私の自由裁量に委せていただけますね」と、だめを押したうえ、予期せぬ河相さんの好意を受けることにした[41]。

松本の回想は、河相公使館情報部長から満鉄経由で受け取った補助金二〇〇〇円を、プレスユニオン理事としての松本の交際費に宛てたという内容である。同紙の設立は上海事変が契機となっており、対外広報活動の一環を任務としていたことが分かる。機密費史料によると、同紙に対しては昭和七年五月から昭和九年三月にかけて、公使館・領事館の機密費から月額三〇〇～一八〇〇弗の補助が出されていたことが確認できる。また、松本自身に対しても「対外宣伝ノタメ特別連絡費」として、昭和八年四月から一二月にかけて、月額二〇〇弗前後の機密費が公使館情報施設機関より手渡されている（表9）。

このほか、東亜同文会出身で孫文の革命運動を助けたことで知られる山田純三郎の「江南正報社」にも補助が出され、同社が昭和八年四月に解散したときには、社員退職手当四五〇〇弗のほか、八〇〇〇円の援助費が支出されている（表10／第三巻八三・九三頁。領収書の宛名は二通とも須磨弥吉郎情報部長）。友好的メディアに対する日常的な補助を与え、有利な記事を掲載した紙面を諸外国に送付したり、情報を発信する媒体を補助することも、機密費を用いた在外公館の情報活動の一面であったことが確認できる。

（二）公使館情報部の設置と須磨弥吉郎の情報活動

昭和七年一〇月より、公使館の機密費項目に「情報施設機関之部」からの支出が現われる。これは上海事変の勃発を機に、公使館内に情報部が設けられたことを受けたものである。情報部設立の経緯について、岩井英一は次のように回想している。

当時中国側情報の入手は領事館警察の特高が主として日共取締りの必要上中共関係情報をとっていた外、総領事館では白井〔康〕副領事が、公使館では林出賢次郎書記官が夫々一、二人の中国人在野政客をつかって南京政府や十九路軍側情報をとっているだけで貪〔貧〕弱だった。…私は…早速情報部設置案を起草、村井総領事の名で外務大臣宛稟請することにしたが…結局は重光公使の名で公使館情報部設置案とし提出した。何しろ重光公使の年間機密費の何倍もの経費を要する新規事業なので、本省でこれが審査に手間取った一方、戦闘も英国公使の調停で意外に早く停戦が実現したため、急場の役には立たなかった。(42)

岩井の回想によれば、当初公使館情報部は事変停戦に向けて中国側の情報収集などを目指すものであった。だが多額の費用を要するため、停戦から半年ほど経って漸く設置されたのである。

初代情報部長には、広東領事須磨弥吉郎が一等書記官として来任した。須磨もまた、情報活動に積極的な外交官として知られた人物であり、後に外務省情報部長に就任、大戦中はスペイン公使として英米の動向を探り、その地で敗戦を迎えた(43)。須磨は英語と中国語を用いて広範な交際をもち、自身は酒も煙草もたしなまぬが、料亭で外人を招待したときなどは、時に剣舞をやってみせたともいう。また絵画美術に造詣が深く、蒐集品の一部は現在、長崎県美術館や京都国立博物館に所蔵されている。中国における須磨の活動の詳細は、基本的に須磨自身の書いた文章に依るほかないが、上海在勤中の情報は極めて少ない(44)。だが本史料からは、須磨が自らの官舎や、月廼屋などの料亭で宴会を催して、人脈を作っていた様子を窺うことができる（表11）。

他方で、須磨によって軌道に乗った情報部の機能が、その後も組織的に継続されたとは、必ずしも言いがたい。この点について、同盟通信の松本重治は次のように記す。

昭和九年春、須磨さんが南京総領事に転出し、やがて情報部の太田（一郎）書記官も本省に転任したことは、私には一つのショックであった。…しかし幸運にも、須磨さんの後任には、河相（達夫）一等書記官が情報部長となった。初めて会ったとき、河相さんは、「僕は須磨君とはやり方が違うから、その点諒解してくれ給え。…」との挨拶であった。…須磨さんの電報の分量は洪水のようで、いささか玉石混淆の嫌いがあったが、河相さん自身は、より少量でもよいから、より重要な、より正確なニュースを集めることと、東京本省への打電には、より妥当な意見を盛るようにしたいという考え方であった。…須磨さんが二年余りでつくり上げたニューズ源との接触網を、後任者がすぐ引き継ぐなんていうことは容易ではなかった。南京総領事となった須磨さんのところへは、

表11　須磨弥吉郎関係機密費支出（単位＝銀弗―仙）

年月日	金額	使途
071216	176.05	須磨書記官　仏蘭西倶楽部入会費
071224	10.00	須磨書記官　仏蘭西倶楽部費　十一月分
071228	327.75	須磨官舎ニ於テ　自十二月三日　至仝月二十五日　七葉分　同〔宴会費〕
071228	352.10	源泰洋行払　須磨官舎ニ於ケル宴会用洋酒類代
080123	10.00	須磨書記官　仏蘭西倶楽部費　十二月分
080128	276.70	須磨官舎ニ於テ　自一月五日　至一月二十一日　七葉分　宴会費
080203	10.00	須磨書記官　仏蘭西倶楽部費　一月分
080228	10.00	須磨書記官　仏蘭西倶楽部費　二月分
080228	109.58	源泰洋行払　須磨官舎宴会用　洋酒類代
080303	347.70	須磨官舎ニ於ケル　自二月一日　至二月廿六日　九葉高　同〔宴会費〕
080305	54.40	富屋払　須磨官舎宴会用　洋酒類代
080313	300.00	須磨書記官ヨリ　羅覚僧渡　諜報費
080325	483.10	須磨官舎ニ於ケル　自三月二日　至三月廿四日　十三葉分　宴会費
080330	10.00	源泰洋行払　須磨官舎宴会用　洋酒類代
080330	326.85	須磨官舎　宴会費中月廼家払　自二月廿六日　至三月廿四日　十葉分　同〔宴会費〕
080331	70.00	須磨書記官　南京出張先ニ於ケル　同〔宴会費〕
080331	9.60	仝〔須磨書記官〕　南京出張先ニテ購入　老酒代
080331	13.60	栄信公司払　南京へ携行ノ果物及同荷造代
080331	30.80	信濃屋払　南京へ携行宴会用材料代
080331	62.70	小玉合名会社払　日本酒（大平山）代　須磨官舎宴会用
080426	8000.00（金円）	江南正報社援助費　昭和八年一、二、三、四月分〔須磨弥吉郎扱〕
080507	58.90	五月六日　参事官々舎ニ於テ軍部側及須磨書記官招待料理代　石田
080526	21.07	なだ万払　須磨書記官帰朝中　ディリーメール　ワードブリエ氏招待費
080526	24.21	宝家払　須磨書記官帰朝中　伯国通信社員招待費
080531	6.50	池田洋行払　須磨官舎「ボーイ」クロース代
080607	144.50	自四月二十六日至六月三日　須磨官舎ニ於ケル宴会費
080617	63.50	上海福和烟払　須磨官舎宴会用及情報部接客用
080630	10.50	富屋商店払　須磨官舎宴会用酒類代
080630	231.64	自五月二十七日至六月二十四日　須磨官舎宴会費中月廼家払ノ分
080630	503.10	自六月七日至六月廿七日　須磨官舎ニ於ケル宴会費
080630	148.75	源泰洋行払　須磨官舎宴会用洋酒類代
080729	199.14	月廼家払　自六月二十七日至七月二十二日　須磨官舎行ノ分（六葉之高）

080731	15.00	源泰洋行払　須磨官舎ニ於ケル宴会用洋酒類代
080731	140.80	須磨官舎払　自七月九日至仝二十五日　官舎ニ於ケル宴会費（五葉之高）
080811	8.50	上海福和烟公司払　須磨官舎接客用煙草代
080831	84.58	源泰洋行払　須磨官舎ニ於ケル宴会用洋酒類代
080831	174.85	月廼家払　自七月二十九日至八月二十三日　須磨官舎行宴会費（七葉ノ高）
080901	364.30	須磨官舎払　自七月二十九日至八月二十七日　宴会費（十三葉ノ高）
080901	7.00	錦源祥成衣舗払　須磨官舎使用ボーイサービス用上服二着代
080930	205.48	同〔月廼家払〕　自八月廿七日至九月二十四日　須磨官舎宴会費（八葉ノ高）
080930	215.40	自八月二十九日至九月二十四日　須磨官舎宴会費（九葉ノ高）
080930	12.25	源泰洋行払　須磨官舎宴会用洋酒類代
081002	6.00	諸祥年払　須磨官舎宴会用煙草代
081005	26.25	富屋商店払　須磨官舎宴会用日本酒代
081006	45.00	上海福和烟公司払　須磨官舎及情報部用宴会及接客用煙草代
081017	25.00	須磨払　十月一日須磨官舎ニテ情報機関開設満一週年記念園遊会設備諸費
081017	244.70	昭和八年自十月二日至十月十六日　須磨官舎ニ於ケル宴会費
081027	9.00	富士花園払　須磨官舎宴会場用植込代
081031	150.29	源泰洋行払　須磨官舎宴会用洋酒類代
081105	47.20	小玉合名会社払　日本酒代（須磨官舎宴会用）
081106	310.22	月廼家払　自十月一日至十月十六日　須磨官舎宴会費ノ内
081201	62.00	北京飯店払　須磨書記官北平出張中ノ接客及宴会等サービス料
081202	134.60	昭和八年自十一月二十四日至仝月廿八日　須磨官舎ニ於ケル宴会費（四葉ノ高）
081202	40.56	月廼家払　昭和八年自十月十六日至十一月廿四日　須磨官舎宴会費中月廼家払ノ分（二葉ノ高）
081208	16.00	須磨弥吉郎渡　汎太平洋協会「マルコニー」歓迎会々費（須磨、乾、坂本、池田ノ分）
081221	367.65	昭和八年自十二月二日至仝月二十日　須磨官舎ニ於ケル宴会費（十四葉ノ高）
081226	18.80	池田洋行払　十月十六日須磨官舎ニテ英「ランブソン」公使招待宴会場設備品代
081230	44.75	源泰洋行払　須磨官舎宴会用洋酒代
081230	266.92	月廼家払　自十一月廿七日至十二月二十日　須磨官舎宴会費（十葉之高）
090119	229.14	仏蘭西倶楽部払　十二月十四日須磨主催内外人招待夜会費
090119	125.00	乾精末渡　十二月十四日佛倶楽部ニ於テ須磨主催夜会内外人招待者ニ分配セル「ダンステケツ」代
090131	237.20	須磨官舎払　自一月二十五日至一月廿八日　宴会費五葉分

090228	23.00	源泰洋行払　須磨官舎宴会用洋酒類代
090310	121.92	同〔月廼家払〕　自一月二十五日至一月二十八日　須磨官舎　出花三葉ノ高
090511	96.08	月廼家払　四月二十二日月廼家ニ於テ「モンネット」氏外四名招待　主人側須磨書記官出席計六名分
090511	42.56	月廼家払　三月二十六日月廼家ニ於テ李景樅招待　主人側須磨書記官外一名出席計三名分
091030	101.38	月廼家払　八月十七日月廼家ニ於テ李景樅郭心菘外四名招待　主人側須磨書記官計七名
091102	38.70	月廼家払　十月十七日月廼家ニ於テ「チヤンセーラー」「ケスイック」招待　主人側須磨書記官計三名
100930	112.02	月廼家払　五月五日　月廼家ニ於テ吐〔杜〕月笙外二名招待　主人側堀内・須磨・有野書記官出席計六名分

上海での交際相手の大半が、あるいは南京に出向いたり、須磨さんが打合せのため上海に出てきたときをつかまえたりして、以前の接触を続けていた。「須磨電報」は、こんどは南京総領事発となり、上海経由で東京へと送りつづけられたが、河相さんは落ちつきはらって、須磨さんと競争するようなことはやろうとはしなかった。(45)

松本の回想によれば、須磨の情報網は「公使館情報部」としては引き継がれず、あくまで須磨の個人的交際を基盤として成立していた。すなわち、須磨の中国離任を期に失われた可能性も否定できない。これを裏付けるかのように、機密費史料内の「情報部」項目は、昭和七～八年には多様な諜報員への交付が確認されるものの、昭和九年に入ると失われ、昭和一〇年には「オリエンタルアソフエアー誌」に月額八〇〇弗を補助するだけの存在となっている。なお南京に異動した須磨は情報活動を継続しているが(46)、異動先である南京総領事館の機密費史料は昭和八年度の一部のみしか残存しておらず、詳細を追うことはできない。

これらの例をふまえると、戦前日本の在中国日本公館における対外情報活動の組織化は困難であり、あくまで外交官の個人的スタンスに依拠する面が強かったものと評価できるだろう。

（三）公使館・総領事館による対中情報活動

駐華公使重光葵が昭和七年四月に上海で負傷した後、その後任として七月に有吉明が就任する。その間、事変後の日中国交調整に努めたのは、重光に部下として上海に招かれていた堀内干城公使館一等書記官であった。堀内は、旧知であった国民党の唐有壬と連絡を密にし、有吉大使と汪兆銘の間で調整のチャンネルを開いた。また堀内は、中国側で両者の交流を支えた人物として、唐とともに、汪の下で政務処長をしていた彭学沛の名を挙げている[47]。

表12は、堀内が直接使用した機密費の一覧である。本史料集には、彭学沛の名が6回（表中には2回）登場する。いずれも月廼家・六三亭での接待で、堀内が主催した会合も確認できる。またこのとき、彭とともに必ず同席している張操という人物の名が見える。張は行政院参議であり、日本側と深く接触していたらしく、昭和八年一月二七日には「諜報費及軍事計画書入手謝礼」として三五〇弗が張に交付されている（第一巻三四五頁）。また同年三〜五月にかけて計三回、各五〇〇弗の「諜報費」が手渡されている。堀内は昭和一一年九月に天津総領事として異動するが、本史料集では史料が残存する昭和一〇年末まで、堀内が継続的に機密費を使用していることが確認できる。

また、青幇の首領として知られる杜月笙とその配下も、日本公使館からの機密費を受領している。上海事変に際して、日本側は日中間の和平工作が成立しなかった場合、蔣介石の命で杜月笙が便衣兵を率いて日本軍の後方を攪乱すべく準備しているとの情報を得ていた[48]。上海の顔役である杜月笙・張嘯林には、日本側も一定の配慮をする必要があった。昭和八年三月二二日、有吉公使は「杜月笙張嘯林部下操縦費」の名目で一七〇〇円を受領している（第一巻三三九頁）。杜月笙自身への宴会接待は、昭和一〇年二月二八日（第五巻七四頁）、同四月三〇日（第六巻四七頁）、同九月三〇日（同七一頁）の三回が記録に残されている。さらに昭和九年一二月二一日・二八日には、有吉から杜と張の部下にそれぞれ「年末手当」五〇〇弗・「年末心付」四〇〇弗が支払われ（第五巻三七―三八頁）、昭和一〇年八月七日には、

表12　堀内干城関係機密費支出（単位＝銀弗―仙）

071029	100.00	堀内書記官渡　希臘震災救済寄附金
071104	3000.00	堀内書記官ヨリ北岡大佐渡　殷氏へ諜報費
080127	50.00	堀内干城ヨリ　諜報者渡
080223	44.16	二月二十三日参事官々舎ニ於テ軍部側及堀内書記官招待支那料理代　泰豊楼
080223	24.10	二月二十三日堀内書記官及軍部側ト懇談ノ為　長春亭
080225	30.05	二月二十二日軍部側及堀内書記官招待　石田
080530	300.00	堀内干城渡　汪精衛派要人　運動費
080706	300.00	堀内干城渡　支那側要人操縦費
080727	300.00	堀内干城渡　諜報費
080812	500.00	同〔堀内干城渡〕　支那側連絡費
080905	300.00	堀内干城渡　汪精衛側接燭〔触〕費
080928	300.00	堀内干城渡　支那側要人操縦費
081031	300.00	堀内干城渡　汪派要人操縦費
081130	300.00	堀内干城渡　税関関係諜報費（謝礼）
081202	300.00	交野傳次郎渡　呉昌碩追薦会費用補助　堀内書記官ヲ経テ交付
081228	300.00	堀内干城渡　汪精衛側近者操縦費
081229	200.00	同〔堀内干城渡〕　上海時論購読料（補助費）
081230	500.00	同〔堀内干城渡〕　張自持ヲ通ジ手交シタル諜報費
090119	300.00	堀内干城渡　汪精衛側近者操縦費
090208	30.00	堀内干城渡　市政府雇員ニ事務連絡ノ謝礼トシテ支給セシモノ
090226	50.00	堀内干城渡　二月二十日南京行（公使一行）往復列車ボーイ及警備員心付
090228	300.00	堀内干城渡　汪精衛側近者操縦費
090319	500.00	堀内干城渡　張自持ニ手交シタル諜報費
090326	300.00	堀内干城渡　汪精衛側近者操縦費
090331	14.00	堀内干城渡　三月廿六日官邸「レセプション」仏工部局警察員へ心付
090331	30.00	同〔堀内干城渡〕　三月十二日靖国丸ニテ賀陽宮両殿下公使主催晩餐会「サービスボーイ」心付
090503	149.14	月廼家払　四月十六～　月廼家ニ於テ曾宗鑑、陳介、周班等招待四名、主人側堀内外一名
090503	600.00	堀内干城渡　張自持及汪派要人操縦費
090507	111.90	月廼家払　四月三十日　エル「エッチ、ラウフォード」夫妻、「ジユ、エッチ、クッポン」夫妻　主人側堀内外一名　出席計六名
090508	90.50	六三亭払　四月六日六三亭ニ於テ沈叔玉（関務署長）、呉秘書招待　主人側堀内外一名
090604	200.00	堀内干城渡　税則委員会秘密連絡費トシテ

090604	300.00	同〔堀内干城渡〕　支那新関税率表入手運動費（六月四日南京ニ派員費）
090606	213.74	月廼家払　五月廿六、公安局第五区長文氏等八名招待　主人側堀内書記官外六名分
090606	340.10	同〔月廼家払〕　五月廿七日、月廼家ニテ工部局関係者リップル「ハリイス」「ランブ」外三名　仏工部局「ヴエルダー」「アロー」「ユルライル」外一名　市政府関係者公安局関係者等招待十七名　主人側堀内外四名
090612	300.00	堀内干城渡　汪派側近者へ手交
090704	300.00	堀内干城渡　汪派側近者操縦費
090716	502.50	堀内干城渡　天津総領事館橘三郎宛送金　仝手数料（華北支要人ト接触費）
090730	275.30	六三亭払　七月九日仝亭ニ於テ第十一戦隊司令官以下十名招待　主人側堀内書記官外三名
090808	300.00	堀内干城渡　汪派要人ニ対スル運動費
090830	300.00	堀内干城渡　関税関係連絡者運動費
090928	300.00	堀内干城渡　汪派側近者連絡費トシテ
091030	103.16	同〔月廼家払〕　十月二十日月廼家ニ於テ黄柱俞葉封麗招待三名　主人側堀内書記官外一名計五名
091030	300.00	堀内干城渡　汪派要人操縦費
091102	29.10	同〔月廼家払〕　十月廿一日月廼家ニ於テ彭學沛、張操招待　主人側堀内、蘆野両書記官計四名
091208	300.00	堀内干城渡　汪派要人手当費（操従〔縦〕費）
091227	300.00	堀内干城渡　汪派要人手当費（操従〔縦〕費)
091229	300.00	堀内干城渡　海関関係者ヘノ年末心付
091229	80.00	堀内干城渡　公使南京行特別専用車ボーイ心付及警備公安局巡警等へ心付
100110	100.00	堀内干城渡　官邸警備仏工部局員ニ対シ年末謝礼
100131	80.00	堀内干城渡　一月廿八日～一月三一日有吉公使南京行特別列車ボーイ心付及公安局巡警へ心付
100227	300.00	堀内干城渡　行政院関係者　操従〔縦〕費
100227	300.00	堀内干城渡　汪派側近者渡　操従〔縦〕費
100330	300.00	堀内干城渡　汪精衛側近者へ手当
100330	123.30	六三亭払　三月十三日六三園ニ於テ　軍令部本田第六課長及海軍側招待四名主人側堀内外一名計六名
100330	189.54	月廼家払　三月十六日月廼家ニ於テ　唐有壬、李聖五外四名招待、主人側堀内外六名出席計十二名分
100429	300.00	堀内干城渡　汪精衛側近者渡操縦費
100430	272.70	月廼家払　四月廿一日月廼家ニテ　坂田海軍政務次官外海軍側招待五名　杜月笙・張嘯林・虞治郷〔卿〕・王長春等招待計十名　主人側堀内・石射外三名　出席計一五名分

100528	300.00	堀内干城渡　汪精衛側近者渡（操縦費）
100617	107.70	月廼家払　五月十三日　月廼家ニ於テ陳介・周作民・銭永銘招待　吉澤参事官紹介宴　主人側堀内外二名出席計七名分
100617	252.50	同　五月十三日　月廼家ニテ陸海軍武官、唐有壬・周班・王長春等招待　主人側堀内外二名出席計十三名分
100629	42.80	若葉払　六月四日若葉ニ於テ汪秘書長外六名招待　田中領事陪席　主人側堀内外一名出席　計十名分
100629	300.00	堀内干城渡　王長春渡　六月分　諜報費
100629	300.00	同〔堀内干城渡〕　汪派要人操縦費
100723	300.00	堀内干城渡　税関塩務関係者接洽費
100801	157.10	六三亭払　七月九日六三園ニ於テ特陸荒木司令官以下三名招待　主人側堀内書記官外二名出席計六名
100807	300.00	堀内干城渡　汪派側近者操縦費
100807	500.00	同〔堀内干城渡〕　杜月笙部下要人へ中元心付
100816	66.90	月廼家払　七月十五日月廻家ニ於テ劉崇倫・曾宗鋭招待　主人側堀内書記官外三名計六名分
100910	300.00	堀内干城渡　汪兆銘派要人操縦費
100928	300.00	堀内干城渡　汪精衛派要人渡
100930	112.02	月廼家払　五月五日月廼家ニ於テ　吐〔杜〕月笙外二名招待　主人側堀内・須磨・有野書記官出席 計六名分
100930	104.60	同〔月廼家払〕　九月廿三日月廼家ニ於テ　周、李、蜂各氏招待三名 主人側堀内書記官外三名 計七名分
101019	500.00	堀内干城渡
101030	300.00	同〔堀内干城渡〕　汪派側近者ニ支給　十月分
101031	100.00	同〔堀内干城渡〕　海関関係　諜報費
101106	211.08	月廼家払　十月十日月廼家ニ於テ　淩、張銘、盛沛東、張操、彭学沛等支那側要人招待六名　主人側堀内書記官外三名計十名
101106	192.90	月廼家払　十月廿一日月廼家ニ於テ　支那艦隊乗組将校　並陸、海軍武官招待六名　主人側堀内書記官外二名　計九名分
101106	100.00	堀内干城渡　内藤順太郎ニ調査費トシテ交付ス
101107	300.00	堀内干城渡　汪派側近者ニ支給　十一月分
101117	100.00	堀内干城渡　「ケントウエル」ニ支給　雑誌補助金
101130	50.50	三幸払　十一月十五日三幸ニ於テ　漢字新聞記者六名招待　主人側堀内書記官外一名計八名分
101221	104.00	堀内干城渡　十二月二十一日　有吉大使南京出張ニ際シ特別専用車ボーイ心付及出張諸雑費
101224	400.00	堀内干城渡　昭和十年度忘年会補助
101228	58.80	月廼家払　十二月十四日月廼家ニ於テ喬輔仁、李秉延招待　主人側堀内書記官計三名分
101231	300.00	堀内干城渡　汪派側近者手当　十二月分

堀内から杜の「部下要人」への中元として五〇〇弗が渡されている（第六巻七〇頁）。

機密文書の入手という点では、昭和九年一月五日、二月六日、二月二八日の三度にわたり、諜報者であった袁逍逸なる人物に「藍衣社關係機密書類入手費」として、それぞれ七〇〇弗、一〇〇〇弗、一五〇〇弗の支払いがあったことが特筆される（第三巻二一四―二一五頁）。藍衣社については、昭和八年一〇月五日にも「湯淺部長渡　藍衣社關係者ノ寫眞複寫焼付ニ要シタル材料代」の項目があり、所属員の写真資料を現像したこと（第三巻一六九頁）、および昭和九年二月二六日には、「藍衣社小組會議々事録内密入手費（岩井書記生南京へ出張引換交付）」とあり、入手先の黄仲翔（黄埔軍官学校出身の軍人）に対して八〇〇弗の謝礼が支払われたことが明記されている（第三巻二一五頁）。蔣介石配下の秘密組織として知られる藍衣社について、日本の在外公館が情報収集を試みていたことは興味深い(49)。

さらに機密費の性質を考えると、単発の資料入手の重要性もさることながら、金銭を通じた継続的な関係も重要な意味を有している。たとえば、先に触れた袁逍逸に対しては、機密費史料には昭和六年一二月一五日の一〇〇弗交付を契機として、昭和八年五月から昭和九年三月にかけて、五〇～二〇〇弗の「諜報費」が一三回、宴会費が二回、新聞買収補助費などメディア対策費が三回交付されている。交付元はすべて公使館情報施設部であり、袁が日本側の有力な情報源であったことが推測される。藍衣社書類の入手は、こうした継続的な諜報者雇用の成果でもあった。

このほか継続的な支出の例として、上海市政府参事で、東亜同文書院出身の王長春に対して、昭和七年一二月から昭和一〇年一二月に至る期間、月額二〇〇～四〇〇弗ほどが「諜報費」として支払われている。また、堀内は「汪精衛側近操縦費」として、昭和八年五月から昭和一〇年一二月までの間、月額三〇〇弗をほぼ毎月支払い続けている。昭和一一年度の公使館史料が現存していないことが惜しまれるが、日本側から機密費を供給されていた人物が汪の下に多く、いわゆる「親日派」の一部を構成していたことは注目される。

他方で、上海市政府、特に租界を担当する工部局との接触を日常的に行っていたのは、上海総領事石射猪太郎であった。村井倉松の後任として昭和七年九月に着任した石射は、中国の官民・租界当局・各国領事との接触に専念したという。石射の支出した機密費は、「工部局員接待」「特別諜報者手当」などの費目が多い（表13）。また、上海事変後に設置された上海の日中共同委員会の秘書であった「ロング」への給与や、委員会関係者の「操縦費」なども計上されている。石射によれば、同じ建物に公使館と領事館が同居すれば軋轢が生じ易いとされるが、有吉公使や公使館員と領事館員は相互に干渉せず、「両者は渾然として一体をなした」という。[50]国家間の外交問題は大使館と国民政府、上海での問題は領事館と上海市政府の間と、それぞれの役割はある程度まで明確であったと考えられる。

石射は、有吉公使（昭和一〇年五月より大使）に対して「荒れすさんだ中日関係を漸次軌道にのせて行かれた」と尊敬の念を語り、「私は大使を畏敬し、大使に親炙した」と記している。[51]他方で、石射は須磨弥吉郎の情報活動について、蔵本書記生失踪事件を挙げて、その軽挙と強硬ぶりを批判に満ちた目で叙述している。また、須磨や河相のもとで情報活動に従事した岩井英一は「有吉公使は須磨を石射や堀内ほど信頼していなかった」[52]とも述べており、戦後の関係者の回想を見る限り、有吉を中心とする堀内・石射らと、須磨の関係は円滑でなかったものと推測される。だが『日本外交文書』などに収録されている有吉発本省宛電信には、須磨の入手した談話情報が多数含まれており、情報源としての須磨の役割は少なくなかったはずである。

有吉は、対国民政府の交渉方針として「蔣介石・汪兆銘は自分たちの同志である」と語ったという。その方針は対話を重視し、汪兆銘や唐有壬ら「親日派」との間で交流と信頼を深め、外交的要求を実現していくものであった。外交機密費の交付は、交流の助力となることが期待されていたようである。だがこうした期待は、華北分離工作の進展とそれに伴う反日活動の激化、さらに昭和一〇年一〇月の汪狙撃、同年一二月の唐暗殺などにより、築かれた人脈と

表13　石射猪太郎関係機密費支出（単位＝銀弗—仙）

081226	25.00	石射猪太郎渡　郵船匯山碼頭税関支那傭人へ年末心付
081226	592.00	石射猪太郎渡　市政府、公安局郵政局各要人へ年末謝礼
081227	100.00	同〔石射猪太郎渡〕　総領事官邸警備工部局員（日本人側）へ年末謝礼
081229	85.00	同〔石射猪太郎渡〕　支那側工部局員　呉氏ヲ通シ年末謝礼
090205	240.00	石射猪太郎渡　官邸警備工部局員接待諸費　自五月至十二月分
090207	30.00	同〔石射猪太郎渡〕　仝右〔官邸警備工部局員接待諸費〕　一月分
090310	30.00	石射猪太郎渡　官邸警備工部局員接待諸費　二月分
090329	30.00	石射猪太郎渡　官邸警備工部局員接待諸費　三月分
090406	490.00	石射猪太郎渡　機密費（金五百円也　此ノ銀四百九十弗）
090430	30.00	石射猪太郎払　総領事館邸警備工部局警察員接待費　四月分
090504	100.00	石射猪太郎渡　総領事ヨリ諜報者渡ノ分
090522	1000.00	同〔石射猪太郎渡〕　来電第九〇号ノ件ニ関シ　市政府参事王長春ニ支給ノモノ
090531	30.00	石射猪太郎渡　総領事官邸警備工部局警察員接待費　五月分
090531	157.38	月廼家払　五月六日月廼家ニ於テ佐世保鎮守府片桐参謀長、宇野司令官外海軍側招待五名　主人側石射総領事外一名
090809	90.00	石射猪太郎払　昭和九年六、七、八月分　官邸警備工部局員接待費
091109	90.00	石射猪太郎払　昭和九年九、一〇、一一月分官邸警備工部局警察官接待諸費一ヶ月三〇弗ノ割
091204	150.32	月廼家払　十一月十日月廼家ニ於テ第三艦隊及特別陸戦隊司令官以下主〔首〕脳部招待十名 主人側石射総領事外三名 出席計十四名分
091210	240.00	石射猪太郎渡　日、支共同委員会操縦費トシテ「ロング」氏渡ノ分
091226	72.93	同〔石射猪太郎渡〕　「エキステーション」路ノ件ニ付　工部局員並市政府吏員ニ昼飯代及車賃実費支給ノ分
091229	56.60	月廼家払　十二月三日月廼家ニ於テ共同委員会「ロング」氏招待　主人側石射総領事外一名　計三名分
091229	227.82	同〔月廼家払〕　十二月十五日月廼家ニ於テ英、米、仏、伊共同委員会関係者招待五名　主人側石射総領事外二名　計八名分
100107	500.00	石射猪太郎払　昭和九年十二月二十八日附会機密第三八五号許可　王長春渡
100126	120.00	同〔石射猪太郎払〕　市政府、工部局員へ旧年末心付
100206	60.00	同〔石射猪太郎払〕　官邸警備工部局員接待費　十二月及一月分
100330	60.00	石射猪太郎払　官邸警備工部局員接待諸費　二、三月分
100331	64.00	石射猪太郎払　三月二十二日官邸ニ於テ朝日機歓迎「レセプション」支那官民有力者並邦人有力者等約四百名招待ノ折　「サンドウィッチ」紅茶「コーヒー」及使用人心付等
100430	272.70	月廼家払　四月廿一日月廼家ニテ　坂田海軍政務次官外海軍側招待五名　杜月笙・張嘯林・虞洽郷〔卿〕・王長春等招待計十名　主人側堀内・石射外三名　出席計一五名分

100430	133.00	三幸払　四月六日官邸ニテ有吉公使及百武長官以下海軍側招待十二名　主人側石射総領事外五名出席計十八名　三幸出前及心付
100430	33.00	石射猪太郎払　　仝右〔四月六日官邸ニテ有吉公使及百武長官以下海軍側招待十二名〕ノ際使用ニ係ル諸雑費
100522	300.00	石射猪太郎払　漢字紙操縦費トシテ　橘三郎渡
100530	60.00	同〔石射猪太郎払〕　四、五月分官邸警備工部局員接待実費
100611	140.00	同〔石射猪太郎払〕　日支共同委員会等ニ関シ特別諜報費
100626	617.97	同〔石射猪太郎払〕　昭和九年八月七日官邸ニ於テ「ガーデン・シネマ・パーティー」諸費　別紙十六葉ノ額立替中ノモノ
101003	500.00	石射猪太郎渡　軍事委員会武昌行営職員　髙若遷　操従〔縦〕及諜報費
101107	118.40	古益軒払　十一月四日官邸ニ於テ連合経済視察団一行　日支人二十六名招待主人側石射総領事外九名　計三十六名出前代
101108	90.00	石射猪太郎渡　昭和十年九、一〇、一一月分　官邸警備工部局警察官接待費
101113	100.00	同〔石射猪太郎渡〕　水兵射殺事件等ニ関シ特別諜報費トシテ支給ニ係ルモノ
101130	30.00	同〔石射猪太郎渡〕　十一月四日官邸ニ於テ連合視察団一行並支那側官民有力者招待ノ折　支那側要人随行セルモノニ対ス酒手
101224	100.00	同〔石射猪太郎渡〕　年末ニ際シ支那側諜報者手当
110118	22.70	石射猪太郎渡　昭和十年十一月四日連合視察団一行招待諸費
110118	24.99	仝〔石射猪太郎渡〕　昭和十年十二月三日　日本各地大学校出身支那側教育者等招待諸費
110229	200.00	石射猪太郎渡　特別諜報者手当トシテ支給シタル費用

ともに失われた。そして昭和一一年初頭に有吉が上海を去るとともに、機密費の交付も史料上からは確認されなくなるのである。

以上のように、本解説では満州事変期における在外公館の機密費使途を史料上確認できる範囲で検討し、その一端の分析を試みた。その結果、従来は推測するほかなかった在外公館の情報活動の実相と、機密費運用の特徴について、いくつかの新たな知見を獲得できたといえよう。

第一に、外交上の危機発生に対処するための情報活動の資金として、機密費の使用は概ね適正に報告されており、使途の記録としての領収書も内部に残されていた点である。ただし本格的な情報活動を実施するに当っては、むしろ金額の不足を来していた公館もあった。必要経費を自弁せざるを得ない場合、外交官の活動は極端に制限されることも事実である。機密費は使途の自由度が高い公的資金であったが、その交付にあたっては制約が強い面も見られたのである。

第二に、外交機密費の支出は課報活動に止まらず、接待費・報酬費・雑費など広範な対象にわたっており、ほぼ予備費に近い性格が与えられている点である。特に満州事変期の外交官は、軍関係者などを招待する「官官接待」をはじめ、接待による各種の交流を重視していた。すなわち外交機密費は対外活動のみならず、自国の他省庁関係者やメディア関係者などにも交付されていたのである。これは内閣機密費など他省庁の機密費にも共通するが、機密費の性格のあいまいさは、情報活動の定義のあいまいさをも示しており、時にこれが平時における使途の拡大解釈をもたらす可能性を内在しているものと言える。

第三に、機密費を用いた情報活動の展開を行う上で、外交官個人の資質や志向が大きい点である。本解説で紹介した外交官は、情報活動に理解と意欲を示した人物が多かったが、もちろん全ての外交官がそうであった訳ではない。また情報活動自体も個人を中心とする人脈や経験に負うところが大きく、組織として共有する情報や情報源は限られていたようである。この点については更なる検討が必要であるが、当時の在外公館の情報活動は、情報部の設立などによる組織化が目指されたものの、充分な段階までには進んでいなかったように考えられる。

以上の点を踏まえつつも、機密費史料は個々の史実や他史料と比定することで、個別に有益な情報を得る手がかりになり得ることから、解説者が想起しえない有益な情報が含まれていると思われる。今後の研究発展のために、刊行史料が活用されることを期待して擱筆したい。

〔付記〕本稿は、二〇一〇年サントリー文化財団人文科学・社会科学研究助成、およびＪＳＰＳ科研費二三七三〇一四八、二五三八〇一七〇の助成による成果の一部である。

註

（1） 二〇〇一年前後における外交機密費関係のルポルタージュとしては、歳川隆雄『機密費』（集英社新書、二〇〇一）、読売新聞社会部『外務省激震―ドキュメント機密費』（中公新書ラクレ、二〇〇一）などが有用である。

（2） 近代日本の機密費に言及した主要な文献として、佐々木隆『伊藤博文の情報戦略』（中公新書、一九九九）、同『メディアと権力』（中央公論新社、一九九九）、前田英昭『国会の「機密費」論争』（高文堂出版社、二〇〇三）などを参照。陸軍機密費については、伊藤隆による史料紹介（「大正一二～一五年の陸軍機密費史料について」『みすず』二九〇、一九八四）のほか、大前信也による昭和期の研究（『昭和戦前期の予算編成と政治』木鐸社、二〇〇六。「陸軍における政策形成の構図」『政治経済史学』五〇四～五〇九、二〇〇八・二〇〇九）、檜山幸夫による台湾関係機密費の史料翻刻と考察（「台湾総督府陸軍部機密費関係文書について」『社会科学研究（中京大）』二七―一、二〇〇七）などを参照。また、内務省機密費については、今津敏晃・松澤裕作・松田忍による内務省機密費史料の翻刻（「仲小路廉関係文書」『東京大学日本史学研究室紀要』八、二〇〇四）がある。

（3） 拙稿「第二次西園寺内閣機密費史料について」（『メディア史研究』二〇、二〇〇六）。

（4） 山浦貫一「機密費物語」（『政治家よ何處へ行く』日本書院、一九二九、五〇三頁）。

（5） たとえば、元ロシア大使館公使の河東哲夫は、次のように記している。「外交官は多くの場合、相手を訪問したり会食に招待したりして正々堂々と情報を集める。…カネをやればいいと思われるかもしれない。だがカネで情報を取ることは、自分をも相手をも卑しめてしまう感じがしていやなものだ。…日本の外交官との話は面白い…と思ってもらうことが王道である。」（河東哲夫『外交官の仕事』草思社、二〇〇五、七七―七八頁）。

（6） 本解説では「満洲」を始めとする戦前期の漢字表記について、本文中の史料引用上等では、可能な限り原文を尊重した。ただし本文および表中については、通行の表記に改めた場合もある。さらに戦後の翻刻作業を経た刊行物などで、通行の字体に修正されたものは、その表記の通りとした。また史料引用中、句読点などを適宜補ったところがあるため、写真版とは異同があることを留意されたい。

(7)「満洲事件費」は、「臨時事件費」とよばれる特別会計支出に含まれるものである。臨時事件費は満州事変のほか、北清事変・日清戦争・山東出兵などでも編成された。

(8) 拙稿「政党内閣期の財政的緊急勅令と枢密院―台湾銀行救済案と満州事件費支弁案をめぐる枢密院議長倉富勇三郎の動向を中心に」(『二十世紀研究』一三、二〇一二)。

(9) 陸海軍省所管の予算については、『昭和財政史』第三巻(歳計)一九〇―一九二頁、東洋経済新報社、一九五五。平井廣一「『満州事件費』はどのように使われたか(一)(二)」(『北星学園大学経済学部北星論集』五二―二・五四―一、二〇一三―二〇一四)などを参照。

(10) 朝日新聞社研究室編『機密費制度の推移と其全廃問題』(朝日新聞社、一九四六)によると、昭和戦時期における外務省の「機密費の主体は満洲事件當時は、満洲事件費(昭和七年、六百三十万圓)に、支那事件當時は同事件費(昭和十二年、一千万圓)にあり、更に太平洋戦争に入つてからは、支那事件費は削除されて臨時外交施設費(昭和十六年一千百万圓、十七年度千七百五十万圓)に一括、この費目が本省全機密費の九〇パーセント以上を占めている」とあり、満州事変以降は各年度予算の機密費よりも、臨時事件費・臨時軍事費中の機密費額が主たる財源であったことが強調されている。

(11) 本史料集に採録した受払簿・領収書のうち、昭和六年度上海総領事館のものは「本冊」に、昭和六年度長春総領事館のものは同年度の農安分館に、それぞれ誤って編綴されているので、原史料参照の際には注意が必要である。また別巻には、このほか史料を二点追補する。別巻二〇〇頁(昭和七年四月八日付、松岡洋右代田場盛義金五〇〇円領収書)は第一巻二二〇頁に、別巻三三四頁(昭和七年八月一五日付、上海総領事村井倉松宛、山田純三郎金六〇〇円領収書)は第一巻三八七頁に、それぞれ入るべき史料であるので訂正する。なお以降、本史料集よりの引用箇所は巻数と頁数のみの表記とする。

(12) 昭和六年九月二七日付、第二五四号、哈爾賓総領事大橋忠一発(外相幣原喜重郎宛)、別巻四八頁。

(13) 昭和六年一〇月八日付、第三一三号、哈爾賓総領事大橋忠一発(外相幣原喜重郎宛)、別巻四九頁。

(14)「事態切迫の際の派兵の必要性について」昭和六年九月二八日付、第二六六号(極秘)、哈爾賓総領事大橋忠一発(外相幣原喜重郎宛)、『日本外交文書・満州事変』第一巻第一冊一四九頁(文書番号一五二)。
(15) 昭和六年一〇月九日付、第一二九号、外相幣原喜重郎発(哈爾賓総領事大橋忠一宛)、別巻五一―五二頁。
(16) 昭和六年一〇月一五日付、機密第一一五七号、哈爾賓総領事大橋忠一発(外相幣原喜重郎宛)、別巻五五―五六頁。
(17) 昭和六年一〇月二一日付、第三八三号、哈爾賓総領事大橋忠一発(外相幣原喜重郎宛)、第一巻五九頁。
(18) 昭和六年一二月二三日付、第七七六号、哈爾賓総領事大橋忠一発(外相犬養毅宛)、別巻六一―六二頁。
(19) 昭和六年一二月二四日付、機密第一三四一号、哈爾賓総領事大橋忠一発(外相犬養毅宛)、別巻六三―六四頁。
(20) 昭和六年一二月二八日付、第一四八号、外相犬養毅発(哈爾賓総領事大橋忠一宛)、別巻六五頁。
(21) 昭和七年一月二二日付、機密第四三号、哈爾賓総領事大橋忠一発(外相芳澤謙吉宛)、別巻六七―六八頁。
(22) 大橋忠一に関しては、昭和七年の日記が現存しており、満洲国外交部次長に就任した三月頃から記述が始まっている(小池聖一・森茂樹編『大橋忠一関係文書』現代史料出版、二〇一四)が、事変勃発直後の動向は日記では分からない。大橋忠一の外交活動、および大橋の満洲国時代については、前掲書の小池聖一による「解題」が詳細であるほか、大橋自身の回顧録『太平洋戦争由来記』(要書房、一九五二。ゆまに書房『日本外交史人物叢書』第二二巻に収録)がある。中見立夫「大橋忠一と須磨弥吉郎―異色外交官の戦前・戦中・戦後―」(『東アジア近代史』第一一号、二〇〇八)、同「満洲国の"外務省"―その組織と人事」(江夏由樹・中見立夫・西村成雄・山本有造編『近代中国東北地域史研究の新視角』山川出版社、二〇〇五)も参考となる。
(23) 第二巻七二頁。
(24) 森島守人『陰謀・暗殺・軍刀』(岩波新書、一九五〇)六六頁。
(25) 同右、九〇頁。
(26) 林久治郎『満州事変と奉天総領事』(原書房、一九七八)一一八頁。
(27) 昭和六年一一月一三日付、第一二六八号、奉天総領事林久治郎発(外相幣原喜重郎宛)、第一巻六九―七〇頁。

(28) 昭和六年一〇月七日付、第三二号、外相幣原喜重郎発（桑港総領事若杉要宛）、『滿洲事変輿論並新聞論調　支那側ノ逆宣伝関係』第一巻、外務省外交史料館蔵。
(29) 昭和七年二月五日付、機密第六八号、奉天総領事代理森島守人発（外相芳澤謙吉宛）、第一巻七一―七二頁。
(30) 昭和七年二月一三日付、機密第二七号、外相芳澤謙吉発（総領事代理森島宛）、第一巻七三頁。
(31) 昭和七年八月二六日付、機密公第一八四号、新民府分館主任土屋波平（外相内田康哉宛）、第二巻二一三―二一五頁。
(32) 昭和八年二月九日付、機密公信第三六号、錦州領事館事務代理中根直介（外相内田康哉宛）、第二巻二〇一―二〇二頁。
(33) 昭和八年一一月六日付、機密第一五三八号、哈爾賓総領事森島守人（外相廣田弘毅宛）、第三巻三六二―三七三頁。
(34) 昭和七年一月八日付、機密第三号、張家口領事館事務代理橋本正康（外相犬養毅宛）、別巻一三一―一三三頁。
(35) 森島『陰謀・暗殺・軍刀』七五―七六頁。
(36) たとえば、JACAR（アジア歴史資料センター）Ref.B02030265300、満州事変（支那兵ノ満鉄柳条溝爆破ニ因ル日、支軍衝突関係）／各国ノ態度／米国ノ部　第二巻（A-1-1-0-21_3_2_002）（外務省外交史料館）、および同B02030265600（第二四画像目）など。右史料は宮杉浩泰氏のご教示による。
(37) 岩井英一『回想の上海』（同出版委員会、一九八三）六七―六八頁。
(38) 重光葵『外交回想録』（毎日新聞社、一九五三）一二六―一二七頁。
(39) 田場盛義は、のちに松岡の要請で満洲国外交部に移るも、通州事件に遭遇して死去した。沖縄初の外交官として知られ、その三人の妹を取り上げたノンフィクションなどがある（田中水絵『風に舞ったオナリ』凱風社、二〇一二）。
(40) 岩井『回想の上海』四四―四五頁。
(41) 松本重治『上海時代（中）』（中公文庫、一九八九）五〇―五一頁。
(42) 岩井『回想の上海』二九―三〇頁。
(43) 須磨弥吉郎の外交活動については、前掲中見「大橋忠一と須磨弥吉郎」のほか、波多野澄夫「情報外交・須磨弥吉郎」（『外交フォーラム』第一号、一九八八）、宮杉浩泰「駐スペイン公使須磨弥吉郎の情報活動とその影響」（『戦略研究』第七号、二〇〇九）、岩下哲典「私は日本のスパイだった―秘密諜報員ベラスコの基礎的研究―昭和前期外務省の「情報マン」須磨弥吉郎研究の一環として」（『応用言語学研究（明海大学）』一三、二〇一一）などを参照。なお須磨の個人文書については、原口邦紘「外務省外交史料館所蔵『須磨弥吉郎関係文書』について」（『外交史料館報』第二三号、二〇〇九）に概略が紹介されている。

（44）須磨弥吉郎「須磨情報秘話」（『文藝春秋』一九五〇年一二月号）、須磨未千秋『須磨弥吉郎外交秘録』（創元社、一九八八）、「政論集」（『須磨弥吉郎関係文書』一―一四、外務省外交史料館蔵）など。

（45）松本『上海時代（中）』四八―四九頁。

（46）南京での須磨の情報活動の成果の一例として、たとえば「南京ニ於ケル対日特務機関ノ組織及活動状況ニ関スル件」（昭和九年六月二十九日）などが挙げられる（粟屋憲太郎・茶谷誠一編『日中戦争対中国情報戦資料』第一巻、現代史料出版、二〇〇〇、三七四頁）。

（47）堀内干城『中国の嵐の中で―日華外交三十年夜話』（乾元社、一九五〇／ゆまに書房『日本外交史人物叢書』第二三巻、二〇〇二）七七―七八頁。

（48）昭和七年三月二九日付、第五三七号、上海総領事村井倉松発（外相芳澤謙吉宛）、『満洲事変各国ノ態度　支那ノ部』第三巻、外務省外交史料館蔵（『日本外交文書』昭和期Ⅱ第一部第一巻、五六〇頁）。

（49）藍衣社の存在については、当時外務省よりも軍による調査が進展していたが、必ずしも充分なものではなかったようである。岩谷將「『藍衣社』、『CC団』、情報戦―日中戦争下の暗闘」（『軍事史学』第四三巻第三・四合併号、二〇〇八年）を参照。なお岩井英一は、「藍衣社」の存在を察知し、その調査報告を作成したことを、上海在勤時の成果の一に挙げている（岩井『回想の上海』六頁）。

（50）石射猪太郎『外交官の一生』（中公文庫、一九八六）二三四頁。

（51）石射『外交官の一生』二三二―二三四頁。

（52）岩井『回想の上海』四〇頁。

■監修・編集・解説
小山 俊樹（こやま としき）
1976年広島県福山市生。京都大学文学部（日本史学専攻）卒業。京都大学大学院人間・環境学研究科博士後期課程修了。京都大学博士（人間・環境学）。立命館大学文学部講師などを経て、現在、帝京大学文学部史学科准教授（日本近現代史）。
著書に『憲政常道と政党政治』（思文閣出版、2012年）。刊行史料集に『倉富勇三郎日記』（同日記研究会編、国書刊行会、2010年〜）など。

近代《きんだい》機密《きみつ》費《ひ》史料《しりょう》集成《しゅうせい》 I
外交《がいこう》機密《きみつ》費《ひ》編《へん》 別巻

平成二七年五月一五日 印刷
平成二七年五月二五日 発行

監修・編集
解説 小《こ》山《やま》 俊《とし》樹《き》

発行者 荒井 秀夫
発行所 株式会社ゆまに書房
東京都千代田区内神田二-七-六
電話〇三-五二九六-〇四九一
振替〇〇一四〇-六-六三一六〇

印刷 富士リプロ株式会社
製本 東和製本株式会社

第2回揃全2巻 分売不可
定価：本体34,000円＋税
ISBN978-4-8433-4614-3 C3321